현실비판과
근대지향

한국학
총 서

조선대학교 우리철학연구소 우리철학총서 06
근대전환기의 한국철학 〈實〉

현실비판과
근대지향

김현우 지음

學古房

19세기 후반기부터 20세기 전반기까지 약 100년 동안의 한국 사회는 격동의 시기였다. 이 시기는 '전통'과 '현대' 및 '동양'과 '서양' 등의 가치관이 혼재되면서 많은 문제가 발생했다. 특히 사상계는 일본 사람인 서주西周(니시 아마네 : 1829~1897)에 의해 굴절된 상태로 소개된 '철학哲學' 용어의 출현과 일제 강점기의 도래로 인해 새로운 문화가 형성되었다.

서양 근대 문명을 동경했던 서주는 '지혜를 사랑함'이라는 'Philosophia, Philosophy'를 '철학'으로 번역했다. 이때 그와 일본의 주류 사상계는 근대 과학 문명을 탄생시킨 서구적 사유를 물리物理와 심리心理를 아우르는 '철학'으로 여기고, 유·불·도를 중심으로 하는 동아시아의 전통적 사유를 심리心理의 영역으로 제한시켰다.

특히 일제 강점기에 서양 선진국의 교육시스템을 모방한 동경제국대학의 교육 체계를 모델로 삼은 경성제국대학 철학과의 주요 교과목은 서양철학 위주로 편성되었다. 이 무렵 한국의 전통철학은 제도권 안에서 부분적으로 수용되었다. 따라서 전통철학은 제도권 안에서 독자적인 영역을 확보할 기회를 갖지 못하고, 주로 제도권 밖에서 연구되었다. 이 때문에 당시의 많은 사람들에게 서양철학은 보편적인 철학이고, 전통의 동양철학은 특수한 철학으로 여겨졌다. 이러한 상황은 많은 학자들에게 서양철학에 대한 무비판적인 수용과 동양철학에 대한 연구의 소홀을 가져오도록 안내했다. 이러한 비주체적인 학문

탐구 경향은 해방 정국 이후부터 산업화시기인 20세기 후반까지 이어졌다.

비록 일부의 학자들에 의해 학문의 주체성 회복과 우리철학의 정립을 위한 연구가 진행되었지만, 철학계에서 그들의 영향력은 크지 않았다. 그러나 20세기 말의 민주화 과정에서 철학의 현실화와 주체적인 학문 탐구를 중시하는 일군의 학자들에 의해 우리철학 정립에 대한 열기가 고조되었다. 그들은 서양철학을 무비판적으로 수용하는 태도와 전통철학을 맹목적으로 옹호하는 태도를 지양하였다. 그들에 따르면 비주체적인 철학 활동은 건조한 수입철학으로 전락하거나, 복고적인 훈고학의 울타리를 벗어나기 어렵다. 이러한 비주체적인 철학 활동은 창의적인 사유를 통한 생명력 있는 이론을 생산하고 발전시키는 면에 제한적이다. 이를 해결하기 위해 시대정신에 대한 통찰력을 강화할 필요가 있다.

우리철학의 정립에 대한 이러한 풍조는 21세기에 확산되고 있다. 조선대학교 우리철학연구소는 비주체적인 철학 풍토를 비판적으로 성찰하고, 통일 시대에 부응하는 21세기형 우리철학의 정립을 목표로 2014년에 설립되었다.

21세기형 우리철학이란 역동적인 시대의 다양한 특성을 반영한 것으로서 한국 전통철학의 비판적 계승, 외래철학의 한국화, 한국의 특수성과 세계의 보편적 흐름을 유기적으로 결합한 사유체계이다. 곧 21세기형 우리철학은 특수와 보편의 변증법적 통일로서 한국의 전통철학과 외래철학과 현실 문제 등에 대해 시대정신을 반영하여 주체적으로 연구한 이론체계를 의미한다.

이 총서는 조선대학교 우리철학연구소가 2015년 한국학중앙연구원의 '2015년도 한국학총서' 사업에 선정된 〈우리철학, 어떻게 할 것인가? - 근대전환기 한국철학의 도전과 응전 - 〉의 연구 성과를 집약한 것이다.

조선대학교 우리철학연구소의 이 총서 사업은 근대전환기 한국사회에서 발생한 철학 담론을 탐구하는 결과물로서 전통의 유·불·도 철학과 민족종교와 미의식 등을 주요 연구대상으로 한다. 이 사업은 민족, 계층, 종교, 이념, 동양과 서양, 전통과 현대, 특수와 보편 등의 문제가 중첩된 근대전환기의 한국사회를 철학적 가치로 재해석하여, 21세기의 시대정신에 부응하는 우리철학 정립의 이론적 토대를 제공하고자 한다. 이 연구는 19세기 후반부터 21세기의 현재까지 취급하는 총론을 제외한 7개의 주제에 대해 19세기 중·후반부터 20세기 전반기까지 약 100년 동안의 전통철학 전반을 대상으로 한다. 내용은 총론, 리理, 심心, 기氣, 실實, 교敎, 민民, 미美 등 총 8개의 주제이다. 총서는 △총론 : 우리철학, 어떻게 할 것인가 △성리학 : 근대전환기의 한국철학 〈理〉 - 호락논변의 전개와 현대적 가치 △심학 : 근대전환기의 한국철학 〈心〉 - 실심실학과 국학 △기철학 : 근대전환기의 한국철학 〈氣〉 - 서양 문명의 도전과 기의 철학 △실학 : 근대전환기의 한국철학 〈實〉 - 현실비판과 근대지향 △종교철학 : 근대전환기의 한국철학 〈敎〉 - 근대전환기 도교·불교의 인식과 반응 △민족종교 : 근대전환기의 한국철학 〈民〉 - 민족종교와 민의 철학 △미학 : 근대전환기의 한국철학 〈美〉 - 근대 한국미의 정체성 등 총 8권으로 구성된다.

총론인 『우리철학, 어떻게 할 것인가』(이철승)는 21세기형 우리철학의 정립이라는 문제의식으로 '철학' 용어가 출현한 19세기 후반부터 21세기가 진행되고 있는 현재까지 한국 철학계의 현황을 고찰한다. 또한 우리철학 정립의 이론적 토대에 해당하는 고유의식, 외래철학의 한국화, 전통철학의 비판·계승·변용, 자생철학의 모색 등을 살펴보고, 우리철학 정립의 사회적 토양에 해당하는 다양한 정치 현실과 문화 현상을 분석한다. 그리고 특수와 보편 및 타율성과 자율성의 등의 시각으로 우리철학 정립의 방법을 모색하고, 같음과 다름의 관계와 어울림철학을 중심으로 하는 우리철학 정립의 한 유형을 고찰한다.

근대전환기의 한국철학 〈理〉인 『호락논변의 전개와 현대적 가치』 (홍정근)는 호론과 낙론 사이의 학술논변을 다루고 있다. 호락논변은 중국이나 일본 등 다른 전통 사회에서 찾아볼 수 없는 독자성이 강한 우리철학의 한 유형이다. 이 논변은 중국과 일본을 비롯한 전통의 동아시아사회에서 찾아볼 수 없는 독자성이 있다. 이 책은 호락논변 초기의 사상적 대립, 절충론의 등장, 실학에 끼친 영향 등을 서술하였고, 20세기 학자인 이철영의 사상을 집중적으로 검토하였다. 이철영은 호락논변을 재정리하고, 자신만의 새로운 학설을 정립한 학자이다. 다음으로 호락논변의 논쟁점을 총체적 관점에서 인물성동이논변과 미발심성논변으로 나누어 기술하였다. 마지막 장에서는 호락논변에 함유되어 있는 근현대적 가치들을 살펴보았다.

근대전환기의 한국철학 〈心〉인 『실심실학과 국학』(김윤경)은 근대 격변기 속에서 속일 수 없는 자기 본심을 자각하고 '실현'해 나간 양명학 수용자들의 철학적 문제의식, 자기수양, 사회적 실천 등을 고찰하였다. 이들의 중심에는 정제두 이래 양명학을 주체적으로 수용하고 계승한 이건승, 이건방, 정인보 등 하곡학파가 있다. 하곡학파는 실심

실학에 기초한 주체적 각성, '국학'의 재인식과 선양이라는 실천으로 식민지 현실을 극복하고자 하였다. 또한 본서에서는 하곡학파에 속하지 않지만, 하곡학파와 긴밀히 교류하면서 양명학적 유교 개혁을 추구한 박은식, 화담학과 양명학의 종합으로 독창적인 학술체계를 건립한 설태희, 진가논리로 불교개혁을 추구한 박한영 등의 사유를 부분적으로 취급하였다.

근대전환기의 한국철학 〈氣〉인 『서양 문명의 도전과 기의 철학』(이종란)에서 탐구하는 주제는 근대전환기 과학과 그리스도교로 대표되는 서양문명의 도전에 따라 그것을 수용·변용하거나 대응한 논리이다. 곧 기철학자와 종교사상가들이 서양문명의 수용·변용·대응 과정에서 기의 논리를 핵심으로 삼아, 전통사상의 계승·발전·극복 등의 사유 과정을 구체적으로 분석하였다.

근대전환기의 한국철학 〈實〉인 『현실비판과 근대지향』(김현우)에서는 한민족에게 내재한 현실 중심의 개혁·실천·개방의 전통 사유를 중심으로 근대전환기 전통 개혁론의 계승과 확산, 서구 과학기술의 수용과 한계, 초기 사회주의 수용과 경계 등을 대주제로 삼았다. 이를 바탕으로 북학파의 계승과 개화파의 등장, 1840년 아편전쟁 이후 한국 정부의 대응, 서구 문명에 대한 인식 변화, 문명과 유학과의 관계 재정립, 실학자들의 재발견, 보편 문명과 민족 문화와의 충돌과 해소, 사회 주체로서 국민의 등장, 대한민국 임시정부와 사회주의 소련과의 조우 등을 세부적으로 분석하였다.

근대전환기의 한국철학 〈敎〉인 『근대전환기 도교·불교의 인식과 반응』(김형석)은 도교철학과 불교철학을 중점적으로 취급한다. 도교의 경우, 근대전환기 한국 도교 전통의 맥락을 계승하면서 수련도교의 큰 축을 이루고 있는 전병훈의 『정신철학통편』을 중심으로 살펴본다. 특히 한국 도교전통을 통해 동·서문명의 만남, 전통과 근대의 만남을 기획했던 그의 세계관과 정치사상을 분석하였다. 불교의 경우, '호법護法', '호국護國', '호민護民' 등의 프리즘으로 숲과 마을, 성과 속, 교단과 세속권력, 종교와 정치 사이 등과 같은 당시의 시대적 모순에 대한 불교계의 인식과 반응을 분석하였다. 이는 정치주체와 '외호'의 주체에 대한 해석 문제, 한국불교전통의 계승과 불교 근대화의 문제, 불교교단의 승인·운영·관리 문제 등의 형태로 드러났다.

근대전환기의 한국철학 〈民〉인 『민족종교와 민의 철학』(이종란·김현우·이철승)은 동학·대종교·증산교·원불교 등 민족종교의 사상 속에 반영되어 있는 당시 민중들의 염원과 지향 및 사유를 철학적 관점으로 재구성하였다. 이들 종교는 모두 전근대적 민에서 주체의식과 민족주의, 상생과 평화, 공동체 의식을 갖는 근대적 시민으로 자각하도록 이끄는 데 일조하였음을 밝혔다.

근대전환기의 한국철학 〈美〉인 『근대 한국미의 정체성』(이난수)은 19세기 후반부터 20세기 전반까지 한국 사회에서 풍미했던 고유의 미의식을 분석한다. 특히 예술과 예술 정신의 기준이 변화하기 시작했던 1870년대 개항 시기부터 한국 고유의 미론이 등장하는 1940년대까지의 미의식 현황을 분석한다. 이때 미의 철학이란 한국인의 미에 대한 가치와 그것이 구체화된 현상적 특징을 말한다. 이는 전통에서 근대로의 이행 과정에서 예술이 어떻게 계승되고 변용되었는지를 고찰하는 것이다. 이를 통해 근대 예술의 형성이 오로지 예술만의 이념과 논리를 기준으로 형성되지 않고, 당시의 시대 상황과 뒤섞이며 시대정신과 함께 변모했음을 확인할 수 있다.

이 총서를 발간하면서 그동안 우리철학 정립이라는 문제의식을 공유하며 연구와 집필에 전념한 연구진께 고마움을 전한다. 연구진은 그동안 한국의 철학계에서 수행하기가 쉽지 않은 이 작업을 위해 많은 노력을 기울였다. 낯선 시도이기에 불안할 수도 있지만, 누군가는 해야 할 일이기에 연구진은 용기를 내어 이 길에 들어섰다. 미비한 점은 깊게 성찰하고, 이후의 연구를 통해 보완할 것이다.

이 사업이 이루어질수록 적극적으로 지원해준 한국학중앙연구원과 교육부에 감사를 드리며, 이 사업의 필요성을 인정하고 선정해 주신 심사위원들께도 감사를 드린다.

또한 어려운 상황임에도 출판을 허락하신 도서출판 학고방의 하운근 사장님과 글을 꼼꼼하게 다듬어주신 명지현 팀장님을 비롯한 편집실 구성원들께도 감사를 드린다.

2020년 7월
한국학중앙연구원 한국학총서 사업 연구책임자
조선대학교 철학과 교수 및 우리철학연구소장
이철승 씀

이 책의 독자 또는 잠재적 독자들은 우선 "현실비판과 근대지향"이
라는 제목에 의문을 가질 것이다. 이 의문은 다시 작은 글씨의 〈實〉
과 어떤 관계인가로 이어질 것이다.

이 책의 원래 실의 철학이라는 개념을 통해 근대전환기 현실 비판
과 새로운 세계관의 출현을 정리하고자 하였다. 즉, 당시 우리 사회는
어떻게 현실을 비판하고 이를 통해 어떤 근대를 지향해야 하는가에
고민하였다. 다만 철학적 용어에 익숙하지 않은 독자들을 위해 실의
철학이란 용어 대신 "현실비판과 근대지향"이라는 당대 개혁 진영의
현실 대응을 제목으로 정하였다.

우리나라에서는 역사적으로 '實' 속에 다양한 범주를 포함시켜
왔다. 본론에 앞서 이를 대강 정리하였다. 네이버 한자사전에 의하면
우리 말 중에 '실'을 포함한 단어는 대략 2,030여개라고 한다. 그 중
몇몇 단어들을 무작위로 추출해 보았다.

사실事實 · 현실現實 · 확실確實 · 진실眞實 · 적실切實 · 충실充實 · 성
실誠實 · 결실結實 · 구실口實 · 행실行實 · 건실健實 · 착실着實 · 견실堅實
· 허실虛實 ; 실용實用 · 실험實驗 · 실상實像 · 실질實質 · 실효實效 · 실적
實績 · 실현實現 · 실력實力 · 실지實地 · 실행實行 · 실재實在 · 실물實物 ·
실정實情.

이 단어들을 보면, '실' 개념은 크게 세 가지 정도로 정리할 수 있다.

우선 인간이 살아가는데 필요한 물건을 지칭할 때 사용한다. 다음으로 감각 기관을 통해 인식 가능한 것을 의미하며, 마지막으로 올바르고 타당한 방법이나 또는 이 방법에 대한 실천으로도 사용한다.

이것은 우리가 역사적으로 발전시킨 '실'의 개념으로 이 책에서는 이 개념을 실의 철학으로 규정하고, 이를 근거로 근대전환기 한국 사회에서 발현한 전통, 문명, 국가, 국민, 교육 그리고 전통유교, 실학 나아가 사회주의까지 당대 현실 지향적 철학과 사상에 대해 논술하였다.

현실에 대한 비판적 인식과 이를 통한 사회 개혁은 인류에게 공통으로 나타났지만, 다양한 문명과의 교류사가 깊었던 한국에서는 그 필요성이 보다 강하게 나타났다. 근대전환기 이러한 과정은 우선 실학의 발견으로 나타났다. 19세기말에서 20세기 초 전통 유학 체제가 서세동점이라는 국가적 위기상황을 극복하지 못하자, 당시 개혁적 지식인들은 성리학과는 다른 전통의 학술들을 찾았다. 그리고 그 중 17·8세기 이익李瀷, 박지원朴趾源, 홍대용洪大容, 정약용丁若鏞 등의 이용후생利用厚生, 실사구시實事求是 학술을 새로운 문명의 수용의 기반으로 삼았다.

1899년《황성신문》에서는 김육金堉, 유형원柳馨遠, 이익, 박지원, 정약용 등 5인의 학문을 발굴하여 이들의 학술이 전통 성리학과 다르고, 경세학, 법률학 등 서구학문과도 연결시켰는데 이것이 바로 현재 우리가 알고 있는 학문으로서 실학의 출발이다. 나아가 1920년부터 1930년대에는 이들의 학술을 전통 유학과 구분하여 '실학'이라고 명명하였다. 과거 실학이 주로 불교와 대비하여 유학 또는 성리학의 별칭으로 사용되었다면, 근대전환기 이후 실학은 조선 유학의 사변성, 비과학성을 비판하고 서구문명과 같이 합리적이고 현실적인 학문이라는 의미로 바뀌었던 것이다.

그러므로 현재 우리가 일반적으로 알고 있는 실학 개념 속에는 17·8세기 서학과 북학(청나라 문물)을 접하면서 나타난 새로운 학문이라는 정의뿐만 아니라, 우리 민족이 역사적으로 지향한 현실 비판과 지향의 사유가 근저에 있음을 알 수 있다. 한 걸음 더 나가 이 책에서는 이 시기에 이러한 현실지향의 사유가 어떻게 등장하고 발전하였으며 현재 우리 사회에는 어떤 영향을 미쳤는지를, 박규수, 김옥균, 유홍기, 박은식, 최익한, 한형권, 여운형 등의 인물들과 《황성신문》, 《대한매일신보》, 《서우》 등의 근대 매체, 아편전쟁, 갑신정변, 을사늑약, 한일강제합병, 대한민국임시정부수립 등의 역사적 사건을 통합하여 추론하고자 하였다.

철학은 우주만물에 대한 인식론 즉 세계관이다. 우리철학을 연구하는데 있어서 이 책에서는 현재 우리가 합리적이라 인정하는 인식론과 세계관에 대해 여러 방면으로 분석하였다. 이를 통해 부족하지만 다양한 근대 철학과 관련 연구로 이어지기를 기대한다.

다른 한 편으로 부족한 저자가 이 책을 쓰는 것은 큰 도전이자 영광이었다. 만약 한국학중앙연구원과 조선대 우리철학연구소, 그리고 학고방출판사의 후원이 없었다면 이룰 수 없었을 것이다. 이 자리를 빌어 감사의 말씀을 전한다. 또 함께 한 이철승 소장을 비롯한 연구진들에게도 감사의 인사를 전한다. 마지막으로 독자 여러분의 지적을 겸허히 수용하여 보다 진전된 연구로 답하겠다는 다짐으로 첫 머리를 대신한다.

2020.12.10

철학박사 김현우 씀

들어가는 글

현실인식과 근대지향 그리고 우리철학

우리 철학이란 현시대에 부합하는 우리의 철학을 찾는 철학작업이다. 현대는 넓게 보면 근대의 연장으로 한국의 근대에는 서구문명의 등장으로 인해 전통과 근대, 동아시아와 서구라는 강한 문화의 충돌이 발생하였다. 물론 이는 한국만의 특징이 아니고, 중국, 일본을 비롯하여 비서구권 민족이나 국가, 지역에게서 공통으로 일어난 현상이었다. 그리고 근대전환기 한국에서는 서구의 위력을 절실히 느끼고 중국, 일본과 더불어 한시라도 빨리 서구를 수용하려는 거대한 물결이 나타났다.

이와 같은 서구수용론은 일부 저항도 있지만 지배층을 중심으로 비교적 쉽게 형성되었다. 이는 쇄국정책과 위정척사 운동 등으로 조선 사회에서 변화가 나타나기 힘들었다는 통념과는 다소 다르다. 그 원인 중 하나로 이 책에서는 한국인 속에 잠재한 비판적 현실 의식을 들었다. 즉 이 비판적 인식을 통해 서구문명 수용이라는 신속한 대응이 가능하였던 것이다.

근대전환기의 비판적 현실 인식은 서구에 대한 이해로 시작되었는데 그 방법은 두 가지로 주변국들로부터 정보를 습득하는 것과

17·8세기 청나라로부터 수용된 서학을 통한 분석이었다. 당시 조선은 청나라를 통해서 서구에 대한 대부분의 정보를 얻었다. 청나라는 아편전쟁에서 패한 이후로 서구에 대한 현실적 대응책을 내놓았다. 또한 아편전쟁 이후 계속된 서구 침탈에 중국의 사상가들은 앞을 다투며 서구에 대응하기 위한 변화를 추구하였다.

하지만 사회를 서구적으로 변화시킨 최초의 동아시아 국가는 일본이었다. 일본은 서구화 초기 후쿠자와 유키치福澤諭吉, 니시 아마네西周 등의 개혁사상을 기반으로 전통 사회를 서구적 체계로 이행시키기 위해 동아시아 구질서와 단절하고 메이지 유신明治維新을 통해 신속하게 서구화를 이루었다. 한국과 중국의 일부 지식인들도 메이지 유신을 본받아 자국의 사정에 부합하는 개혁을 추구하였다. 하지만 동아시아 삼국 모두 이 과정이 순탄하게 이루어진 것은 아니다. 전통적 문화를 서구 문명으로 변화시키는 방법은 어느 사회, 어느 국가나 어려운 작업이기 때문이다.

그런데 이 과정에서 우리가 간과하는 부분이 있다. 그것은 현재 한국은 전 세계 비서구권국가 중에서 서구 문명의 두 축인 자본주의와 민주주의를 비교적 빨리 수용한 국가이자, 나아가 현재는 사회 일면에서 서구보다도 근대정신을 사회적으로 잘 발현한 국가로 평가받는 리더급 국가라는 점이다. 이 성과는 많은 개발도상국들에게 국가 사회 발전에 대한 깊은 동기와 영감을 주었다. 아직도 일부 한국인들은 '한국은 여전히 개발도상국이며 선진국인 미국이나 일본 등의 지도를 받아야 한다.'고 생각하지만, 이는 한국에 대한 세계의 인식과는 다르다.

1876년 개항이후 140여 년이 흐른 지금 우리 사회는 어떻게 서구와 비견되는 지위를 얻을 수 있었을까? 나아가 2020년을 휩쓴 코로나19 팬데믹 사태 속에서 우리는 어떻게 선진국 대열에 서게 되었을까? 이는 우리 사회에 무언가 특별한 사유가 있을음 암시한다.

이는 한국의 근대를 합리적이고 타당하게 재평가하는 작업으로 이어진다. 그리고 이 책에서는 한국이 봉건질서를 해체하고 18세기부터 이어진 현실 비판과 근대 지향의 정신을 축으로 19세기 서구 합리성을 수용하여 현재에 이르게 되었다는 점을 확인하고자 한다. 나아가 이는 우리 근대성을 주체적으로 인식하여, 식민지, 냉전, 남북분단, 한국전쟁 등의 부정이미지로 점철되는 우리의 근대 인식을 재구성하는 계기가 될 것이다.

나아가 우리 사회에서 이런 현실 비판과 미래 지향의 전통은 미래 사회를 위한 밑거름이 된다. 21세기 현재 한국 사회는 그간 전통과 현대를 이어 준 교량세대Bridge Generation 즉 일명 산업화 세대가 쇠퇴하고, 전후 3·4 세대들이 활동하는 전환의 시대로, 취업난, 인구난, 빈부갈등, 국제남북문제, 환경문제, 기본소득 등이 이전과 다른 사회 문제가 등장하였고, 과거처럼 어느 일방의 희생을 강요할 수도 없다. 그런 점에서 과거 현실 대응의 노력은 우리에게 사회전환의 충격을 완화시키는 방향을 제시할 것이다.

한편, 이 연구는 세계적 추세와도 연결된다. 1980년대 미국에서 시작된 신자본주의는 근대 서세동점에 버금가는 위력으로 전 세계에 퍼져나갔다. 특히 2017년부터 2020년까지 집권한 미국의 트럼프 정부의 패권적 신자유주의는 세계 각 국의 빈부격차 심화, 전통 문화의 폄훼, 자연환경의 파괴 등으로 이어지면서 서구 근대성이 추구한 인류 공영의 사고와 양심까지 무너뜨렸다. 이런 상황에서 근대시기 한국의 근대화 과정은 신자유주의의 극복과 해체, 그리고 인류공영의 사회를 위한 단초를 제공할 것이다.

실학과 근대전환기

현실 비판과 근대 지향을 전통에서 찾는다면 제일 먼저 떠오르는 개념이 실학이다. 그러나 우리의 역사를 보면 실학은 현재와 같이 한 학파를 지칭하기 보다는 다층적이고 복합적인 개념임을 알 수 있다. 한국 전통에서 실학은 ①유학, 유교 또는 성리학, ② 실질적이고 실천적인 학문, ③도덕적인 학문이라는 세 가지 범주로 나타났다. 또 학자마다 어느 사상에 치중하느냐에 따라 실학의 개념과 범주가 차이가 나기도 한다.

대체로 실학은 유교의 별칭으로 많이 사용되었다. 선진시대 유가들은 이 말을 직접 사용하지 않았지만, 공자가 언급한 '손익삼대損益三代', 괴력난신'怪力亂神' 등은 '현실에 충실하고 이를 지향한다.'는 사고로 실학 개념과 연결된다. 맹자도 '유가를 현실에서 바로 실천 가능한 중용적 학문'이라고 강조하면서 반대로 '묵적墨翟을 비현실적 이상주의'로 '양주楊朱를 극단적 개인주의'라 하여 이단異端이라고 비판하였는 데, 이 역시 실학개념과 연결된다. 이러한 언급들이 쌓여 『후한서』에는 비로소 '실사구시實事求是'라는 말이 등장하였는데, 실학이란 이미 선진시대 유가에서부터 사회개혁을 위한 '실생활에 근거한 학문'이라는 의미가 포함되었다.

중세 신유학의 집대성자 주희朱熹는 『중용장구』에서 '실' 또는 '실학'을 '정학正學'의 의미로도 사용하였는데, 이를 수용하여 조선 초기에 실학은 정학 즉 성리학을 의미하였다. 정리하면 원래 유학에서 실학이란 경세학과 경학의 의미를 동시에 가지고 있었으며 이는 우리의 일반적 실학 개념과는 다소 차이가 있었다.

동아시아 삼국의 근대전환기에는 공통적으로 전통 유학에 대한 인식 전환이 나타나면서 '실' 또는 '실학'이 점차 서구 문물이나 서구 과학을 지칭하는 용어로 바뀌었다. 청말 강유위康有爲는 『실리공법전서實理公法全書』 과학적 실재로 '실측지실實測之實', 원리적 실재로 '실론지실實論之實', 논리적 실재로 '허실지실虛實之實' 등의 용어를 사용하였다. 일본의 후쿠자와 유키치[福澤諭吉]도 과학(science)을 실학으로 번역하였다.

이것은 전통적 '실' 개념에 들어 있던 경세적이고 경학적인 의미가 근대전환기에 서구 과학이나 산업으로 변해가는 과정을 보여 준다. 또 우리나라의 실학 개념도 점차 중국과 일본처럼 서구 학문 특히 근대 과학 기술을 지칭하는 용어로 변해갔다.

우리가 현재 실학자라고 부르는 조선시대 실천적 철학자들은 《황성신문》에서 처음으로 함께 언급되었다. 이 신문에서는 김육·유형원·이익·박지원·정약용의 5인을 정치가 또는 정치경제가로 설명하고 있는데, 이것이 바로 근대적인 실학 개념의 출발점이다. 이들이 찾은 새로운 전통 학문은 현실과 분리된 채 사변에만 치우친 성리학을 대체할 실천적 정신과 철학이었다. 이는 서세동점이라는 압도적인 서구 학문에 대응하고 수용하기 위해 전통 속에서 새로운 가치를 찾았던 것이다.

이들은 실학적 현실 인식이 고대 동아시아의 전통인 공자에서 출발하여 조선의 이들 유학자들을 거쳐 《황성신문》으로 이어진다고 설명하였다. 그리고 동아시아에서 융성한 고대의 실의 정신이 조선 성리학에서 일시적으로 주춤거렸으나 맥을 유지하여 현재에 이르렀다고 부연하는 동시에 비록 당시는 주변국보다 뒤쳐졌지만, 잃어버린 실의 전통을 되살려 서구 문물을 수용하여 국가와 사회를 발전시킬 수 있다는 사고를 펼쳤다. 정리하면, 이들은 현재의 서구 학문은 유학 전통의 정신과 이어지며 유학 정신을 통해 서구 문명의 수용이 가능하다고 설명하였다.

《황성신문》에서 언급한 다섯 명의 인물들은 유학 즉 성리학에서 비롯되었지만 집권층 중심에서 벗어나 일정정도 국민에게로 향하였고 이를 위해 모두 국가 개혁을 주창하였다. 이는 《황성신문》의 개혁 논조와 일치하였기 때문에 이들 실학자들을 통해 국가 개혁의 정당성을 찾고자 하였다. 한편, 이들은 을사늑약이 체결되자 개혁의 대상을 국가에서 국민으로 바꾸어 애국계몽운동을 일으켰다. 그러므로 이들의 주장은 현재와 같이 단순히 학술로서 '실학'이 아니라 현실을 비판하고 근대를 지향하는 철학적 담론이었다.

한편, 근대 동아시아 삼국은 각 사회의 요구에 따라 별도의 실학이 출현하였다. 청나라의 실학이란 고증학으로 고대 경전을 논리적으로 재해석하는 훈고위주의 학술로 국민이나 민생과는 다소 거리가 있었다. 일본에서도 19세기 중후반에 실학이 출현하였는데 양명학, 서구 과학 등을 다양한 대상이 있었다. 이와 비교해 보면, 한국의 실학 정신은 학문적 합리성과 국가 개혁론을 보다 명확하게 포함하였다. 나아가 맹자의 위민사상을 발전시켜 국가보다 국민을 우선시하는 일종의 민주적 사고로도 나타났다.

그러면 현대적 의미의 실학이란 말은 어디서 나온 것일까? 현재의 학파 개념으로의 실학은 1920년대 최남선에서부터 정형화되었다. 최남선은 1922년 《동명》에 연재한 「조선역사통속강화」에서 현재와 유사한 학파 개념으로서 실학을 소개하였고, 1930년대를 거치면서 공식적인 학술 용어가 되었다. 그런데 이 '실학' 개념은 일제강점기부터 해방이후 1970년대 초까지 '과거 조선에 대한 부정적 견해를 확산시키고 당시 자본주의화에 대한 이론적 근거를 제시하기 위한' 권위주의적 기획과 맞물려 현재와 같이 경제적 의미로 한정되어졌다. 때문에 현실 비판과 미래 지향의 전통 '실' 개념 확인은 전통철학의 현대화 과정의 재구성과 전통과 현대를 아우르는 우리철학에서 중요한 문제 중 하나이다.

1 출발

실의 철학 또는 정신이란 비판적 현실 인식과 이를 통한 미래 지향의 세계관을 말한다. 그렇다면 한국 전통에서 실의 철학은 어떻게 형성되었을까? 아마도 '실實'이라는 단어는 없지만 이러한 의미가 최초로 나타난 것은 단군신화라고 보아야 할 것이다. 단군신화에는 세계 창조나 신들의 세계와 같은 비현실적 내용 대신 바로 현실 세계에 대한 이해와 고민이 나온다. 이러한 현상은 기독교나 그리스·인도 신화는 물론 중국의 반구, 여화 신화 등과 구분되는 지점이다. 대신 홍익인간弘益人間, 재세이화在世理化라는 인문주의적 이념을 강조하였는데, 이는 현실 비판과 미래 지향적 성격이라고 할 수 있다. 시각을 조금 바꾸면, 환인桓因, 환웅桓雄 그리고 단군檀君 역시 인간을 위해 존재한다고 생각할 수 있는 대목이다.

단군신화의 "널리 인간 세상을 이롭게 한다."는 홍익인간의 정신에는 민족과 국가를 위해서라면 새롭고 다양한 문물을 수용할 수 있다는 유연성이 포함되어 있다. 때문에 기자箕子 도래와 원시 유교의 수용 등 고대시대에도 인적, 물적, 사상적 교류가 활발하게 이루어졌다.

고구려, 백제, 신라가 모두 중국에서 불교와 유교 그리고 각종 문물을 수용하여 발전시킨 것도 모두 이 같은 현실 인식과 개혁 지향을 바탕으로 한 것이다. 한편 이 과정에서 자신들의 정체성을 지키려는 노력도 있었는데, 종교와 사상적인 측면에서 정체성을 지키려는 노력이 강하였다. 삼국유사에서 전하는 고구려 도교 수용과정의 폐해, 마한의 소도蘇塗와 불교와의 관계, 신라의 이차돈 순교 등이 대표적이다.

2 전승

우리나라 문헌에 등장한 최초의 실학적 사상가는 『삼국사기』에 기록된 신라의 강수強首(?~692)이다. 그는 현실의 문제 해결을 위해 불교보다는 유학을 공부하였다. 유학儒學을 수용하여 현실 문제를 극복하려는 시도가 구체화한 국가는 고려였다. 고려 시대의 동북아 국제질서는 요遼나라, 금金나라 그리고 몽골蒙古 등의 북방국가가 송나라와 대립하는 국제지형의 연속이었다. 이 과정에서 고려는 고구려 영토회복을 위한 북벌정책으로 북방국가와 대립하고 송나라와는 협력하였다. 문물 역시 송나라의 것을 수용하였는데, 특히 국가 정책에 있어서 유학을 적극 도입하였다.

최승로崔承老(927~989)는 성종에게 제출한 「시무28조」에서 "불교는 개인 수양의 근본이고 유학은 국가를 통치하는 근원"(行釋敎者, 修身之本, 行儒敎者, 理國之源)이라고 하여, 불교 대신 유학이 국정을 옳게 이끄는 제도라고 강조하였다. 이것은 한국에서 유학이 실학으로 자리매김하는 초기 모습이었다. 최승로의 언급은 통치자는 국민들 모두의 안위를 대변해야 한다는 실의 철학이 자리 잡고 있으며, 이를 위해서 그는 불교보다는 유학을 제시하였다.

최승로에 이어 이제현李齊賢(1287~1367)도 유학을 국가 정치의 측면에서 해석하면서 특히 유학이 실학實學이라고 처음 언급하였다.

> 지금 전하께서 진실로 학교를 넓히고 지방의 학교를 삼가 일으키며 육예를 존중하고 오교를 밝혀서 선황의 도를 천명한다면 누가 참 선비를 배반하여 승려를 따라가고 '실학實學'을 버려 장구나 익히는 자가 되겠습니까? 장차 자질구레한 장구를 다듬는 무리가 다 경서를 밝히고 행실을 닦는 선비로 되는 것을 보실 수 있을 겁니다.[1]

이제현의 이 글은 무신정변 이후 몽골에 속국이 된 고려의 사회상을 반영하고 있다. 이제현은 당시 혼란을 바로잡기 위해서는 실학이 필요하며 실학 즉 유학을 통해 선비를 배출해야 한다고 왕에게 간언하였다.

강수, 최승로, 이제현 등을 보면, 우리는 종교적 이상사회보다 현실에 집중하고, 개인보다는 국가나 사회의 이해에 치중하며, 교화를 통해 국민을 통치한다는 공통의 인식이 있었다.

이러한 실의 철학은 성리학이 국가체제가 된 조선시대에 보다 강화되었다. 그런데 고려시대까지 내려온 전통 실 개념과 조선시대 성리학의 실 개념에는 다소 차이가 있었다. 성리학에서도 실학實學 또는 실리實理라는 유사한 개념을 사용하였기 때문이다. 『중용장구』에서는

---

1) 이제현, 『櫟翁稗說』, 「前集」一.

실학을 다음과 같이 사용하였다.

> 이 책이 처음에는 한 이치를 말하였고, 중간에는 흩어져 만사가
> 되었고, 끝에는 다시 합하여 한 이치가 되었으니 펼쳐놓으면 우주에
> 가득하고 거두어들이면 물러가 은밀한데 감추어져 그 풍미가 무궁
> 하니 모두 실학實學이다.2)

여기서 정이程頤(1033~1107)가 말한 실학은 '진실한 또는 절실한 학
문'으로 성리학의 세계관을 설명한 것이었다. 이것은 실학을 실천적
학문이라 정의한 이제현과는 구분된다. 그렇다면 조선시대에 실학 개
념은 정이와 이제현 중 어느 개념을 따랐을까?

조선 초기 실학 개념은 성리학과 불교와의 충돌에서 볼 수 있다.
이른바 주자학으로 무장한 신진유학자들은 구시대 가치관인 불교와
의 사상투쟁을 벌이는데 그 주제가 바로 실實과 허虛였다. 당대 유학
자들은 불교의 공空·무無 등을 허虛라고 비판하였다. 그 대표적인
유학자는 정도전鄭道傳(1342~1398)이다. 그는 유교를 실實·진眞 등의
실학으로 옹호하는 한편, 불교는 실생활을 벗어나 개인과 사회의 올
바른 가치를 어지럽힌다고 강하게 비판하였다.3)

이것은 조선 초기의 실 개념이 정이 또는 주희朱熹(1130~1200)의 진

---

2) 『중용장구中庸章句』
3) 莽然措其心於文字言語之外, 而曰道必如是然後可以得之, 則是近世佛學
詖淫邪遁之尤者, 而欲移之以亂古人明德新民之實學, 其亦誤矣. 朱子之
言, 反復論辨, 親切著明, 學者於此, 潛心而自得之可也. 정도전, 「儒釋同
異之辨」, 『佛氏雜辨』. 이하 한국고전의 원문 출처는 한국고전번역원DB임.
(http://db.itkc.or.kr)

실 또는 절실의 도덕 개념과 더불어 전통적 실 개념도 계승하여 현실 인식과 개혁에 초점이 맞춰져 있음을 보여 준다. 이런 과정을 거쳐 조선 초기 실학은 우선 불교를 대신하여 현실을 개혁하는 실천적인 개념이자 조선 성리학의 특징이 되었다. 이후 한국 철학의 거두인 이황李滉(1501~1570), 이이李珥(1536~1584)도 실학을 성리학으로 이해하였다.4)

---

4) 다음은 퇴계집과 율곡전서에 나온 실학 관련 예문이다.
  〈퇴계집〉
  1. 況今生於海東數百載之後。又安可蘄見於彼。而不爲之稍加損約。以爲用工之地也哉。或曰。聖經賢傳。誰非實學。又今集註諸說。家傳而人誦者。皆至敎也.「序－朱子書節要序」,『退溪先生文集卷之四十二』.
  2. 季憲質美而志篤。苟眞知力踐之爲務。篇篇句句皆實學也.「跋－題南季憲箴銘後」,『退溪先生文集卷之四十二』.
  〈율곡전서〉
  1. 道德仁義。天下之至寶。而學者不能爲己求名於世。則反爲姦宄粉飾之資。此豈道德仁義之過哉。今見虛僞之可惡。而欲竝與實學而俱廢。則是惡蒼蠅之汚穢。而遂以膾炙熊蹯。同於土炭也.「疏箚(二)－論朋黨疏」,『栗谷先生全書卷之四』.
  2. 僕讀古書數十遍。然後乃誦。而世人則曰某也一覽輒記。不喜出入。常在一室。則乃曰某也耽讀。不出門外。亦不計疾病。自去歲。始披閱實學。則乃曰某也於經傳。「書(一)－答成浩原」,『栗谷先生全書卷之九』.
  3. 今之述程朱談性理者。平日正色危言。或不愧古人。而及乎臨利害遇得失。輕重不至於死生。尙有駭目怵心。變其所守者。況於存亡之際。能任綱常之責者。有幾人乎。此由實學未振。四維不張故也。此豈徒爲國者之憂。吾黨之所懼也.「記－扶餘顯義祠記」,『栗谷先生全書卷之十三』.
  4. 謂學者進德修業。惟在篤敬。不篤於敬。則只是空言。須是表裏如一。無少閒斷。言有敎。動有法。晝有爲。宵有得。瞬有存。息有養。用功雖久。莫求見效。惟日孜孜。死而後已。是乃實學。若不務此。而只以辨博說話。爲文身之具者。是儒之賊也。豈不可懼哉。「雜著(二)－學校模範」,『栗谷先生全書卷之十五』

하지만 사화와 당쟁 등으로 성리학은 현실의 문제를 외면하고 당대
기득권을 유지하는 도구로 사용되어, 현실 문제에서 이탈하게 되었다.
이후 등장한 사단칠정논변四端七情論辨이나 호락논변湖洛論辨 등은 조

----

5. 欲見藏修補仁之實。願諸賢雖不得恒聚。每一月朔。必須齊會五六日。通
   讀某書。實講義理。毋忘此箇實學。「雜著(二) - 示精舍學徒」,『栗谷先生
   全書卷之十五』

6. 誠帝王入道之指南也。但卷帙太多。文辭汗漫。似紀事之書。非實學之體。
   信美而未能盡善焉。學固當博。不可徑約。但學者趨向未定。立心未固。
   而先事乎博。則心慮不專。取捨不精。「聖學輯要(一) - 序」,『栗谷先生全
   書卷之十九』.

7. ○ 程子曰。不偏之謂中。不易之謂庸。中者。天下之正道。庸者。天下之
   定理。此篇乃孔門傳授心法。子思恐其久而差也。故筆之於書。以授孟子。
   其書始言一理。中散爲萬事。末復合爲一理。放之則彌六合。卷之則退藏
   於密。其味無窮。皆實學也。善讀者。玩索而有得焉。則終身用之。有不
   能盡者矣。「聖學輯要(二) - 修己第二上」,『栗谷先生全書卷之二十』.

8. 而天變之作。乃至於此。臣恐殿下於爲治。有所未盡也。夫人君將大有爲
   者。必立心遠大。不拘於俗論。以三代爲期。而必務實學。躬行心得。以
   一身爲一世表準可也。「經筵日記 三○起今上十年丁丑。至十四年辛巳。
   凡五年」,『栗谷先生全書卷之三十』.

9. 先生著議辨之。請設經濟司時上以天災。延訪羣臣。先生進啓。略曰。人
   君將大有爲者。必立心遠大。不拘於俗論。以三代爲期。必務實學。躬行
   心得。以一身爲一世表準。可也。然若不施諸政事。則是亦徒善也。且人
   君必知一世之弊。然後可與一世之治。「附錄(二) - 年譜」,『栗谷先生全書
   卷之三十四』.

10. 惟吾道國家之元氣。實人君致平之本源。尊崇者措國於泰山。廢壞者跕
    身於累卵。堯舜三代以上。尚矣無以議爲。漢唐六朝以來。昭乎可以鑑戒。
    尊師重傅。漢有明帝之臨雍。聚土袞書。唐有太宗之建館。咸以右文之志。
    能臻治世之功。然外務焉是崇。無內反之實學。矧叔季之罔念。昧性道而
    惟庸。紛紛乎終風且霾。「表箋 - 擬宋著作郎呂祖謙 · 謝車駕幸祕書省表」,
    『栗谷先生全書拾遺卷之三』.

선 성리학을 학술적으로 고도화시켰지만, 성리학을 현실 문제에서 벗어나 사변화로 변질시키는 결과로 이어졌다. 또 기존 질서를 강화하려는데 정권 유지의 수단으로 활용되면서 수구적 성격이 짙어졌다. 이런 흐름은 근대까지 이어져 성리학은 개혁론자들로부터 비판을 받게 되었다.

이런 와중에 실학 개념은 다시 변화를 겪는다. 현재 실학자라고 부르는 박지원朴趾源(1737~1805), 박제가朴齊家(1750~1805), 홍대용洪大容(1731~1783), 이익李瀷(1681~1763), 정약용丁若鏞(1762~1836) 등이 사용한 실학개념은 사변적 성리학에서 탈피하여 다양한 현실인식이 포함되어 있었다. 박지원은 우수한 농부, 장인, 상인이 나오기 위해서는 양반들이 실학을 게을리하면 안 된다고 적었는데,[5] 이는 그가 농공상農工商 계층의 생업을 사회적으로 인정하고 보장하는 실질적인 정책을 실학으로 보았기 때문이다. 정약용은 어린 학생들의 도덕적 품성을 기르기 위한 실질적인 학문이라는 의미로도 실학을 사용하였다.[6]

한편 홍대용은 실심실학實心實學이라고 하여 실학을 도덕 실천의 자기 수양과 연계하여 이해했다.[7] 이러한 기존과 다르게 분화한 실학

---

5) 夫所謂明農也, 通商而惠工也. 其所以明之通之惠之者, 非士而誰也. 故臣竊以爲後世農工賈之失業, 卽士無實學之過也. 박지원, 「課農小抄」, 『燕巖集卷之十六○別集』.

6) 於是蒐輯古經以來名物數目, 選其有補於實學者, 共得三百條. 정약용, 「序 – 小學珠串序」, 『與猶堂全書 第一集 詩文集 第十二卷○文集』.

7) 臣曰, 豈以濟州女色事耶. 令曰, 然矣. 臣曰, 此等人成就如此, 皆以其實心實學也. 苟不實踐而徒務空言, 則當時無所成其業, 後世無所垂其名, 非所謂學也. 홍대용, 「日記 – 桂坊日記」, 『湛軒書內集卷二(南陽洪大容德保著五代孫榮善編後學洪命憙校)』.

개념은 결국 현실과 개혁이라는 가치관이 한국철학 속에 내재되었음
보여준다.

　이런 실학 개념의 변화는 18세기에 들면서 성리학 일변도의 가치가
지양되고 현실을 비판적으로 바라보는 학술적 시도가 확산되었음을
보여 준다. 물론 대부분의 유학자들은 여전히 성리학을 실학으로 여
겼다. 그럼에도 조선후기에 이르면 이 실학은 조선 중후기처럼 성리
학으로 점철되지 않았고 서세동점을 거치면서 "실학 = 성리학"이라는
전통 도식의 해체와 "실학 = 서구문물"이라는 새로운 도식으로까지
발전하였다.

3 근대전환기 실의 철학

　"아! 비극이다." 근대전환기 개혁적 유교 지식인들은 을사늑약을
거쳐 한일강제합병이라는 망국의 치욕을 이렇게 생각하였다. 그 안에
는 우리 민족의 전통적 실의 철학과 가치를 회복하기도 전에 급격히
국가가 무너졌다는 한탄이 들어 있었다.

　조선 후기 박지원, 박제가, 홍대용, 정약용 등과 같은 선구자들은
전통 성리학의 모순을 직시하였다. 이들의 통찰이 국정에 직접 반영
되지는 않았지만, 가학家學을 통해 후세로 이어졌다. 근대 전환기 시
대의 가치가 변함에 따라 실학의 범주도 달라졌는데 대체로 이들의
후학들을 중심으로 서구 문물이 전통 문물보다 합리적이며 실학적이
다는 인식이 빠르게 확산되었다.

　이경구는 1895년에 발간한 최성환의 『고문비략顧問備略』중 「학교學

校」와 1884년 3월 27일자《한성순보》의「이국일성伊國日盛」중에 나오는 실학 개념을 비교하였다.「학교」에서는 "과거제도가 시행된 이후로 사부詞賦를 중시하고 실학을 경시하여 세상이 경학을 숭상하지 않게 되었다."라고 적었다.[8] 이것은 최승로, 이제현, 정도전, 정약용 등의 실학관이자 전통 성리학에서 크게 벗어나지 않은 개념이었다. 그 후 약 25년 뒤에 한국 최초의 근대 매체인《한성순보》에서는 "(서세동점이란) 그 원인 궁구해보면 저(서구)들이 실학實學을 추구할 때 우리는 허문虛文만 숭상했기 때문이다. (중략) 모든 허위虛僞의 습관이 씻겨 나가고 오로지 실사구시만으로 하루 이틀 계속 이렇게 유념하면 몇 십 년 뒤에는 반드시 서국西國을 능히 능가하여 위에 설 것이다. 이른바 실학實學이라고 하는 것은 즉 격치格致 한 가지 이것뿐이다."라고 적고 있다.[9]《한성순보》에서는 실학을 격치格致라고 해석하였는데, 이 때 격치란 구제적으로는 서구과학(science)이었다.

이 글의 시기적 배경인 1884년은 일본의 메이지유신을 모델로 한 갑신정변이 일어난 해이기도 하다. 아마도 이 글의 저자는 이는 일본의 후쿠자와 유키치가『학문의 권장』에서 서구과학을 실학이라고 정의한 것을 보았을 것이다.

초기 박은식도 후쿠자와 유키치의 실학 개념을 수용하였다. 1904년

---

8) 學校之設 (중략) 必選實有道德之人, 使爲學官, 以來實學之士, 朝夕相與講明正學. (중략) 自科擧之制, 詞賦重而實學輕, 世不尙經術, 因未聞有讀書講道之士. 최성환,「학교」,『고문비략』권4, 1858.

9) 窮其所以則 彼事實學而我尙虛文也. 欲矯其弊而另圖惟新, 內可以固國, 外可以禦敵, 則一切虛僞之習, 蕩滌屛除, 惟實事求是, 一日二日念玆在玆則其數年之後, 必有能凌駕西國而上之矣. 所謂實學者卽格致一端是矣.「伊國日盛」,『한성순보』, 1884.3.27, 9~12쪽 참조.

발간한 『학규신론學規新論』에서는 "일본은 메이지 유신 초기 나라의 영재들을 영국, 프랑스, 독일, 미국 등으로 나누어 파견하여 각종 실학을 배우게 하였다." 「논유학지익論遊學之益」와 "한국의 종교는 공자의 도이다." 「논유지종교論維持宗敎」라는 대비되는 문구가 있다. 이것은 서구 학문을 실학으로 전통 유학을 종교로 분류한 것으로, 유학이 곧 실학이라는 고구려 소수림왕 이후 유학적 실학관이 서구 문명에 의해 종료된 것이다. 그러므로 이때 실학은 전통 유학을 벗어난 철학과 가치관으로 환원되었다.

이처럼 실학이란 용어는 역사적으로 많은 변화를 가져왔다. 그것은 현실 지향의 학문이라는 측면에서 볼 때, 과연 당대에 필요한 철학 사유가 무엇이냐에 따라 결정된 것이었다. 즉, 우리 사회의 실학 개념은 앞에서 언급한 것처럼 1930년대 정립된 개념이지만 역사적으로 크게 세 가지의 전환점이 있었다.

첫째는 19세기 후반 개화파를 중심으로 서구관의 변화이다. 이 개화파들은 서세동점의 세계 질서 속에서 자주적 국가의 수립을 추구하였다. 그리고 일본과 중국 및 서구를 접하면서 그동안 오랑캐로만 여겼던 서구와 그들의 문화를 새로운 시각으로 보기 시작하였다. 하지만 이들의 사고는 내외부적 충격에 쉽게 붕괴하였다.

둘째는 박은식의 『학규신론』이나 《황성신문》 등에 나오는 실학자들이다. 이들은 기존 심성론변에 치중하는 성리학을 비판하기 위해 김육·이익·정약용은 물론 한글로 각종 농서와 의학서적을 편찬한 김안국 등을 칭송했다. 그런데 정치학자 또는 경제학자로 명명한 이들은 이후에 실학자들로 불리게 되었다. 즉 이들의 학문도 결국 실학으로 범주화되었다.

마지막은 1920년대 조선학운동이다. 이 학술 운동에서 처음으로 박지원·박제가·홍대용 등 북학파의 학문을 실학이라고 불렀다. 그리고 1930년대에 이르러 이들을 지칭하는 많은 말들을 제치고 '실학'이라는 말을 중심적으로 사용하게 되었다. 그러므로 근대전환기 형성된 '실학'이라는 개념에는 전통 성리학에서 사용하는 도덕 심성론이 빠진 경제·산업에 한정된 것이었다. 이는 서구와 같은 부강한 국가로의 발전을 도모하는 차원에서 비롯되었으나, 결과적으로 1920년대 이후 일본 제국주의의 한반도 산업화 정책과도 일정한 관련이 있었다. 이러한 실학 개념과 범주는 해방 이후에도 국가산업화의 이론적 배경으로 작용하였다. 한편 최익한은 정약용을 통해 사회주의를 수용하였다.

이 책에서는 주로 첫 번째와 두 번째 과정을 다루었고, 세 번째 과정은 사회주의 수용에 초점을 맞추었다. 세 번째 과정에서 현대적 '실학'의 형성은 서구에서 수용한 근대학문이 한국사회에서 전개하는 과정으로 본 책의 집필의도와는 다른 영역이기 때문이다. 그러나 사회주의와 관련해서는 문명 수용과 관련 있는 것이기 때문에 1920년대 초기 사회주의에 대한 근대 인식을 박은식, 최익한, 특히 한형권, 여운형 등의 글들을 통해 재구성하였다. 당대를 들어 보면, 사회주의로의 접근은 망국 극복, 독립 실현이라는 현실 문제에 대응이었고 그 속에는 1910년대 국제 질서 속에서 외톨이가 된 대한민국임시정부의 좌절과 극복의 노력이 녹아 있었다.

근대전환기 실의 철학은 서세동점과 망국이라는 현실과의 조우와 대응의 연속이었다. 이런 과정 속에서 한국의 지식인들은 유학에서 벗어나 새로운 가치관을 찾았다. 한편 전통 유학을 심화시키거나 새롭게 재구성하려는 노력도 나타났고, 민족의 원형 문화를 추구하거나,

종교에 심취하기도 하였다. 하지만 우리사회에서는 보다 더 현실에 실천적으로 나서야 한다는 입장이 강했다.

제**2**장
근대전환기 현실 인식의 배경

1 근대전환기 동아시아의 서구 수용

근대 한국의 실의 철학을 논하기 전에 반드시 배경으로 알아야 할 부분이 있는데 첫째는 중국, 일본의 근대 서구 문물 수용이고, 둘째는 조선 후기 이후 서학 수용의 전통이다. 이 편에서는 먼저 중국과 일본의 서구 수용 과정을 고찰하였다.

1) 중국

리쩌허우李澤厚(1930~)는 2005년에 발간한『실용이성과 감성문화』(원제 :『實用理性與樂感文化』)에서, '실용이성이란 실천을 통해 얻은 경험적 합리성(타당성)의 상위 개념이다'라고 설명하였다.[1] 즉 실용이성은 현실을 극복하기 위한 각종 실천을 통해 얻은 경험과 추론으로, 서구의 이성과는 다소 차이가 난다. 나아가 실용이성은 중국전

---

1) 李澤厚,『實用理性與樂感文化』, 三聯書店(北京), 2005, 3쪽 참조.

통철학의 지향이자 목표였으며, 마르크스주의 유물사관과 연결되어 현재도 유효하다고 부연하였다.

1840년 아편전쟁은 중국 사회에 많은 실천적 변화와 대응을 요구하였지만, 청나라의 지배층은 이후에도 한동안 서구를 중화보다는 못하다 여겼다. 그들은 서구를 이이제이以夷制夷의 방식으로 물리칠 수 있다고 여기고, 몽골 장수에서 셍게린천Sengge Rinchen, 僧格林沁(1811~1865)을 통해 영국과 프랑스를 몰아내고자 하였다. 그러나 이후 사태는 제2차 아편전쟁으로 번져 황제가 북경을 버리고 몽진을 가는 상황으로 이어져, 결국 서구문명의 우수성을 인정하지 않을 수 없게 되었다.

이런 상황에 청나라에서는 중체서용中體西用이라는 모토의 양무운동이 일어났다. 양무운동은 서구와의 외교관계 수립에서 시작하여 그들의 문물 특히 군사 기술을 수용하려는 노력으로, 1870년대 이후에는 광공업과 근대 교육 등으로까지 확대되었다.

엄복嚴復(1854~1921)은 12세였던 1866년에 양무운동의 결과로 설립된 복주福州 선정학당船政學堂에 입학하였다. 당시 중국은 두 번에 걸친 서구와의 전쟁에서 연패하면서 서구의 군사 기술을 배우려 하였다. 그 일환으로 조선기술과 항해술을 가르치는 선정학당을 설립하였는데, 향신층 자제들이 입학을 꺼려하였다. 하지만 어려서 아버지를 여위는 등 가정형편이 어려웠던 엄복은 이 학교에 들어 갔고, 정부의 후원으로 23세때인 1877년에는 영국왕립해군학교Royal Naval College(현 그리니치대학)에 유학하게 되었다. 그는 귀국 후 모교인 선정학당의 교수가 되었고, 이후 중국해군학교인 북양수사학당에서 교수, 총판總辦 등을 역임하며 해군 근대화에 노력하였으나, 청나라는 1894년 청일전쟁에서 패전을 맞보았다.

엄복은 서구와 중국의 사회를 비교하여 청일전쟁 패전의 원인을 찾기 시작하였다. 그리고 "일본은 최근 수천 개의 과학학교[格致學敎]를 설립하여 인민을 가르치고 있다."라고 언급하고,[2] 청일전쟁에서 일본의 승리는 서구를 모델로 한 사회 변화였다고 평가하였다. 그는 중국과 서구를 다음과 같이 비교하였다.

> 중국에서는 삼강을 가장 중시하나 서구인은 평등을 우선 밝힌다. 중국은 친족을 우선하나 서구인은 현자를 숭상한다. 중국은 효孝로써 천하를 다스리나 서구인은 공公으로써 천하를 다스린다. 중국은 군주를 받드나 서구인은 인민을 높인다. 중국은 하나의 도와 고른 풍속을 중시하나 서구인은 무리지어 거하고 마을에 머무르기를 좋아한다. 중국에는 금기가 많으나 서구인은 비평이 많다.[3]

이로써 엄복은 중국이 서구와는 달리 획일적이라고 추론하고, 획일성은 인민 스스로가 능동적으로 행동하지 못하게 하였으며, 중국이 서구 그리고 일본에 패전한 근본적인 원인이라고 보았다.

엄복은 1898년에 토머스 헉슬리T. H. Huxley(1825~1895)의 *Evolution & Ethics and Other Essays*를 해설한 『天演論』을 발행하였다. 헉슬리는 이 책을 통해 당시 국제사회에 통용되는 약육강식의 질서를 비판하였

---

2) 日本年來立格致學校數千所, 以教其民. 嚴復, 『嚴復集』 第1冊. 「救亡决论」 참조.

3) 中國最重三綱, 而西人首明平等, 中國親親, 而西人尙賢, 中國以孝治天下, 而西人以公治天下, 中國尊主, 而西人隆民, 中國貴一道而同風, 而西人喜黨居而州處, 中國多忌諱, 而西人衆譏評. 엄복, 『嚴復集』 第1冊, 「論世變之亟」 중에서.

으나, 엄복은 중국의 현 서세동점 상황을 천연론 즉 사회진화론으로 해석하였다. 이 이론은 일본과 한국에도 전파되어 당시 서세동점의 국제질서를 물경천택物竞天择, 우승열패優勝劣敗, 적자생존适者生存 등으로 해석하는 풍조를 만들었다.

강유위康有爲(1858~1927)와 양계초梁啓超(1873~1929)는 근대 중국 사상의 집대성자로서 변법운동을 통해 만났다. 이 둘은 엄복과는 달리 금문공양학파로, '당시 중국의 전통 학문인 고증학이 사회문제에 눈감고 있다.'고 비판하고 사회운동에 적극적으로 참여하였다. 당시 이들은 경학적으로 공양학, 사상적으로는 양명학(초기에는 양명좌파)을 중심으로 경세치용을 주장하였다.

강유위 대표작은 『대동서大同書』이다. 그런데 이 책은 판본을 거듭하면서 내용이 추가되었고, 후기로 갈수록 초기 판본와는 정반대의 내용으로 채워졌다. 이 책이 처음 발행된 시점은 대략 1901년에서 1902년경인데, 이 시기에 강유위는 전통 유교에 대해 매우 비판적으로, 남녀평등을 주장하고 사유재산을 없애야 하며 입헌군주제를 넘어 공화제까지 주장하였다.

그러나 1911년의 신해혁명으로 청나라가 무너진 시기에 그는 과거와는 너무도 달라졌다. 그는 일본 망명기부터 보수적으로 변하였다. 특히 중국의 정치 개혁을 요구한 손문孫文(1866~1925), 장병린章炳麟(1868~1936)과는 여러 면에서 대립하였다. 귀국 후 그는 젊은 시절 비판한 공자를 복권시키고 공교회孔教會를 조직하였는데, "민주주의란 도둑놈에게 나라 살림을 맡기는 꼴이다.", "여성에게 자유를 주면 풍속이 음란해지고 세상이 망한다." 등의 극보수적인 망언으로 생애를 마감하고 있었다.

하지만 그의 생애동안 변하지 않는 부분도 있는데, 바로 대동사회였다. 대동大同이란 『예기禮記』의 「예운편禮運篇」에서 묘사한 유가의 이상사회였다. 「예운편」에는 역사가 대동에서 소강으로, 소강에서 난세로 이어진다고 하였는데, 이는 대동이 요순시대에나 가능하였던 과거의 일이라는 회의적인 의미도 있었다. 하지만 강유위는 이를 역으로 역사는 난세에서 소강, 소강에서 다시 대동으로 간다고 해석하였다. 이는 엄복이 밝힌 천연론 즉 사회진화론을 일정정도 수용한 것으로, 전통의 회귀보다는 미래 사회로의 발전을 도모하는 사고의 전환이었다.

근대 동아시아에서 다작으로 양계초를 따라올 자는 없다. 그는 강유위를 만나 계몽운동을 벌였고, 1898년 입헌군주제를 주창하는 변법운동에 함께 참여하였으나 실패하여 일본으로 망명하였다. 일본에 도착한 그는 1899년 『자유서』를 발표하여 청나라를 비판하였는데, 여기서 그는 강유위와 같이 인류는 야만에서 문명으로 이행하는 것으로 보았다. 그는 인간도 진화 정도에 따라 야만인野蠻人, 반개인半開人, 문명인文明人으로 구분하고,[4] 중국인은 이중 어디에 있는지 자문하였다. 그리고 그는 중국인은 반개인 이기 때문에 청나라는 우선 국민들을 문명인으로 만들어야 한다고 여기고 자신에게 ‘부민部民’인 중국인을 ‘국민國民’으로 이끌 몽테스키외나 루쏘 같은 계몽주의자의 책임을 주었다.

양계초는 여기서 "민력은 국력" 또는 "민력은 국력의 총합"이라고

---

4) 양계초, 『自由書』, 「文野三界之別」.

정의하였다. 나아가 민력을 민지民智, 민력民力, 민덕民德으로 구분하고, 계몽을 통해 민력을 높이는 것이 곧 약육강식의 국제사회에서 살아남는 길이라고 주장하였다. 이런 서구 계몽사상의 재생산은 1902년까지 지속되었다.

잠시 여기서 양계초에 대한 리쩌허우의 평가를 보자. 리쩌허우는 중국 근대지식인들의 사상은 대체로 복잡하다고 전제하고 가장 변화가 심한 인물로 양계초를 꼽았다. 그는 양계초의 일본 망명기 중 1898년부터 1903년까지를 그의 일생의 황금시대로 평가하였다. 그 근거로 이 시기 양계초에게 영향을 받은 인물들로 손문, 루쉰魯迅(1881~1936), 마오쩌둥毛澤東(1893~1976), 귀모로郭沫若(1892~1978) 그리고 후스胡適(1891~1962) 등을 언급하고, 사실상 20세기 초에 활동한 중국 사상가들 중에서 그의 영향을 받지 않은 이는 없다고 평가하였다. 그리고 이들이 가장 많이 본 양계초의 저술은 1902년에서 1903년에 발행한 『신민총보』였다고 부연하였다.5)

양계초는 이후 어떻게 변했을까? 그는 먼저 루소의 사회계약설에서 부룬출리의 전제주의로 사상의 무게중심을 이동하였다. 이후 『덕육감德育鑑』에서는 이전에 비판한 전통 유학 및 전통 학문을 회귀하기 시작하였다. 그는 황제복벽운동에 참여하였고, 제1차 세계대전이 끝난 유럽을 방문한 후 『구유심영록歐遊心影錄』을 지어 서구 문명의 한계를 지적하였다. 이 글에서 제1차 세계대전을 서구 전제주의의 몰락을 바라본 그는 1922년에 지은 『선진정치사상사先秦政治思想史』에서 이렇게 적었다.

<hr>

5) 리쩌허우, 『中國近代思想史論』, 三民書局限份有限公司, 2010. 438~440쪽 참조.

중국 정치사상에는 세 가지 특징이 있다. 세계주의, 평민주의 또는 민본주의, 그리고 사회주의이다. 이 세 가지 사상의 내용이 서구인들이 주창하는 것과 같거나 다른데, 과연 누가 우수하고 누가 열등하단 말인가?[6]

이 글이야 말로 1840년 이후 위축된 중화가 80여 년을 지나 다시 부흥하는 모습이었다. 근대 초기 중국의 사상은 동아시아 삼국 중 가장 변화가 심하였다. 특히 중국내부에서 발생한 다양한 사상의 난립과 강유위, 양계초 그리고 장병린 등의 일관되지 않은 사상은 점점 전통의 중화사상을 옹호하게 되었다.

한국 근대에서는 엄복의 천연론과 강유위, 양계초의 저술이 많이 소개되었다. 특히 양계초의 『자유서』 중 「애국론」이 일부 또는 전체 번역되었다. 을사늑약이후 『음빙실문집』이 일본으로부터 수입되자 신문이나 잡지 등 매체에서 이를 소개하고 자신의 주장을 펼치는 근거로도 사용하였다. 전통 유학자 중에는 양계초의 초기 문헌을 비판하는 경우가 있었는데, 대표적인 인물이 「양씨제설변梁集諸說辨」을 지은 전우田愚(1841~1922)이다. 한편 한일강제합병이전까지 한국 매체에 소개된 양계초의 전적들은 대체로 양계초가 전체주의자로 변하기 이전 저작이라는 점도 중요하다.

강유위는 『대동서』보다는 공교회 운동으로 한국과 연관이 깊다. 한일강제합병이후 이승희는 간도로 망명하여 공교회 운동을 펼쳤는데,

---

6) 其政治思想有大特色三, 曰世界主義, 曰平民主義或民本主義, 曰社會主義. 此三種主義之內容, 與現代歐美人所倡導者, 爲同爲異, 熟優熟劣? 양계초, 『先秦政治思想史』

강유위가 주도한 중국 공교회에 연락하여 지부를 건설하고자 하였다. 1912년 상해에서 결성한 독립운동단체인 동제사(재상해한인공제회)에 참가한 박은식도 강유위의 후원을 받은 것으로 알려져 있다.

2) 일본

일본은 1854년 가나가와神奈川에서 미국과 미일화친조약을 맺으면서 동아시아 전통 질서에서 벗어나 서구적 국가 체제로 변화를 모색하였다. 후쿠자와 유키치福澤諭吉(1835~1901)는 이 시점을 중국과 조선에서 서구로 문명의 수입처가 바뀐 때라고 설명하였다.[7] 그 후 일본은 비교적 빠르게 서구를 수용하고 또 일본 사회에 적용시켜 나갔다. 이렇게 일본이 서구를 빠르게 수용할 수 있었던 것은 중국과 한반도로부터의 문물 수입이라는 역사적 경험을 통해 그 필요성을 절감했기 때문이다.

일본이 처음으로 근대 서구를 접한 것은 18세기 중후반부터 난학蘭學(네덜란드 학문)을 통해서였다. 이 점은 서구를 알았으나 화이관이라는 전통 중화주의가 깊었던 중국과, 조선중화주의 전통에 중국을 통해 제한적으로 서구를 이해하였던 한국과는 다른 상황이었다.

후쿠자와 유키치는 21세인 1854년에 나가사키長崎로 가서 네덜란드어를 공부하였고 이후 오사카에서 오가타 고안緒方洪庵를 만나 본격적으로 난학을 배웠다. 그가 이곳에서 읽은 서적들은 주로 의학과 물리학에 관한 것들이었다.

---

7) 후쿠자와 유키치(남상영·사사가와 고이치 역), 『학문의 권장』, 도서출판 소화 (서울), 2012, 125쪽 참조.

그런데 1859년 요코하마에서 그는 네덜란드어만으로는 서구인과 소통할 수 없다는 것을 알게 되었다. 이후 그는 영어를 배우기 위해 1860년 미국으로 향했다. 이 방문에서 그는 자연과학 못지않게 미국의 사회제도와 문화, 풍속 등을 체험하였는데, 이를 통해 그 역시 엄복과 유사한 인식을 하게 되었다. 즉 일본은 획일적인 반면 미국은 개방적으로 이것은 미국이 일본보다 강한 원인이라고 생각하였다.

이후 그 역시 서구 문명은 실천 학문과 연결되었고 이를 일본 사회로 전파하기 위해 국민교육운동을 전개하였다.[8] 미국에서 돌아온 후, 그는 1868년에는 신센자新錢座에서 오늘날 게이오기주쿠대학의 전신인 게이오기주쿠를 설립하여, 전통 학문 대신 서구 학문을 배워야 한다고 주장하였다. 그는 중국 고전 등 한학에도 조예가 깊어 사서오경은 물론이고,『몽구蒙求』,『세설신어世說新語』,『전국책戰國策』,『노자老子』,『장자莊子』에서『사기史記』,『한서漢書』,『후한서後漢書』,『진서晉書』,『오대사五代史』,『원명사략元明史略』,『좌전통독左傳通讀』 등을 읽었고, 특히 좌전을 많이 보았다고 한다.[9]

이처럼 한학에 익숙한 그였지만, 한학에 대한 비판은 매서웠다. 그중 유학적 인간관에 대한 비판이 강했다. 그는 당시 일본 정부와 유학儒學과의 관계를 "한유漢儒는 스승이고 정부는 문하생", "(유학자는) 학문에 권리는 없으면서 오히려 세상의 전제를 조장하다.", 심지어 "지금 세상을 살면서도 옛 사람의 지배를 받으며 그 지배를 또 다음

---

8) 임종원,『후쿠자와 유키치 연구 - 문명사상』, 제이엔씨(서울), 2009, 93쪽 참조.
9) 미츠다 고이치로(윤채영 역),『후쿠자와 유키치 다시보기』, 아포리아(서울), 2017, 86~87쪽 참조.

세대에 전가함으로써 지금 세상을 지배하려 하고"라고 유학과 정부를 강하게 비판하였다.[10]

그는 유교에서 말하는 도덕이 모두 사덕이지만, 정작 현재 필요한 도덕은 서구식 공덕이라고 주장하였다. 사덕은 소수에게서 인정받는 가치로서 개인의 내면에 상태이기 때문에 객관화 할 수 없다. 그러므로 사회가 복잡해질수록 사덕을 제한하고 공덕을 통해 사회을 유지해야 한다고 주장하였다. 이런 주장은 1902년 『신민총보』에서 '공덕론'을 주창한 양계초와 연결된다.

그렇다면 그가 주장하는 학문은 어떠한가? 그의 학문은 경험적이고 합리적이며 타당한 학문 즉 과학이다. 그는 이를 실학이라고 정의하였다.

> 그러므로 지금은 그러한 실생활과 동떨어져 있는 학문은 이차적
> 인 것으로 돌리고, 오로지 우리가 열심히 공부해야 할 것은 인간의
> 일상생활에 필요한 실학이다.[11]

그의 학문관은 결국 실학 즉, 과학으로 일본의 국민을 깨우쳐 스스로 권리를 찾을 수 있게 하는 것이었다. 그의 이러한 주장은 한국과 일본의 사상가들에게 지대한 영향을 끼쳤으며, 특히 1898년부터 1902년 미국으로 가기 전까지 양계초는 그의 영향을 많이 받은 것으로 보인다. 한국에서는 박은식의 초기 저작인 『학규신론學規新論』과 일

---

10) 후쿠자와 유키치(임종원 역), 『문명론의 개략』, 제이앤씨, 2012, 「제5권 9장 일본문명의 유래」 참조.
11) 후쿠자와 유키치(2012), 24쪽 참조.

부 겹치는 부분이 있다.

후쿠자와 유키치가 언급한 대로, 동아시아에서 일본은 문명 수입국이었다. 때문에 기존 문명에 대한 비판과 신문명 수용이 중국 및 한국보단 비교적 용이하였다.

서구 신문명 수용에 있어서 니시 아마네西周(1829~1897)는 philosophy를 백교일치百敎一致, 즉 모든 학문 위에 존재하는 학문science of sciences으로 보고 '철학哲學'이라고 번역하였다. 이렇게 번역한 이유에는 주돈이周敦頤(1017~1073)의 "선비는 현인이 되길 바란다.(士希賢)"는 구절에 착안하여 science를 후천적인 학습으로 이해하였기 때문이다. 그 연장선에서 philosophy를 이학이론理學理論으로 해석해야 하나 기존 용어와의 혼동을 피하기 위해 철학哲學이라고 번역하였고, 이학理學 즉 주자학을 포함한 유학儒學을 철학의 범주에서 제외하였다.[12]

니시 아마네의 정의에 따라 나카에 초민中江兆民(1847~1901) 등도 유학을 근대 일본 사회에서 불필요한 것으로 비판하였다. 이런 판단은 단순히 시대가 변함에 따라 유학은 서구 학문으로 바뀐다는 진화론적 논리나 중국에 대한 일본 또는 서구 문명이 뛰어나다는 우월의식에서 나온 것이 아니다. 그들은 공통적으로 당시 유학으로 상징되는 전통 학문이 서구 학문보다 객관적이지도, 합리적이지도, 타당하지도 못하다고 판단하였기 때문이다.

---

12) 마티노 에이지, 「번역의 의의와 학문의 진보」, 『근대번역과 동아시아』, 박문사(서울), 2015, 14~16쪽 참조. 반면 이행훈은 철학은 물리와 심리를 통합하는 학문인 반면, 유학은 심리만을 다루기 때문에 철학에서 제외시켰다고 보았다. 이행훈, 『학문의 고고학』, 소명출판(서울), 2016, 141~142 참조.

일본 근대초기 사상가들은 문명에 대한 과학적 합리성과 추론화라는 엄격한 두 가지 관점을 세워 이 둘을 모두 가지고 있어야 문명으로 인정하였다. 이 법칙에 따라 그들은 서구문물은 문명이지만, 유학을 비롯한 전통학문은 과학적 합리성이 없거나 떨어진다고 보았다.

이들의 문명관은 1874년 발족한 명육사明六社에서 분명히 나타났다. 후쿠자와 유키치, 니시무라 시게키西村茂樹, 니시 아마네, 가토 히로유키加藤弘之(1836~1916) 등이 여기에 참여하였다. 그들은 여기서 일본을 중심으로 동아시아를 총체적으로 해석하였다.

가토 히로유키는 서양 근대 자연권 사상에 입각하여 '천부인권론'을 제시하였다. 이것은 원래 일본의 입헌군주제를 지지하기 위한 사상이었으나, 이후 의도와는 달리 자유민권운동의 이론적 지주로서 기능을 하였다. 이에 그는 천부인권론을 철회하고 스펜스 등의 사회진화론을 배경으로 한 국가생존 방안을 제시하였는데, 그 일환으로 국체론을 들 수 있다.

이 시기 국체론을 중심으로 일본의 정체성을 다지는 작업을 시작하였는데, 이는 서구 열강에 맞서기 위한 체제의 전환이라고 볼 수 있다. 즉 이전의 근대화 작업이 계몽에 초점이 맞춰져 있었다면, 이후의 작업은 전제국가로의 입지구축에 초점이 모아졌다. 여기에는 1870~1871년 사이에 발생한 프로이센·프랑스 전쟁도 있었다. 즉 공화제의 프랑스는 국가주의 또는 전체주의를 표방한 프로이센에게 굴복하였다. 이런 과정에서 일본도 통일독일을 따라갔다. 오히려 일본과 같이 전통적 민족의식이 강한 국가에는 프랑스식의 자유주의보다 독일식의 전체주의에 익숙하였다. 그 결과 학술의 중심이 프랑스에서 독일로 전환하였고, 독일의 철학자 칸트와 그 학설이 지식인들에게 회자되었다.

이런 과정에서 일본에서도 국체론이 등장하여 전체주의로의 이행을 촉진하였다. 메이지 유신 이후 일본의 국체론은 제자백가서 중 하나인 『관자』「군신편하」의 "사지와 육도는 몸의 체이며, 사정과 오관은 나라의 체이다.(四肢六道, 身之體也; 四正五官, 國之體也.)"라는 구절에서 따온 신용어로 크게 네 가지의 범주를 가지고 있었다. 우선 ①전통적인 개념인 국가의 위상 즉 국위이고 ②국가의 기풍, ③국가체제 등이었다. 그리고 마지막으로 ④일본의 천황을 축으로 하는 정교일치체제를 의미하였다.[13]

20세기로 갈수록 일본 사회가 전체주의로 변하면서 국체론은 점차 천황을 축으로 하는 정교일치체제로 점철되었다. 이는 헌법으로도 명시되었는데, 1889년 제정한 메이지 정부의 대일본제국헌법大日本帝國憲法에는 "천황에 대한 신성불가침"이 명시되어 있다. 특히 이 헌법에서 국민들은 신민臣民으로서 천황에게 복종하고 충성하는 존재로 묘사되었다. 이어서 발표한 『교육칙어敎育勅語』에는 천황에게 충성하는 신민 양성이 들어 있었다.

그러면 이러한 국체론의 근거는 무엇인가? 우선 칸트철학을 들 수 있다. 이노우에 데츠지로井上哲次郎는 독일에서 칸트철학을 전공하고 돌아 와, 메이지 초기 일본의 서양철학사가 칸트 중심으로 서술되는 데 지대한 공헌을 하였다. 1891년 이노우에 데츠지로는 '교육칙어' 해설서인 『칙어연의勅語衍義』에서 '군주는 심의心意이고 국민(신민)은

---

13) 米原謙, 『国体論はなぜ生まれたか』, ミネルヴァ書房(京都), 2016, 39쪽 참조.

사지백체四肢百體로 국민은 군주의 통제를 받아야 한다'고 명시하였다. 그러므로 여기서 국체란 천황을 중심으로 한 전체주의 체제를 의미한다.

그가 언급하는 군주는 칸트 철학에서 초월자아transzendentales Ich에 해당한다. 그리고 이 초월자아는 양명학의 진아眞我로 재구성되었는데, 이 초월은 마치 양지를 통해 자신의 본체를 확인하는 것과 같은 이치이다. 그리고 이렇게 초월한 자아를 진아 또는 진여眞如라고 불렀다. 그러므로 근대 일본양명학에서 진아는 칸트의 초월자아라고 할 수 있다.14)

이렇듯 후쿠자와 유키치 등에 의해 부정된 전통 학문 즉 양명학은 국체론, 칸트철학과 함께 1900년대 초 일본사회에서 다시 부각되었다. 이는 천황제를 유지하려는 일본의 선택이 다시 전통문화로 돌아가게 만든 것이다.

1900년, 이노우에는 일본의 이단사설을 막고 일본의 국체를 확립하기 위해 『일본양명학파지철학日本陽明學派之哲學』을 간행하였다. 또 그의 제자인 다카세다케지로高瀬武次郎(1869~1950)에게 양명학을 연구하게 하였다. 다카세다케지로는 이후 다수의 양명학 관련 서적을 저술했는데, 주요 저술로는 『일본지양명학日本之陽明学』(1898), 『양명계제정신교육陽明階梯精神教育』(1899), 『왕양명상전王陽明詳傳』(1903), 『양명학신론陽明学新論』(1906), 『陽明主義の修養』(1918) 등이 있다. 그 중 『왕양명상전』은 박은식의 『왕양명실기』에 영향을 주었다. 물론 이렇

---

14) 이와 같은 연결은 양계초가 신민총보에서 1903년부터 1904년까지 발표한 『근세제일대철강덕지학설近世第一大哲康德之學說』에 잘 나타나 있다.

게 전체주의화 한 일본은 결국 제2차 세계대전에서 패망하였다.

마루야마 마사오丸山眞男(1914~1996)는 일본 패망의 원인을 "저항하지 않는 국민성"에서 찾고 과거 일본의 전제화를 비판하였다. 그런데 이는 일본의 근대기획의 산물이라고도 볼 수 있다. 즉 일본이라는 정체를 지켜야 한다는 보수주의가 결국 군국주의 일본을 낳았고 이 일본이 국체론을 통해 국민의 이성적 성장을 막았던 것이다. 그는 후쿠자와 유키치를 존경하였다고 한다. 후쿠자와는 분명 국민과 국가를 근대적으로 바꾸려고 노력하였기 때문이다.

비록 서구가 추구하는 근대로 완전하게 이행하지는 못하였지만, 일본 사상가들은 근대 동아시아에서 큰 역할을 수행하였다. 우선 청나라에서 망명한 강유위, 양계초, 장병린, 손문 등 중국 사상가들에게 근대 사상의 토양을 제공하였다. 갑신정변의 주역인 김옥균과, 개혁적 유교지식인인 박은식, 장지연 등도 이들의 영향을 받아 근대적 시각을 갖게 되었다. 특히 박은식은『학규신론』에서 '한국이 서구 문명을 받아들이는 가장 쉬운 방안은 일본에 가거나 일본 서적을 보는 것이다'라고 적었는데, 그 만큼 근대 한국에서 일본의 역할은 중국보다 큰 것이었다.

2 실의 철학의 연속과 단절

1) 서구 세계관의 도래

17세기부터 조선에서는 서학의 유입으로 인해 기존 세계관과 대비되는 새로운 세계관의 도래하였다. 중국에는 이미 명나라 말기부터 예수회 선교사들이 들어 왔는데, 이들은 동아시아 사회에 서구의 종교, 문물, 문화 등을 전하였고 조선의 유교지식인들 역시 이들이 전한 새로운 학문에 관심이 지대하였다. 서학이 전래된 이후부터 마테오리치Matteo Ricci, 利瑪竇(1552~1610)는 조선 후기 한국 철학계의 중요한 요소가 되었다. 1603년경에 그가 편찬한 『천주실의天主實義』는 향후 약 200여 년간 조선 유학자들에 의해 회자되었으며, 1840년 아편전쟁 무렵까지 서구를 해석하는 표준교재로 활용되었다.

서학은 선조 말기부터 유입되었다. 그 후 18세기를 지나면서 유교지식인들에게 성경에 기초한 우주라는 새로운 세계관을 제공하였다. 그러므로 마테오리치의 문물과 서적 특히 『천주실의』는 전통적 유교질서에 대한 도전이었다. 이에 이미 18세기 초부터 이를 경계하는 목소리가 나왔는데 대표적으로 성삼층설 등으로 호락논변을 촉발시킨 한원진韓元震(1682~1751)이 있다.

> 현상벽玄尙璧(?~?)의 이 학설은 대개 유래가 있으니, 서양인 마테오리치의 학설로부터 전해졌다[15]

여기서 말하는 '이 학설此說'이란 마테오리치가 주장한 지원설地圓說과 지전설地轉說이다. 지원설은 지구가 둥글다는 설이고 지전설은 지구가 자전을 한다는 설인데, 한원진은 이 설이 태극도설로부터 시작하는 주자의 우주설과 다르므로 올바른 학설이 아니라고 주장하였

---

15) 한원진, 『南塘先生文集卷之二十二』「書·答姜甥(辛亥正月)」: 彦明之爲此說, 蓋有由矣, 世傳西洋國人利瑪竇之說.

다. 또 신백겸申伯謙, 현상벽 등의 유학자들이 이 같은 사설에 빠졌다고 지적하였다.[16] 그런데 한원진은 왜 서구의 학설을 이처럼 비판하였을까?

한원진이 생존하였던 17세기 중후반에서 18세기 중반의 조선은 정치적, 국제적, 사회적 그리고 철학적으로 극심한 변화의 시기였다. 당시 조선 사회는 청나라의 등장, 서학의 유입, 급격한 내부 변동이라는 세 가지 변인을 갖고 있었다. 명나라가 임진왜란 등으로 쇠약해진 틈을 타 만주족은 후금後金을 개국하였다. 후금은 명나라와 동북아 패권을 겨룬 사르후 전투[薩爾滸之戰](1619)을 승리로 이끌면서 만주 지역을 장악하였고, 동시에 조선을 침략한 병자호란을 병자호란(1636~1637)을 일으켜 동북아 패권을 확고히 하였으며, 여세를 몰아 명나라를 흡수하여 명실상부한 동아시아 패권국이 되었다.

청나라는 강희제康熙帝(1654~1722), 건륭제乾隆帝(1736~1795)를 지나면서 현대 중국의 근간을 이루는 대국이 되었다. 조선에서도 점차 청나라의 정치, 문화적 영향력은 확장되어 갔다. 조선은 조선중화론이 사회전반에 흐르면서 과거 태조 개국의 한 축이었던 만주족을 이민족으로 규정하였다. 그리고 청나라의 문명과 문화를 외면하는 한편, 북벌론, 조선중화론 등을 이어갔다. 하지만 18세기 중후반으로 갈수록 수차례의 연행을 통해 청나라의 선진 문물을 보면서, 그 문물을 수입하려는 북학론이 등장하는 등 조선에서 바라 본 청나라는 1840년 아편전쟁 이전까지 정치, 경제, 문화의 대국이었다.

---

16) 한원진, 『南塘先生文集卷之二十二』「書·答姜甥(辛亥正月)」: 朱子地浮水面之說, 玄彦明以爲記錄之誤. (중략) 申伯謙首先惑其說, 而彦明永叔隨風而靡矣.

만주족 청나라는 오랑캐이고 오로지 조선만이 중화라는 조선중화론이 힘을 실어가던 시기 한원진은 마테오리치의 서학도 경계하였다. 그는 특히 지원설을 전통 우주관과는 대립하는 사고라고 비판하였다. 동아시아 전통 우주관은 '하늘은 둥그렇고 땅은 네모나다'는 천원지방설이다. 그리고 이 설에 의거하여 천지인의 수직 경계와 중화와 이적의 수평 경계가 나누게 된다. 그런데 지원설에 따르면, 하늘이 반드시 머리 위에만 있는 것이 아니므로 봉건 사회를 유지하는 계급 구조도 해체되고, 모든 곳이 땅의 중심이 되므로 중화는 네모난 땅 중 가운데이고 동서남북의 각 모퉁이에는 동이東夷, 서융西戎, 남만南蠻, 북적北狄이 산다는 문화우월적 화이관도 논리를 잃게 된다. 그러므로 한원진으로서는 이 지원설을 절대로 수용할 수 없었다.

유교적 세계관을 추종한 당시 보수적 유학자들은 이 학설에 반발하고 대응 논리도 만들어 냈지만, 서학은 계속해서 유입되었다. 오히려 서학열은 쉽게 그치지 않았는데, 안정복安鼎福(1712~1791)은 이 현상을 다음과 같이 설명하였다.

> 서양서는 이미 선조宣祖 말년부터 우리나라에 들어와서 저명한 유학자들 중에는 보지 않은 사람이 없으니, (그들은) 제자백가나 도교道敎 또는 불교佛敎와 같은 글로 보고 서실書室의 구색으로 갖추었으며, 거기서 취하는 것은 단지 상위象緯(천문현상)와 구고句股(기하학)에 관한 기술일 뿐이다.[17]

---

17) 안정복, 『順菴先生文集卷之十七』「雜著 · 天學考(乙巳)」: 西洋書, 自宣廟末年, 已來于東. 名卿碩儒, 無人不見. 視之如諸子道佛之屬, 以備書室之玩, 而所取者, 只象緯句股之術而已.

안정복의 글은 18세기 중반의 쓰여진 것이다. 이를 보면 대략 조선에서 18세기 전반에 서학에 다양한 논의가 있었다고 볼 수 있다. 초기에는 서구의 문물과 서학서들은 연행을 통해 조선으로 유입되었는데, 서학에 대한 유학자들의 수집욕 역시 열병처럼 번지고, 연행단을 통한 다량의 서학서적의 구입으로 이어졌다고 한다. 그래서 안정복이 적은 대로, 서울에 있는 웬만한 양반가에서는 쉽게 서학서적을 볼 수 있게 되었다. 동시에 연구대상도 천문학과 기하학에서 점차 기독교로 옮겨갔다. 그러므로 서학은 서구의 과학기술만이 아니라, 동아시아 전통 세계관과 다른 세계관을 제시하는 역할을 하였다. 18세기 조선이 수용한 청의 문물도 이런 서구의 기술을 융합시킨 것들로 조선 사회에 커다란 반향을 가져왔다. 특히 홍대용洪大容(1736~1783)은 이미 전통 우주관으로부터 분리되어, 지원설, 지전설을 인정하고 이를 동아시아의 과학적 사고 즉 기氣로 재구성하였다.

이들 박지원, 박제가, 홍대용과 이익, 정약용 등이 남긴 학문은 19세기 조선인들에게로 이어져 전통 유교 질서를 비판하고 서구 세계를 이해하는 창이 되었다. 특히 전통 화이론의 붕괴는 필연적인 것이었다. 훗날 박규수가 손수 만든 지구본 모양의 지세의地勢儀를 돌리면서 김옥균에게 '어느 곳이 지구의 중심이더냐? 지구는 둥그니까 바로 찍는 그곳이 바로 중심이다.'라고 말한 소설적 일화는 새로운 세계관으로 서학의 등장이 곧 19세기 현실 비판과 미래 지향의 출발이었음을 보여 주는 것이다.

2) 북학의 목적

조선시대는 중화와 이적이라는 화이론이 일관하는 사회였다. 전통 성리학이 중화를 절대적인 보편으로 여겼다면, 심학, 기학, 실학 그리고 서학 등은 대체로 중화를 보편적인 것으로 보지 않았고, 나아가 동이東夷도 중화와 동등한 지위로 격상시키기 위해 기존 화이론의 해제와 재구성까지 시도하였다.

그런데 이런 변화에는 조선후기 사회경제적 발전이 있었다. 아담 스미스, 칼 마르크스, 막스 베버부터 로널드 잉글하트, 크리스탄 웰젤 등은 '사회경제적 발전이 사회·문화·정치적으로 중요한 변화를 가져왔다.'는데 동의하고 있다.[18] 조선 유교에서도 역시 '사회경제적 상황이 사회적 의식을 결정하는 중요한 요인'이었다. 그래서 기존 중화식 보편담론은 사회경제상황 속에서 민民을 중시여기는 민본사상民本思想으로 확장되었다.[19]

그 중 중요한 사고가 북학北學이다. 북학이란 용어는 박제가朴齊家(1750~1805)의 『북학의北學議』에서 처음 사용하였다. 그는 서문에서 『맹자孟子』에 나오는 진량陳良의 설화를 따라 그의 학문을 북학이라 정하였다. 박제가는 또한 국민의 삶을 두텁게 한다는 이용후생利用厚生을 강조하였는데, 곧 북학이 이용후생이라는 사회경제적 배경의 산

---

18) 로널드 잉글하트(Ronald Inglehart)·크리스찬 웰젤(Christian Welzel) 저, 지은주역, 『민주주의는 어떻게 오는가』(Modernization, Cultural Change, and Democracy : The Human Development Sequence), 김영사, 2011. 서론 참조 바람.

19) 『孟子』「滕文公上」: 民之爲道也, 有恒産者, 有恒心; 無恒産者, 無恒心. 苟無恒心, 放辟邪侈, 無不爲已, 及陷乎罪然後, 從而刑之, 是罔民也. 焉有仁人在位罔民而可爲也?

물이라는 것을 보여 준다. 그러므로 박제가에 있어서 북학은 기존 질서인 화이론의 변화를 나타낸다.

그는 청나라를 정치경제문화의 대국으로 인정한 것은 사실이지만, 중화라고는 여기지 않았다. 박제가가 주장한 북학 즉 청나라의 학문이 중화문명이 아니라면 다음과 같은 의문들이 생기게 된다.

① 청나라 문명이 아닌 당대 중화는 어떤 것일까?
② 중화도 아닌 학문을 조선이 배워야 할 이유가 있을까?
③ 청나라에서 어떤 것을 배워야 하는가?
④ 중화와 청나라 문명은 어떤 관계가 있는가?

이런 의문들은 근대 전환기 서구 문명에 대한 한국인의 인식과도 연결되는 것이다. 우선 박제가의 북학을 정리하면, 그는 『맹자』 「등문공상滕文公上」에 "북으로 가 중국에서 주공과 공자의 도를 배웠다[北學於中國]"라는 구절에서 북학이란 말을 가져왔다. 이 구절의 주인공은 진량으로 전체 이야기는 다음과 같다.

진량은 중국 남부에 위치한 초楚나라 사람이었는데, 초나라는 중화가 아닌 변방의 남만南蠻 지역의 국가였다. 화이華夷의 문명적 차이에도, 진량은 평소 주공과 공자를 흠모하였고 실제 북쪽으 중원으로 와 유학을 배운 후, 귀국하여 초나라에서 많은 유학자들을 배출하였다.

그가 죽자 제자인 진상陳相과 진행陳辛은 스승의 도를 다시 체험하고자 중원으로 와서 등나라에 머물렀다. 그런데 당시 등나라에는 제자백가 중 허행許行의 농가農家가 민심을 얻고 있었다. 허행은 등문공에게 거처를 얻고 농업 생산에 힘썼는데, 진량의 두 제자들은 등나라에 머무면서 그동안 스승인 진량에게 배운 것을 버리고 허행을 따르게 된다. 이들은 맹자를 만나서 자신들이 배운 공부를 전했는데, "등문공은 진실로 어진 군주입니다만 아직 도를 듣지는 못했습니다. 현자는 백성과 더불어 밭을 갈고 함께 밥 지어 먹으면서 통치합니다."[20] 라고 말하였다. 이에 맹자는 다음과 같이 반박하였다.

> 후직后稷이 백성에게 농사짓는 법을 가르쳐 오곡을 가꾸로 오곡이 익어 백성이 살게 되었다. 사람에게 도가 있나니, 먹을 것으로 배부르고 옷으로 따뜻하여 편안하되 가르침이 없으면 즉 금수와 같이 된다. 성인은 이를 근심하여 설契을 사도司徒로 삼아 인륜을 가르치셨다.[21]

맹자는 진정한 학문은 사람들에게 올바른 가치를 제공하는 것인데, 농가는 사람들의 사회경제의 발전만을 지향하기 때문에 진정한 도가 아니며, 유가만이 인륜을 가르쳐 사람들이 올바르게 살아가게 한다고 말하였다. 그리고 진량이 북에서 배운 것 역시 이 도를 통한 사회 안녕 즉 교화에있다고 결론내리고 있다.

유가의 도가 사회 전체를 아우르는 반면, 농가의 도는 사회경제에 한정되어 있다는 맹자의 이 설명을 토대로 박제가가 그의 북학에서 무엇을 배우고자 한 것인지 추론해 보자. 진량은 유학를 배우고자 북으로 갔지만 박제가는 사회경제적 요구에 의해 북 즉 청나라로 갔다.

---

20) 『맹자』「등문공상」: 滕君則誠賢君也, 雖然未聞道也. 賢者與民並耕而食, 饔飧而治, 今也滕有倉廩府庫, 則是厲民而以自養也, 惡得賢?

21) 『맹자』「滕文公上」: 后稷敎民稼穡, 樹藝五穀, 五穀熟而民人育, 人之有道也, 飽食煖衣, 逸居而無敎, 則近於禽獸, 聖人有憂之, 使契爲司徒, 敎以人倫.

박제가가 살았던 당시 조선 유교지식인들은 중화의 도가 조선에 있다고 여겼고 박제가를 비롯한 북학파 인물들도 일정정도 이런 사고에 동의하였다.

진량의 제자 진상과 진행은 북으로 가서 진량의 가르침이었던 유교를 배우고자 했지만, 오히려 백성을 부유하게 만드는 허행의 농가에 뜻을 두었다. 박제가는 청나라로 가서 백성을 부유하게 만드는 절구[臼], 신발[履], 배와 수레[舟車]를 배웠다.[22] 그렇다면 박제가는 진상과 진행처럼 이용후생을 위해 중화의 도를 버렸던 것일까?

맹자가 북학을 말하면서 공자 학문의 중요성을 언급한 것과는 달리 박제가는 이용후생이 있어야 유교도 민생에 정착될 수 있음을 강조하였다. 즉 유교의 가르침도 먼저 백성의 삶이 풍족해야 한다는 것이다. 그래서 그는 다음과 같이 말하고 있다.

> 그러므로 공자는 '무리를 (배부르게 하고 이후) 교화시킨다.'고 말했고, 관중은 '의식이 풍족해야 예절을 안다.'고 말한 것이다. 지금 민생은 날로 곤궁해지고, 재물도 날로 궁핍해지고 있다.[23]

박제가가 보기에 당시의 중요한 것은 결국 민생의 안정이었다. 즉 그는 민생이 안정되어야만 유교의 가르침도 비로소 역할을 할 수 있으며, 역으로 당시 조선 사회에서 중화의 도 즉 유학이 온전히 펼쳐지

---

22) 박제가, 『貞蕤閣文集卷之一』「北學議自序」: 作一臼而天下之粒無穀者矣, 作一履而天下之足無跣者矣, 作一舟車而天下之物無險阻不通者矣.

23) 박제가, 『정유각문집권지일』「북학의자서」: 故子曰旣庶矣而敎之, 管仲曰衣食足而知禮節. 今民生日困, 財用日窮.

지 않는 이유는 바로 민생의 불안에 있다고 보았다.

그러므로 그가 이용후생을 강조하면서 북학을 제시했지만, 결국 그의 목표는 유도를 통한 이상사회 완성이었다는 것을 알 수 있다. 그에게 청나라는 중화가 아닌 이민족 정권이었다. 청나라로부터의 문물을 수용해야 한다는 북학은 정학이라기 보다는 일종의 임시방편적 권도權道였다. 그래서 그는 분명하게 '이민족의 도를 사용하지 않는다는 고심에 빠졌다.[無非用夏變夷之苦心]'라고 적시하였는데, 역으로 그에게 중화문명이란 바로 조선의 유교였던 것이다.

이런 인식은 박제가를 비롯한 당시 개혁성향 지식인들의 공통된 인식이자 한계였다. 그럼에도 그들은 점차 국민의 중요성을 인식하고 국민이 동요하여 국가가 혼란하지 않도록 사회경제적 발전을 도모하였다. 이는 유교의 민본사상으로도 연결되었다. 하지만 이 민본사상도 근본 목적은 유교를 통한 한 봉건적 국가체제의 유지였다. 그러기에 박제가의 북학은 조선이 추구하는 유교질서 를 허무는 차원으로까지는 발전하지 못하였고, 이를 지원하는 새로운 방안에 머물렀다.

이런 인식은 조선이라는 국가체제가 해제되는 1910년까지 지속되었고, 이후에도 일부 독립운동에 영향을 미쳐 독립하려는 국가 체제를 봉건시대 조선으로 삼는 경우로 나타났다.

3) 개혁의 전통

600년 조선 역사에서도 사회 개혁은 다방면에 걸쳐서 추진되었다. 이들에게 개혁은 『주역周易』에 기초한 변통變通이란 용어로 불리였다. 변통은 『주역』의 경經과 전傳, 본의本義, 소주小注 등에서 총 40회

출현하는데, 변통變通이란 객관적 상황의 변함이나 그 법칙을 설명하는 새로운 개념이었다.[24]

    한번 닫고 한번 여는 것을 변變이라고 하고, 왕래하여 궁하지 않는 것을 통通이라고 한다."[25]

    화化하고 재절裁截하는 것을 변變이라고 하고, 이를 받아들여 나가는 것을 통通이라고 한다.[26]

    어떤 이가 물었다. "역易의 내용 중에는 변통變通이란 말이 여러 번 나오는데 그 의미는 무엇입니까?" 주자가 말했다. "처함에 적합한 곳을 얻는 것이 바로 통通이다."[27]

이를 근거로 해석해 보면, 변變은 사시의 운행과 같은 자연의 변화를 그리고 통通은 그 변화에 부합하여 시기에 맞춰 적절한 양태로 발전시키는 화육化育을 의미한다. 해석하면, 변變이란 자연과 인문의 변화이고, 통通이란 자연과 인간들의 적절한 대응이라고 할 수 있다. 예를 들어 나무에 경우 사시사철 동일한 양상을 가질 수 없다. 만약

---

24) 또한 별도로 변變은 1,524회, 통通은 751회가 나오며, 유사한 개념으로 신新은 90번, 폐弊는 38번이 출현한다. 이처럼 『주역전의대전』에서 변통과 관련한 용어는 역易의 2,264회 이외에는 드물다.

25) 一闔一闢謂之變, 往來不窮謂之通. 「繫辭上傳·第十一章」, 『周易附諺解(周易傳義大全)』권4, 학민문화사, 2008, 368쪽 참조.

26) 化而裁之謂之變, 推而行之謂之通. 「繫辭上傳·第十二章」, 『周易附諺解(周易傳義大全)』권4, 학민문화사, 2008, 389-390쪽 참조.

27) 問易中多言變通之意如何? 曰處得恰好處便是通. 「繫辭上傳·第十二章」, 『周易附諺解(周易傳義大全)』권4, 학민문화사, 2008, 369쪽 참조.

그렇다면 그 나무는 죽은 것이거나 죽게 될 것이다. 계절이 봄으로 변하면 나무는 새순을 내고, 여름이 되면 무성한 잎과 꽃을 내며, 가을이 되면 결실을 보고, 겨울이 되면 다시 봄에 새순을 내기 위해 내적으로 단단해지는데 이것이 변통變通의 이치이다.[28]

이 변통을 철학적 개념으로 정리하면 동아시아 철학의 특징인 자연변증법적 사고를 나타내는 용어로 자연과 인문을 포함한 주변 환경의 변화 또는 그 절대성과 이에 따른 새로운 환경에의 적응과 그 필요성 정도로 해석할 수 있다. 동시에 동아시아에서는 인간사회의 변화 역시 자연법칙의 한 부분으로 해석하고 있다. 또 변통이 인간사회에 적용될 때에는 시대 변화에 다른 정책의 변화나 그 필요성으로 해석된다. 특히 왕조의 교체, 국가정치제제의 변화, 새로운 제도의 도입 등을 설명할 때 자주 사용되었다. 조선시대에도 변통을 통해 개혁을 강조할 때가 많았는데, 대부분 현실 변화에 대처하기 위해 국정 변혁이 필요할 때였다.

『조선왕조실록』에서 변통이 등장한 시기는 주로 새로운 정치 제도를 도입할 때로, 조선 후기인 선조·숙종·영조·정조·고종 재임시에 많이 나타났다. 이 시기는 사회 개혁의 요구가 많은 시기로 변통이 사회 변혁과 연결됨을 알 수 있다.[29]

---

28) 乾坤變通者化育之功也.「繫辭上傳·第十二章」,『周易附諺解(周易傳義大全)』 권4, 학민문화사, 2008, 369쪽 참조.

29) 빈도수는 다음과 같다. 태조(0), 정종(1), 태종(4), 세종(14), 문종(3), 단종(2), 세조(13), 예종(1), 성종(20), 연산군(9), 중종(27), 인종(1), 명종(12), 선조(98), 선조수정(19), 광해군일기(중초본)(79), 광해군일기(정초본)(67), 인조(206), 효종(95), 현종(194), 현종개수(280), 숙종(505), 숙종보궐정오(11), 경종(45), 경종수정(5), 영조(274), 정조(256), 순조(70), 헌종(10), 철종(7), 고종(269), 순종(2),

조선 후기로 진입할수록 인구가 증가함에 따라 국민들의 사회적 요구도 증가하였고 다양한 사회 분야에서 제도 개선의 요구가 있었다. 이 제도 개선은 전체적으로 위민의 틀 속에서 추진되었는데, 예를 들어 공납체제를 대체하려는 대동법은 보통 이하의 일반 민중을 위한 개선이었다. 이를 추진한 김육金堉(1580~1658)은 이렇게 대동법을 설명하였다.

> 우의정 김육金堉이 상차하기를, "왕의 정사政事는 백성을 편안하게 하는 것보다 우선 할 일이 없으니 백성이 편안한 연후에야 나라가 안정될 수 있습니다. 옛 사람이 말하기를 "천변天變이 오는 것은 백성들의 원망이 부른 것이다."라고 하였습니다. 백성들이 부역賦役에 시달려 즐거이 살면서 일 할 마음이 없으니, 원망하는 기운이 쌓이고 맺혀 그 형상이 하늘에 보이는 것은, 필연의 이치입니다. 인군이 재변을 만나면 두려워하며 몸을 기울여 수양하고 반성하는 것에는 별다른 방도가 없으니 오직 백성을 보호하는 정사를 행하여 그들의 삶을 편안케 해주는 것뿐입니다. 대동법大同法은 역役을 고르게 하여 백성을 편안케 하기 위한 것이니 실로 시대를 구할 수 있는 좋은 계책입니다." (중략) 상감上監이 이르기를, "대동법을 시행하면 대호大戶가 원망하고, 시행하지 않으면 소민小民이 원망한다고 하는데, 원망하는 크기가 어떠한가?" 이에 "소민의 원망이 큽니다."라 대답하니, 상감이 이르기를 "대소를 참작하여 시행하라."하였다.30)

순종부록(1). http://sillok.history.go.kr

30) 右議政金堉上箚曰 : 王者之政, 莫先於安民, 民安然後, 國可得而安矣。古人有言 '天變之來, 民怨招之也。'民生苦於賦役, 無樂生興事之心, 則怨氣鬱結, 象見于天, 此必然之理也。人君遇災而懼, 側身修省者, 非有他道, 只是行保民之政, 使之安其生而已。大同之法, 均役便民, 實救時之良策。(중략) 上曰: "大同之法行而大戶怨, 不行而小民怨, 則怨之大小如何?" 諸臣皆曰: "小民之

김육 이후 유형원柳馨遠(1622~1673), 이익李瀷(1681~1763), 정약용丁若鏞(1762~1836) 등이 제도의 개선을 통해 보통이하 민중의 삶을 보장하고자 하였다. 정약용은 『맹자요의孟子要義』에서 군주는 민중을 위해 적극적인 통치를 해야 한다고 주장하였다.

인의예지가 본심의 온전한 덕으로만 여긴다면, 사람들의 할 일은 다만 벽을 향해 앉아 마음속을 들여 보기만 하고, 빛을 돌이켜 거꾸로 비추어서 이 심체로 하여금 허명하고 통철하게 하여, 마치 인의예지의 네 덩어리가 희미하고 비슷하게 있는 것처럼 보아서 나의 함양하는 바를 받을 뿐이다. 이것이 어찌 앞선 성인들이 힘쓰던 일이겠는가? (중략) 유자有子는 "효제孝悌는 위인爲仁의 근본이다."라고 말하였고, 공자孔子는 "위인爲仁은 자기로부터 말미암는다."고 말하였으며, 증자曾子는 "외형적으로 당당한 자장子張과는 더불어 위인爲仁하기가 어렵다."고 말하였으니, 인이 본래 안에 있는 이치라면 무엇 때문에 위인爲仁이라고 말하였겠는가? 위爲는 바로 작作인 것이다.[31]

정약용이 인仁을 자기 내부의 심성으로만 정의하지 않고 현실 정치에서의 적극적인 행위로 해석한 것은 유교정치는 안민安民과 구제救

怨大。"上曰: "酌其大小而行之。"효종2권, 1649(즉위년) 11월 5일, 4번째 기사, http://sillok.history.go.kr

31) 仁義禮智, 知以爲本心之全德, 則人之職業但當向壁觀心、回光反照, 使此心體虛明洞澈, 若見有仁義禮智四顆 依俙髣髴受我之涵養而已, 斯豈先聖之所務乎? (중략) 有子曰: "孝弟也者, 其爲仁之本。"孔子曰: "爲仁由己。"曾子曰: "堂堂乎張也! 難與竝爲仁矣。"仁本在內之理, 則何以謂之"爲仁" 爲, 猶作也。與猶堂全書, 「第二集經集第五卷·孟子要義」, '公孫丑第二·人皆有不忍人之心章'

濟에 힘써야 한다는 개혁정치론을 설명하기 위함이었다. 그는 먼저 왕에 힘을 실어 주는 정치 개혁을 실시하였다. 이로써 그는 민중의 삶에 방해가 되는 관리들을 엄격히 통제하고자 하였다. 즉 정약용은 왕을 대신하여 백성을 통치하는 지방관을 엄격히 통제하고자 하였다. 바로 『경세유표經世遺表』의 고적법考績法은 그의 민생개혁론을 위한 관료통제제도였던 것이다.

정약용의 고적법은 김육의 대동법과 마찬가지로 국가의 안위는 인심人心에 달렸고 그 향배는 민民의 고락苦樂에 달려 있다는 사고를 전제로 하였다. 이 전제 하에 중앙정부는 지방관이 부정부패를 저지르지 못하도록 철저히 관리해야 하고, 적극적인 관료 평가제도였던 고적법을 시행해야 한다고 주장한 것이다. 때문에 그에서 고적법은 천명과 인심을 안정시키는 근간(機)이자 국가의 결정적 안위의 핵심 요소였다.[32)]

조선 후기 사회는 다양한 계층이 분화하였고 이들 간 이해의 균형을 맞추는 일 역시 통치의 핵심적 업무가 되었다. 조광조, 이이 등을 시작으로 김육, 유형원, 이익, 정약용 등으로 이어진 이 변통론은 당시 주류 성리학이 인간 본성과 도덕에 치중할 때, 민본에 서서 제도개혁을 통해 민중의 삶을 개선하고자 노력하였다.

---

32) 國家安危。係乎人心之向背。人心向背。係乎生民之休戚。生民休戚。係乎守令之臧否。守令臧否。係乎監司之襃貶。則監司考課之法。乃天命人心向背之機。而國家安危之攸判也。其所關係. 與猶堂全書, 「第五集政法集第四卷・經世遺表」, '天官修制・考績之法' 한국고전번역원(한국고전종합DB) http://db.itkc.or.kr 정약용의 고적법은 9개의 大綱領과 이하 각각 6개의 소강령 등 총 54개 세부조목으로 구성되어 있다.

하지만 이들의 변통론이 실제 정치에서 시행되는 경우는 드물었다. 오히려 이런 정치가 기존 체제에 대한 반대라는 이유로 사상범으로 몰리기 쉬었다. 이런 이유로 이들의 사상은 사회 저변으로 확산되지 못하였고 주로 가학으로만 이어졌으며, 이런 양상은 1899년에 《황성신문》이 이들의 학설을 재발견할 때 까지 지속되었다.

하지만 이들의 사고도 분명 한계가 있었다. 몇 가지로 정리하면, 먼저 이들의 개혁론은 유교 즉 성리학적 이상의 완성에 목적을 두고 있었다. 그들의 개혁론도 실제로 미래적 시각이 아닌 요순시대를 지향하는 유교식 역사관에 근거를 두었다. 나아가 국정을 추진함에 있어서 여전히 경전이 중요한 근거가 되었다. 실학자이자 개혁가인 정약용만 보더라도 그가 새로운 학문인 서학을 일부 수용하기는 했으나 말년에는 결국 경전의 해석으로 돌아갔다. 결국 당시 실학자들도 근본적으로 봉건 유교관에서 탈피하지 못했던 것이다.

다음으로, 이들이 추구한 민본정치도 조선의 유교적 이상국가화를 지향하고 있어 근본적인 사회경제의 변화를 기대하기는 어려웠다. 오히려 조선의 유교국가 체제를 유지하고 완성시키려 노력하였다. 그러므로 이들 실학자들의 개혁적 조세제도나 감독제도 등은 국민에 대한 안정적 통치에 한정되고, 혁명이나 더 나아가 유교의 부정같은 높은 차원의 변혁이나 변화까지는 도달하지 못하였다. 그 연장선에서 새로운 문명인 북학, 서학에 대한 이해도 한정되었다.

마지막으로, 대동법을 제외하고는 이들의 대부분의 개혁정책도 현실에서 대부분 시행되지 못하였고, 동시에 이들의 사상이 온전히 계승되지 못하였다. 조광조趙光祖(1482~1519)는 사화로 죽었고, 이이는 개혁을 시행하기 전에 일찍 죽었으며, 김육, 유형원 등의 학설을 담은 전적들은 대부분이 일실되었다. 그나마 정약용의 학문이 가학으로 겨우 전수되다 1900년대 초 장지연을 중심으로 한 개혁적 유교지식인들에 의해 복원되었다. 이런 상황에서 이들의 개혁정책은 계승되지 못하고 사고의 저편으로 사라져 갔다.

근대전환기 이전까지 조선의 변통론은 유교 통치를 근본적으로 비판하지 못하고 사장되어갔다. 한편 이들의 위민정신은 현대 민주주의와도 일정한 관련이 있다. '국민의 of the people', '국민을 위한 for the people' 유교적 이상을 역사에서 발현하고자 노력하였기 때문이다. 그래서 일본근대사상가들은 초기 democracy를 민본주의로 번역하였다. 다만, 일본의 democracy 기획에는 '국민에 의한 by the people'이 없었기에 제대로 된 번역이 되지 못하고 중국에서 번역한 민주주의가 democracy의 번역어가 되었다.

이러한 18세기의 변화들은 19세기에 들면서 현실 인식에 다양한 자양분이 되었다. 나아가 비록 일문으로 남은 이들의 사상이 근대 전환기 개혁적인 지식인들에게 다시 발굴되어 이들이 추구한 근대화의 근거가 되었다는 점은 특히 주목할 부분이다.

제**3**장

북학에서 개화로

1 북학의 계승

1) 박규수와 인적네트워크

다소 지루했던 근대전환기 이전 얘기를 마무리하고 이제부터는 근대전환기에 나타난 현실 비판과 근대 지향에 대해 논의하겠다. 1899년 《황성신문》과 같이 현재의 연구들도 19세기 후반에서 20세기 초에 이르는 개혁적 사고의 근거를 18세기 실학에서 찾으려는 시도가 많다. 특히 개화사상을 북학파와 연결시키는 다수의 연구가 있다.[1)]

이미 전장에서 언급하였듯이 북학은 박제가가 청나라의 학문을 "북학어중국北學於中國"에서 차용한 것이다. 그렇다면 개화開化는 어떤 의미이며, 그것은 북학파와 어떤 관계가 있는가? 개화사상도 실의

---

1) 이 책에서 참고한 연구들로는 김명호의 『환재 박규수 연구』(파주 ; 창비, 2008), 권오영의 『근대 이행기의 유림』(파주 ; 돌베개, 2012), 김한식의 『한국의 근대성』(서울 ; 백산서당, 2006), 홍원식 등의 『실학사상과 근대성』(서울 ; 예문서원, 1998) 등이 있다. 특히 박지원의 인적 네트워크와 관련해서는 김영호의 연구를 많이 참고하였다.

철학이라고 할 수 있는가?

우리나라에도 '개화당'처럼 개화라는 말이 사용되었지만, 원래 개화는 일본에서 만들어진 용어로 "개물성무開物成務"와 "화민성속化民成俗"의 앞 글자를 딴 것이다. 개물성무는 『주역周易』「계사상繫辭上」에서 나오는 말로 "역이란 사물을 열어주고 일을 이루어 천하의 모든 도를 포괄하는 것이다."라는 뜻이고, 화민성속은 『예기禮記』「악기편樂記篇」에서 나오는 말로 "백성을 교화시켜 좋은 풍속을 이룬다."는 의미이다. 이를 정리하면 개화란 서구의 문물을 받아들여 국가를 강성하게 만들어 서구의 침탈을 막는다는 당대 서구문명수용의 지향이자 목표를 의미하였다.

한국의 개화사상은 19세기 서구와의 적극적인 교류를 통해 조선 사회를 개혁하려는 일련의 사상중 하나였다. 그런데 이러한 문물이나 사상 수용은 우리 역사에서 자주 등장하였다. 삼국시대 유학과 불교의 수용, 고려 신진사대부들은 성리학 수용 등은 모두 당시 사회를 개혁하려는 노력이었다. 특히 조선의 유학자들은 중화의 도 즉 유교를 통해 이상적인 국가와 사회를 건설하려고 하였고, 이런 기획은 북학파에게도 이어져 청나라 문물을 통해 조선 사회를 개혁하고자 했다.

한국의 개화사상도 비록 수용 대상이 서구의 문물로 바뀌었을 뿐, 그 목적은 역시 사회 개혁을 통한 유교적 이상 국가로의 이행이었다. 이를 체용體用으로 구분하자면, 전통 성리학, 북학파, 개화사상은 용用으로 모두 유교 이상국가라는 같은 체體를 가지고 있다고 볼 수 있다. 즉, 현실의 변화를 감지하고 이를 적극적으로 대처하려는 전통적 현실 인식의 경향인 것이다. 그중 개화사상은 우리의 근대화 과정에서

종적 또는 자생적 근대화론의 구체적인 교량적 사상이었다.

개화사상은 크게 1850~60년대의 박규수, 오경석, 유홍기 등이 활동한 전기와 1870년대 그들의 후학들인 김옥균, 박영효, 김윤식, 어윤중 등이 활동한 후기로 나눌 수 있다. 이들도 북학파와 마찬가지로 전통의 유교적 가치관을 완전히 버리지 못하였지만, 그럼에도 그들의 세계관을 북학이 아닌 개화로 연결시키는 데는 큰 문제가 없다. 한국 개화사상의 출발에는 박지원의 후손인 박규수가 있다.

박규수朴珪壽(1807~1877)는 북학파와 개화사상을 연결하는 교량적인 인물로, 조부는 북학파 박지원이고, 친부는 박종채이다. 그는 40세가 넘어 관료가 되었지만, 고종의 집권 초기 정부에서 핵심적인 역할을 하였다. 그는 북학파와 개화사상의 교량이지만, 이 두 사상간에는 수용대상에 있어서 근본적인 차이가 있다. 즉 북학파가 수용하고자 했던 것은 청나라 문물인 반면 개화사상이 수용 대상은 근대 서구문물이었다.

또 다른 차이도 있다. 북학파는 영정조대 안정기를 배경으로 하였다. 이 시기는 동아시아 패권국인 청나라 역시 부강하고 안정되었다. 하지만 개화사상의 시대적 배경은 사뭇 달라, 청나라는 '중국의 통일 왕조(또는 정권)는 두 세기를 넘기지 못한다.'는 속설을 극복하지 못하고 쇠퇴의 길로 가고 있었다. 그 영향을 조선 사회도 급격한 변화가 찾아왔다. 전통 제도에 그늘에서 지방관료들의 부정부패로 인해 전국에서 민란이 끊이지 않았다. 이는 관료와 정부에 대한 국민의 불신이 점차 쌓여 결국 급격한 민심 이반 현상으로 나타났다.

기존 사농공상의 엄격한 계급체제의 변화도 일어났다. 이 시기 일반 백성 중에는 대동법 시행과 연행 등 국제무역을 통해 자연스럽게 부를 축적하는 자가 생겼다. 부의 기준이 토지나 노비의 소유라는 점에서는 이전과 같았으나 부를 축적하는 방법에 경제적 교역이 포함되었다. 이는 조선 후기 사회가 전기보다 복잡한 사회로 확장되었다는 것을 의미하였다. 동시에 전통 질서를 유지하려는 계급과 전통 질서의 개혁 내지 해체를 주장하는 계급간의 투쟁도 나타났다. 이 시기 청년 박규수는 아직 자신의 정체성을 확립하지 못하였다.

박규수의 사고는 크게 둘로 나누어 볼 수 있다. 첫째는 박지원, 박종채로 이어지는 가학으로 북학北學의 연장이라는 점이다. 가학의 유산으로는 박지원의 북학파 인적 네트워크가 있었다. 박지원은 생전에 홍대용, 박제가, 이덕무李德懋(1741~1793), 유득공柳得恭(1749~?), 이서구李書九(1754~1825) 등과 교류했는데, 박규수는 이 인적 네트워크를 통해 북학파들의 후손들과도 교류하였고 이후에는 박지원의 청나라 인적 네트워크도 재건하고자 하였다. 이러한 그의 노력들은 그가 개화사상가로 변신하는 기반이 되었다.

둘째로 박규수가 정계에 진출하고 개화당을 양성하는데에는 외가의 영향도 있었다. 조선시대에는 출생부터 유년시절까지 외가에 기거하거나 외가 근처에서 지내는 경우가 많았고, 학풍 역시 자연스럽게 외가를 잇는 경우가 많았다. 박규수도 초년시절 외가의 영향을 받았는데, 대표적인 인물로는 외종조 유화柳訴(1779~1821), 진외당숙 이정리李正履(1783~1843)등이 있다. 이들은 모두 정부의 핵심관료 집단인 낙론계열의 노론 인사들과 가까웠으며, 19세기 초중반에 걸친 세도정치 가문과도 친했던 관료출신의 유학자들이었다. 이들은 이후 박규수가 관료로 진출하는 데 크게 일조하였다.

박규수의 인적네트워크 중에 유화는 외종조였다. 유화의 부친은 유의양柳義養(1718~?)으로 유학자인 이재李縡(1680~1746)의 문인이었는데, 이재는 영조 재임 당시 낙론을 대표하는 학자이자 관료였다. 유의양 역시 이재의 학풍을 이어받아 전통 성리학적 질서를 중시했다. 그의 행적 중에는 주목해 볼 만한 세 가지의 사건들이 있다. 먼저, 임진왜란 때 활약한 명나라의 군대를 위해 '제단 설치와 제사 지내기를 건의'한 것이다. 유의양이 살던 시기에 명나라는 청나라에 의해 사라진 국가였다. 청나라 역시 조선에서 명나라의 흔적을 지우고자 했었다. 이런 측면에도 불구하고 유의양이 명나라 군대를 위한 제사를 건의한 것은 '청나라는 정치적으로는 대국이지만, 문명적으로는 중화를 계승하지 못하였다.'라는 인식 때문이다.

다음으로 그가 의주부윤으로 재임 시 이승훈이 연경에서 기독교 서적을 몰래 들여온 사건이다. 이 일로 조정에서는 그를 문책하였다. 한편, 그는 1777년(정조1년)에 강릉부사로 부임했는데, 이때 바다로부터 표류해 온 일본인들을 정부에 보고 하였다. 그 시기에 조선에는 서구나 일본 등이 자주 출현하였으나. 그를 비롯한 유교지식인들은 대체로 중화문명을 강조하여 그들과 교류할 필요성을 느끼지 못하였다.

마지막으로 유의양은 『국조오례의國朝五禮儀』를 보충하고, 『춘관지春坊志』, 『춘관통고春官通考』등을 저술하였다. 『국조오례의』는 조선 전기의 신숙자와 정척이 편찬한 예전禮典이고, 『춘관지春坊志』와 『춘관통고春官通考』는 왕실을 중심으로 한 국가예법서이다. 현재도 가끔씩 1960~70년대 문화혁명으로 전통이 맥이 약한 중국에서 한국의 유교문화를 탐방하고 있지만, 당시 청나라 유림들도 명청 교체이후 전통예법을 읽어 버린 상태로 조선의 예법과 문물을 통해 이전 유교문화를 복원하는 경우가 다수 있었다. 이런 측면에서 당시 조선의 유학사들은 중화의 도를 지킨다는 명목으로 예학에 많은 관심을 기울였다.

유의양은 박지원과도 교유하였고, 그 인연으로 장남이자 유화의 형인 유영柳詠의 딸과 박지원의 아들 박종채가 결혼하였다. 유화도 젊은 시절 박지원과 교유하였고, 박지원의 아들 박종채와 박종채의 외사촌인 이정리 등과도 교유하였으며, 박제가朴齊家와 그의 아들 박장임朴長稔과도 친분이 있었다.

1800년 유화는 20대 초반 사소한 불찰로 인해 3개월간 면천을 유배를 갔다. 이는 정조가 유화를 위해 면천군수로 있던 박지원에게 보낸 것으로도 알려져 있다. 3개월이라는 짧은 유배기간임에도 불구하고 유화는 박지원에게 많은 영향을 받았으며, 이일로 박지원의 손자인 박규수에게도 깊은 애정을 지니게 되었다고 한다. 박규수도 외가에서 어린 시절을 보낼 때 유화와 함께 보내는 시간이 많았고, 이런 이유로 1821년 유화가 40대 초반의 나이로 죽자, 박규수는 손수 유고를 정리하였다고 한다.

유화는 박규수가 훗날 관직으로 진출하는데 있어서 중요한 배경이 되었다. 유화는 세도정치 가문이였던, 김이교, 김조순, 김유근 등 안동 김씨계는 물론 조인영, 김정희, 권돈인 등 풍양 조씨계와도 가깝게 지냈다. 특히 그는 조정의 실력자인 조종영과 친밀했다. 조종영은 풍양 조씨 세도의 주요인물인 조만영趙萬永, 조인영趙寅永 형제와 6촌간으로 당시 권력의 중심축 중에 한 인물이었다. 박규수가 1848년 증광시에 급제하여 41세라는 늦은 나이에 처음으로 관직에 나갔어도 이후 중책을 맡게 된 측면에는 유화와 그 문인들의 배경과 후원도 있었던 것이다.

　1864년 고종이 즉위하자 박규수는 일종의 도승지인 가자加資에 임명되었다. 이런 발탁에는 젊은 시절 박규수와 익종翼宗 효명세자와의 관계가 있었다. 조선은 1927년(순조 27년)부터 효명세자가 순조를 대신하여 정국을 주도하는 대리청정代理聽政 체제로 들어간다. 이 체제는 안동김씨 세도정치를 극복하려는 순조의 뜻이 있었다. 효명세자의 인사정책은 현인과 친척으로 주변인물을 삼는다는 좌현우척右賢左戚이었는데, 외척인 풍양 조씨 일가를 통해 정국의 주도권을 가지는 한편, 민생안정을 위해 인재를 모으고 청나라의 선진 문물을 수용하고자 하였다. 하지만 효명세자는 그 뜻을 이루지 못하고 1930년 급서急逝하고 만다.

　이후 박규수는 정치 개혁의 뜻을 잠시 접고 학문에 몰두하게 되다. 그런데 1864년 고종이 즉위하자, 박규수는 다시 정권의 핵심으로 등장하게 된다. 고종의 즉위를 뒷받침한 효명세자비 즉 조대비가 박규수를 높이 평가했기 때문이다. 그는 이러한 배경으로 사헌부대사헌, 홍문관제학과 이조참판을 차례로 역임하고, 마침내 1983년 12월에는 우의정이 되었다.

　이정리, 이정관李正觀은 박규수의 진외당숙으로 이들 역시 박규수의 개화사상에 일정한 역할을 했다. 그들의 조부는 이보천李輔天(1737~?)으로 조선 후기 명유이자 관료인 어유봉魚有鳳(1672~1744)의 문인이다. 어유봉은 역시 낙론계의 출발이자 관료인 이간李柬(1677~1727)

과 동시대 인물로서, 인물성동론의 낙론을 지지하였다. 이보천 역시 어유봉을 따라 낙론을 지지했는데, 그는 평소 박지원의 명석함을 아껴 사위로 삼게 되었다. 그의 아들이자 박지원의 처남인 이재성李在誠도 박지원과 교유하였는데, 이재성은 박지원 뿐 만 아니라 박제가朴齊家, 이덕무李德懋, 이서구李書九 등 북학파 인사들과도 교분이 있었는데, 이재성의 아들들이 바로 이정리, 이정관이다. 이들은 소년시절 박지원의 계산초당에서 기거하며 수학하였고, 이정리는 박규수에게 경학을 가르쳤다. 그러므로 박규수는 유년부터 낙론과 북학파의 학설을 자연스럽게 습득하였던 것이다.

흔히 북학파는 당시 조선 정부의 대세인 낙론과 일정한 거리가 있을 것이라고 생각할 수 있지만, 이 둘의 유교철학에는 큰 대립점이 없었다. 정부의 낙론계 인사들은 북학파처럼 일정정도 개방적이었으며, 북학파도 낙론계 인사들처럼 화이론을 중시하였다. 북학파가 성리학을 중시하였다는 점은 박지원의 연행에서도 나타나 있다.

박지원과 청나라 유학자들과의 대화를 보면, 그는 분명 양명학을 반대하고 주자학을 정학으로 강조했다. 나아가 은연중에 청나라가 중화의 적통이 아니며, 당대 중화는 조선에 있다는 사고가 깔려 있었다. 다만 북학파와 낙론계 정부 인사들 간의 차이가 있다면, 청의 문물을 수용하는데 있어서 '청의 문물이 조선사회에 어느 정도 필요하냐?'는 부분에서 박지원 등 북학파가 보다 개방적이었다는 점이다.

이정리는 1839년 연행에서 아편전쟁과 서구 침탈에을 조선 정부에 보고 하였다. 특히 그는 위원魏源의 『황조경세문편皇朝經世文編』을 구해왔다고 한다. 그러므로 이정리가 박규수에게 전한 연행의 산물들은 박규수가 훗날 전통적 세계관을 탈피하는 데 바탕이 되었다.

그 외 박규수는 박지원의 네트워크를 계승하였다. 박지원은 생존 당시에 박제가, 홍대용, 이덕무, 이서구 등 다수의 북학파들과의 인적 네트워크를 구축하였는데, 박규수는 이 네트워크를 통해 홍대용의 후손인 홍양후洪良厚(1800~1879)를 만나게 된다. 홍양후는 홍대용洪大容의 손자로, 아버지는 홍원洪蕅이다. 홍양후는 1926년 외숙인 신재식申在植이 동지사 부사로 임명되자, 그의 수행원으로 박지원보다 먼저 연행길에 올랐다. 홍양후는 북학파의 청나라의 네트워크를 복원하고자 노력하였다. 홍대용은 1766년 연경燕京(지금의 베이징) 체류 시 중국 항주 출신의 유학자인 엄성嚴誠, 반정균潘庭筠, 육비陸飛와 교류하였는데, 특히 엄성과는 의형제를 맺었으며, 귀국 후에도 여러 차례 서신으로 안부를 물었다고 한다. 이들은 헤어지는 순간 후손들을 통해 자신들의 인연을 이어가고자 하였다.2)

홍양후는 이를 기억하고 연행을 통해 유언을 지키고자 하였다. 이 과정에서 그는 선대가 가졌던 네트워크를 계승하려하자 박규수에게 글을 보냈다. 박규수도 이런 노력에 동의하고 서신을 보냈는데, '청의 문물을 배우고 묻되 화이華夷의 질서를 엄격히 지켜야 한다.'고 적었다. 이어 '청나라 문명이 보기에는 좋으나 중화문명은 조선에 있기에 문화적 자존심을 지켜야 한다.'고도 적었다. 그 예로 박제가가 복건幅巾을 조강曹江에게 선물한 것을 들었다. 이는 20대 초반의 그의 보수적 세계관을 말해주는 부분이다.

홍양후는 연행에서 기대하던 선대 청나라 유학자들의 후손들을 직

---

2) 이덕무, 『靑莊館全書』, 「天涯知己書·筆談」: 或冀其重續前緣, 如吾輩今日之事也.

접 만나지는 못하였다. 대신 한림편수 이백형李伯衡과 교류하였는데, 그와 조선의 시문을 나누는 중에 이백형이 김영작金永爵(1802~1868)의 글을 높이 평가한다는 것을 알았다. 홍양후는 이를 김영후에게 알렸고, 김영후는 이후 이백형과 서신을 주고받았다고 한다.

한편, 홍양후는 김영작과 박규수가 만나게 하였다. 이 둘의 만남은 개화당으로 연결되는데, 훗날 영의정을 지낸 온건개화파 김홍집이 바로 김영작의 아들이기 때문이다. 홍양후와 김영작과의 만남은 박규수에게 조선의 전통적 성리학자에서 탈피하여 개화파로의 전환하는 시작점이라고 할 것이다. 그리고 그 매개는 청나라라는 외부세계와의 만남 즉 연행이었다.

2) 오경석과 서세동점의 정세

조선 개화사상의 선구에는 박규수, 오경석吳慶錫(1831~1879) 그리고 유대치로 알려진 유홍기劉鴻基(1831~1879)가 있다. 박규수가 북학파와 낙론계 유교지식인들을 배경으로 한 반면, 오경석은 역관출신의 중인이었고, 유홍기는 그 출신을 알 수 없는 신화적 인물이었다. 오경석은 23세인 1853년부터 1875년까지 총 13차례 연행에 참가한 전문 역관으로 여러 차례 연행을 통해 서구의 침입으로 몰락해 가는 청나라를 보았다. 또 연경이라는 당시 동아시아 최대의 국제도시에서 그는 서세동점, 우승열패優勝劣敗, 약육강식弱肉强食이라는 사회진화론적 국제질서를 실감하였다. 그는 이 세계질서가 곧 조선의 위기로 이어질 것을 직감했고, 극복하기 위한 방안을 찾기 위해 서구를 소개한 서적들을 구입해서 귀국하였는데, 이 서적들은 개화사상의 촉매제로 작용하였다.

오경석의 연행과 주요 저술 및 사건 대조

	오경석 연행기록	주요 저술	주요 사건
1차	1853.04.~1854.03.		(일)미일화친조약
2차	1855.10.~1856.03.		
3차	1856.10.~1857.03.		
4차	1857.10.~1858.03.	『삼한금석록』(1858) 『삼한방비록』(?)	(청)애로우호사건 (청)제2차 아편전쟁 (일)미일통상수호조약 (청)북경사변(1860)
5차	1860.10.~1861.03.		(청)양무운동 시작
6차	1862.10.~1863.03.		
7차	1863.10.~1864.03.		
8차	1866.05.~1866.10.	『양요기록』	(조)제너널셔먼호사건 (조)병인양요 (일)천황체제구축(1867)
9차	1868.윤4.~1868.08.		
10차	1869.08.~1869.12.		
11차	1872.07.~1872.12.	『천죽재차록』(?)	(조)신미양요(1871)
12차	1873.10.~1874.03.		
13차	1874.10.~1875.03.		

오경석이 처음부터 개화사상을 가진 것은 아니었다. 그의 집안은 선조인 오인량吳仁亮이 숙종肅宗(재위 1674~1720)때에 처음으로 역관이 된 이후 오지항吳志恒부터 오경석의 아들인 오세창吳世昌에 이르기까지 8대에 걸쳐 20명의 역관을 배출한 대표적인 중인 가문이다. 당시 역관은 연행을 통해 사무역으로 부를 축적하였는데, 오경석의 집안도 대대로 부를 축적하였다. 이러한 자금으로 그의 집안사람들은 어렸을 때부터 중국어를 공부하였고 또한 대대로 역관을 배출하게 되었다.

그런데 그가 역관으로서 19세기 조선의 안위를 걱정하게 된 이유는 무엇일까? 그 이유는 그의 저술과 가학에서 추론해 볼 수 있다. 자료를 엮어보면 49세에 죽은 오경석은 『삼한금석록三韓金石錄』(1858), 『삼한방비록三韓訪碑錄』(1858?), 『수의쾌독隨意快讀』(?), 『양요기록洋擾記錄』(1866), 『초조보제달마대사설初祖菩提達磨大師說』(?), 『천죽재차록天竹齋箚錄』(1870?) 등 총 6편의 저술을 남겼다.[3]

『삼한금석록』과 『삼한방비록』은 모두 같은 시기에 작성한 금석문 관련 서적이다. 그가 금석문에 관심을 가진 이유는 명확하지 않지만 그의 스승인 이상적李尙迪(1804~1865)과 관련이 있을 것이다. 이상적은 오경석의 아버지인 오응현吳膺賢의 친구이자 12차례 연행에 참가한 역관으로 김정희金正喜(1786~1856)에게 금석문을 배웠다. 오경석은 역관시험을 치루기 위해 역시 역관출신인 이상적에게 개인교수를 받았는데, 이 과정에서 김정희의 금석문에 관심을 가졌다. 그렇다면 역관들은 왜 금석문을 배웠던 것일까? 그것은 금석문을 통해 청나라 학자들과 교류의 폭을 넓히기 위해서였다.

그런데 초기 금석문에 대한 이들의 관심에는 이민족 지배로 옛 중화문화를 잃어버린 청나라 지식인들에게 조선이 지킨 중화의 예禮를 다시 전한다는 문화적 우월성도 내포하였다. 즉 금석문에 대한 대화에서 은근히 조선은 중화지국이고, 청나라는 이민족정권이라는 자부심을 가졌던 것이다. 그러므로 이상적과 오경석 등은 청나라 유학자

---

3) 오경석의 연행기록은 신용하의 「吳慶錫의 開化思想과 開化活動」, 『역사학보』107, 역사학회, 1985, 132~133쪽 "吳慶錫의 北京行 一覽表"를 인용하였음.

들이 관심을 둘 만한 금석문을 연구하였던 것이다. 1853년 처음 연행에 참가한 오경석은 1~3차까지 주로 부친 오응현과 스승 이상적의 인적 네트워크를 잇는데 주력하였다. 이것은 이 시기 그가 청나라 유학자들이 관심을 가질만한 조선의 금석문에 대해 집필했다는 것을 알 수 있다.

하지만 1858년 이후 그의 기술은 새로운 전기를 맞는다. 이는 그의 저술에서 이후 더 이상 금석문 관련 문헌은 더 이상 보이지 않는 것으로도 확인할 수 있다. 그것은 오경석의 사고가 급격히 변했기 때문이다. 오경석은 1857년 10월부터 1858년 3월까지 생애 4차 연행을 떠나는데, 이 시기는 청나라에서 애로우호사건이 발생하고 연이어 제2차 아편전쟁이 발생한 시기였다. 그는 제2차 아편전쟁으로 인해 연경이 서구 열강에 점령당하고 청나라 황제가 몽진하는 것을 직접 목격하였다. 이러한 충격으로 그는 더 이상 전통 관념인 화이론에만 치우칠 수 없었다. 서구의 등장은 곧 생존의 문제였기 때문이다. 나아가 그는 청나라와 일본을 거쳐 곧 서구 세력들이 조선으로 침략해 올 수 있다는 직감에 사로잡혔다.

1858년 이전에도 중국은 혼란한 땅이었다. 1850년 홍수전洪秀全(1814~1864)이 남방에서 무장봉기하였고 다음해인 1851년에는 태평천국을 수립하며 난을 일으켰다. 청나라 조정은 이를 진압하기 위해 영국에 군사를 요청하여 남경을 중심으로 한 지방에는 치열한 전투가 벌어졌다. 이것은 청나라 내부 문제를 스스로 해결하지 못하고 서구를 끌어 들인 이이제이식 전략이었다. 이는 곧 청나라를 대신하여 인민이 서구와 전쟁을 벌이는 결과로 이어졌으며, 이후 제2차 아편전쟁으로 이어졌다.

서구에 침략에 의해 일본의 정세도 심각하였다. 일본은 함대를 앞세운 미국에 굴복해서 1854년 가나가와神奈川 조약이라 불리는 미일화친조약日米和親條約, Treaty of Peace and Amity between the United States of America and the Empire of Japan을 체결하였다. 이어 1858년에도 미일수호통상조약日米修好通商條約, Treaty of Amity and Commerce between the United States of America and the Empire of Japan이라는 또 하나의 불평등 조약을 맺었다. 이 조약들은 전통 막부 질서가 마지막을 향해 달려가고 있음을 보여주는 것이었다.

조선 조정에서는 이러한 긴박한 정세를 어느 정도 파악하고 있었다. 1858년에 조선 정부는 광조우에서 벌어진 영국과 프랑스의 무력시위(제2차 아편전쟁)를 보고 받았다. 1859년 3월 귀국한 연행단은 영국과 프랑스의 4개월간 광조우를 점령하고 이후 천진으로 와서 통상을 요구한 것과 몽골출신 무장인 셍게린친Sengge Rinchen, 僧格林沁(1811~1865)이 반격을 준비하고 있음을 보고하였다.

1860년 3월에 귀국한 연행단은 영국와의 전투에서 셍게린친이 승리한 소식을 전하였다. 하지만 당시 조정에서는 서구세력의 청나라 침탈보다는 태평천국의 난에 보다 많은 관심을 두고 있었다. 이는 당시 정부의 근심이 외세보다는 민란 해소에 중점이 있었기 때문이다.[4]

하지만 1860년 12월에 시헌서時憲書 재자관齎咨官의 특별보고는 조선 정부에게 큰 충격을 주었다. 이 보고에는 '셍게린친의 공격이 오히려 화를 불러서 영국과 프랑스 군대가 북경을 함락시키고 원명원이

---

4) 민두기, 「十九世紀後半 朝鮮王朝의 對外危機意識」, 『동방학지』52, 1986, 266~267쪽 참조. ; 河政植, 「燕行情報와 朝鮮王朝의 太平天國 認識의 政治的 背景」, 『역사학보』145, 1995, 159~165쪽 참조.

방화로 소실되었으며 청나라 황제가 열하로 피난을 갔다.'는 정황과 함께, '중국이 영국, 프랑스 등과 불평등 조약을 맺어 기독교 포교가 허용되고 내륙까지 통상을 확대하게 되었다.'는 내용이 들어있었다. 동지사 연행의 신석우申錫愚는 당시 상황을 묻는 철종의 질문에 다음과 같이 답하였다.

> 임금[철종]은 "중원에서 도적떼들의 상황은 어떠한가? 민심은 어떠한가? 보고 들은 바를 상세히 전하라."라고 물었다. 신석우는 "서양 오랑캐들은 억지로 화친을 맺었지만 외국 도적떼들이 더욱 기세를 부려, 황제(의 가마)가 북쪽으로 피난 가기[北狩]에 이르렀으니, 천하가 어지럽지 않다고 말할 수 없습니다."라고 대답했다.[5]

이 보고를 통해 조선 정부는 그 당시까지 그다지 중시여기지 않았던 서구세력을 다시 보는 계기가 되었다. 조선 정부는 여기에 그치지 않고 다음 달인 1861년 1월 박규수를 부지사로 삼아 '열하문안熱河問安'이라는 연행단을 꾸려 청나라 황제가 피난을 떠난 열하로 보냈다. 이때 오경석과 박규수는 길이 갈려 서로 만나지 못했다.

오경석은 역관출신으로 전통 성리학과는 일정 거리가 있었다. 이는 서구의 정체를 보다 빨리 인식하는 계기가 되었다. 그는 서구세력의 침략은 서구 자본주의의 산물이라는 것을 파악했다. 오경석은 연행단으로 연경에 있으면서 서구 세력이 청나라에서 벌인 일과 청나라가

---

5) 『철종실록』, 철종12년 3월 乙卯(1861년 3월 27일), 上曰 : "中原賊匪之何如? 人心之何如? 隨聞見詳陳可也." 申(錫愚)曰 : "洋夷勒和, 外寇滋熾, 皇駕至於北狩, 天下不可謂不亂矣."

처한 위기를 목도하였다. 그는 이제 청나라와의 교류보다 밀려오는 서구를 대비하는 것이 더 중요하다고 생각하였다. 그의 아들인 오세창은 그 시기를 다음과 같이 회고하였다.

오경석은 한국의 역관으로서 당시 한국으로부터 중국에 파견되는 동지사급 기타의 사절의 통역으로서 자주 중국을 왕래였다. 중국에 체재 중 세계 각국의 각축하는 상황을 견문하고 크게 느낀 바 있었다. 뒤에 열국의 역사와 각국흥망사를 연구하여 자국정치의 부패와 세계의 대세에 실각되고 있음을 깨닫고, 앞으로 언젠가는 비극이 일어날 것이라고 하여 크게 개탄하는 바가 있었다. 이로써 중국에서 귀국할 때에 각종의 신서를 지참하였다. (중략) 오경석이 중국으로부터 신사상을 품고 귀국하자, 평상시 가장 친교가 있는 우인 중에 대치 유홍기란 동지가 있었다. 그는 학식과 인격이 모두 고매 탁월하고 또한 교양이 심원한 인물이었다. 오경석은 중국에서 가져온 각종신서를 동인에게 주어 연구를 권하였다. 그 뒤 두 사람은 사상적 동지로서 결합하여 서로 만나면 자국의 형세가 실로 풍전의 등화처럼 위태하다고 크게 탄식하고 언젠가는 일대혁신을 일으키지 않으면 안 된다고 상의하였다. 어느 날 유대치가 오경석에게 "우리나라의 개혁은 어떻게 하면 성취할 수 있겠는가?"하고 묻자, 오는 먼저 동지를 북촌의 양반자제 중에서 구하여 혁신의 기운을 일으켜야 한다고 하였다.6)

---

6) 吳慶錫わ韓國の譯官にして、當時韓國より中國に派遣する冬至使及び其他の使節の通譯として、屢中國を往來したり。中國に滯在中、世界各國の角逐する狀況を見聞し、大に感ずるところあり。後列國の歷史や各國興亡史を硏究して、自國政治の腐敗や世界の大勢に失脚せることを覺り、何時かは將來必らず悲劇の起るべきを覺り、大に慨嘆する所ありたり。是を以て其の歸國に際して各種の新書を持參したるものなり。(中略) 吳慶錫が中國より新思想を懷いて歸國するや、平常尤も親交ある友人中に

이 시기 그가 조선으로 반입한 서적은 과거 북학파처럼 청이나 서구 문물의 소개하는 책자가 아니라, 서구의 대외정책을 알리고 이에 대비하는 청나라 인사들의 책자가 대부분으로, 그 속에는 일부 서구의 문화와 정책을 소개하는 번역서도 있었을 것이다. 그러므로 그가 우국의 충정으로 서구 침략을 대비하고자 고민을 시작했던 시기는 제2차 아편전쟁을 목도한 1858년 4차 연행에서부터였을 것이다.

그런데 이러한 인식의 변화에는 그의 저술에 담긴 미국에 대한 평가도 있다. 1866년 쓴 『양요기록』은 그는 북경에 있으면서 당시 조선에서 일어난 병인양요丙寅洋擾를 처리하기 위한 외교과정에 대한 기록이다. 오경석은 1866년 5월부터 10월까지 외교문서를 담당하는 하급관리인 뇌자관賫咨官으로 연행에 참가하였는데, 그해 8월 병인양요 소식을 접한 연행단은 북경에서 청나라 및 프랑스 등과 외교 활동을 하였다. 이 기록에는 이미 서구와 무력충돌을 겪었던 청나라 대신들의 견해가 많이 반영되었다. 이후 오경석은 근대 초기 일본사상가들처럼 서구를 알기 위해 관련 서적을 국내로 반입하는 역할을 하였다. 이런 작업은 갑신정변의 주역들인 개화당을 만드는 주요 요소였다.

大致劉鴻基なる同志あり。この大致は學識、人格、洪に高邁卓越し、且つ教養深遠なる人物なり。吳慶錫は中國より持來せる各種新書を同人に與へ、研究を勸めなり・爾來二人は思想的同志として結合し、相會すれば自國の形勢實に風前の燈火の如き危殆に瀕するを長歎し、何時かは一大革新を起さざる可らざることを相議しつつありたり。或時劉大致が吳慶錫に問ふて曰く、我邦の改革を如何にせば成就するを得べきか。吳答へて曰く、先づ同志を北村の兩班子弟中に求め、革新の氣運を起すにありと。古筠研究會、『金玉均傳上卷』、慶應出版社、1944, 48~49쪽.

2 개화당의 정신

1) 유홍기의 등장

김옥균의 회고에 의하면, 연행에서 서구의 침략성을 체감한 오경석은 귀국할 때 서적을 들여와 유홍기劉鴻基(1831~?)에 전해주고 후학 양성을 당부하였다고 한다. 그렇다면 유홍기는 어떤 인물인가? 유홍기의 저술은 현존하지 않고 관련 기록도 거의 없다. 그래서 여기서는 김옥균, 최남선, 안재홍 등 언급들을 통해 간접적으로 그의 개화사상을 추론해 보았다.

유홍기에 대한 기록은 김옥균과 관련해서 종종 등장한다. 김옥균은 유홍기를 20세경에 만났다. 오경석이 수집한 책들을 그가 해석하면서 김옥균은 당시 세계를 이해하고 이를 근거로 조선이 반드시 변화해야만 함을 깨달았다고 한다. 유홍기는 오경석보다 다소 어리지만 오경석이 죽은 후부터 북촌방면에서 개화당을 실질적으로 운영하였다. 그는 노소를 불문하여 인물을 물색하고 동지를 모았는데, 이때 청년 김옥균을 만났다고 한다. 그는 단번에 김옥균이 장래에 반드시 거사를 도모할만한 인물이라 여겼고 오경석이 수집한 세계 각국의 지리, 역사의 번역본과 신서를 모두 제공하였다. 또한 천하의 대세와 한국 변화 이유를 피력하였도 한다.

그러므로 오경석이 중국에서 터득한 새로운 사상은 유홍기에게 전해졌고, 유홍기는 이것을 김옥균에 전해서 김옥균의 신사상을 낳았다는 것이다. 정리하면, 오경석은 한국개조의 예언자이고, 유홍기는 그것의 지도자이며, 김옥균은 그 실천자가 되었고, 이를 토대로 김옥균은 신사상을 수용하였다는 것이다. 김옥균은 장년이 되었을 때 과거

에 응시하여 문과에 등제하여 관직에 올랐으며 새로 벼슬길에 오르자 동지를 모집하는데 노력하였다.[7]

이를 보면, 유홍기는 문하생을 지도한 실질적인 교사이자 지도자였다. 그래서 오경석은 예언자, 유대치는 지도자 그리고 김옥균은 행동가(담당자)로 평가되는 것이다. 최남선崔南善(1890~1957) 은 유홍기를 이렇게 평가하였다.

> 그런데 오경석이 조관을 유도하여 외교를 운용할 때에 일백의로 시정에 은복하야 『해국도지』, 『영환지략』 등으로써 세계의 사정을 복찰하면서 뜻을 내정의 국면전환에 두고 가만히 귀족 중의 영준을 규합하여 방략을 가르치고 지기를 고무하야 준 이가 잇스니 당시 지인의 사이에 백의정승의 이름을 어든 유대치가 그라. 박영효·김옥균·홍영식·서광범과 귀족아닌 이로 백춘배·정병하 등은 다 대치문하의 준모로 일번 일본으로써 청을 모라내고 아라사로써 만주를 수회하야 청년중심의 신국을 건설함이 그 이상의 윤곽이니 박영효·김옥균 등이 연내로 일본교섭의 선두에선 것도 실상 대치의 지획중에서 나온 것이오, 세상이 개화당으로 지목하는 이는 대개 대치의 문인을 이름이얏다.[8]

사실 이 책을 쓴 시기 즉 1943년경에 최남선은 친일파의 길을 걷고 있었다. 최남선은 당시 식민지 한국은 개조되어야 한다고 생각하였고, 그 근거로 제시한 인물이 바로 김옥균였고, 유홍기는 김옥균을 설명하는 과정에서 부차적으로 기술되었다. 최남선은 김옥균과 개화당을

---

7) 古筠研究會, 『金玉均傳上卷』, 慶應出版社, 1944, 49~50쪽.
8) 崔南善, 『故事通』, 삼중당, 1943, 218쪽.

한국개조의 원조로 보았는데, 갑신정변이 일본의 후원으로 이루어졌고 정변을 통해 청나라와 러시아를 제압해 독립을 지키고자 했다는 점에서 청나라와 러시아와 싸워 승리한 일본은 조선의 한을 풀어 준 국가라는 점을 은연 중에 강조한 친일파의 사고가 숨어 있었다. 즉 최남선의 갑신정변 인식은 친일관의 연장이었다.

김옥균과 유홍기 등을 친일의 시각에서 바라본 사람 중에는 일제 강점기에 야담가로 알려진 김진구金振九(1896~?)가 있다. 그는 일본이 조선을 강제 병합시킨 것을 민족 개조의 출발로 보았다. 반면 청나라는 한국의 개화를 짓밟은 나라로 평가했다. 1919년 3·1운동 이후 한국에는 근대문명을 받아들인 신지식층이 많아졌다. 이들은 문명개화와 국가독립을 당면과제로 설정하고 계몽 운동을 펼쳐 나갔는데, 야담운동을 통해 민족운동에 기여하겠다고 생각했다.

김진구는 큐우슈우, 오사카, 도쿄 등에서 노동일을 하면서 도쿄에서 학교에 다녔고, 명성황후 시해를 주도한 단체인 겐요샤玄洋社, 한일합병 및 조선 식민지화 정책에 참여한 코큐류카이黑龍會 등 우익단체 인사들과도 어울렸다. 이 과정에서 그는 전봉준全琫準, 손병희孫秉熙 그리고 김옥균에 관심을 갖기 시작하였고 '김옥균 숭배자'로 자처하기도 했다. 특히 김옥균을 지원한 도야마 미쓰루頭山滿(1855~1944)의 김옥균 찬사를 듣고, 일본 각지를 다니면서 김옥균에 대한 자료를 수집하였다고 한다.

1925년 김옥균에 대해 출판할 계획으로 귀국했는데, 민태원이 김옥균 전기를 준비하는 것을 보고 일을 돕게 되었다. 이후 김옥균전집 간행회를 조직하고, 잡지에 김옥균 관련 글을 발표하였다. 갑신정변을 한국근대사의 '획기적인 시대의 일대 혁명劃時期的一大革命'으로 묘사하고, '민중본위民衆本位', '배청독립排淸獨立', '개화진취開化進取'를 갑신정변의 성격으로 규정하였다.

그는 잡지 『학생』에 김옥균의 최후를 묘사한 희곡 '대무대의 붕괴'를 연재하기도 하였는데, 그가 본 김옥균은 민중계몽의 수단이자, 근대적 위인이었다. 동시에 그는 갑신정변에 참여한 다수의 인물들도 영웅화하였고 이 과정에서 유홍기 역시 부각되었는데, 그는 유홍기를 김옥균, 박영효, 서광범 등 갑신정변의 주도자들을 일깨운 혁명의 지도자로 묘사하였다.

> 그리고 나서 보니 조선의 궁중은 도로 침침한 밤이 되었기에 내심 기뻐했더니 유대치란 노청년이 뒤에서 불을 지펴 김옥균, 박영효, 서광범의 신진 정예를 깨우쳐서 (중략) 우매한 이들을 모조리 두드려 깨우는데 이것도 그대로 두어서는 안 되었기에 뒤로 슬그머니 이홍장의 후원을 받아 군병을 상민으로 변장하고 하루 밤 단속해 두었다가 노예상황을 면하려고 독립개혁의 첫 봉화를 드는 것을 대병으로 진압하니[9]

김진구 역시 갑신정변에 대한 인식은 최남선과 같이 친일적 경향이었다. 그 역시 유홍기의 역할을 부인하지 않았다. 특히 그는 오경석이나 박규수는 언급하지 않고 유홍기만을 강조했는데, 김옥균과 갑신정

---

9) 그리고 나서 보니 朝鮮의 宮中府中은 도로 침침 漆夜되엿기에 於心歡喜 늣겻더니 劉大致란 老靑年이 뒤에서 불을 붓처 金玉均朴泳孝徐光範의 新進精銳를 깨우쳐서 (중략) 愚物痴子를 모조리 두다려 깨우는데 이것도 그대로 두어서는 안되겟기에 뒤로 슬몃슬몃 李中堂(鴻章)의 후원을 바더 軍兵을 商民으로 변장하고 日夜團束해두엇다가 奸隷生活 면하려고 독립개혁의 첫봉화를 〈15〉 드는 것을 大兵으로 진압하니, 김진구, 「孫逸仙과 袁世凱의 地下 面談記, (=黃泉探訪記에서)」, 『별건곤』 제16·17호, 1928.12.

변이 재평가하면서 유홍기를 잘 알려지지 않은 암막속 전설의 인물로 묘사하였다. 만약 이 같은 신격화가 보다 진행되었다면 '유홍기는 일본의 어느 근대 사상가였는데, 한국으로 와서 김옥균을 일깨웠다.'는 야담으로 발전하였을 것이다.

위 세 글에서 유홍기는 근대적 지식을 가진 선구자로서 기술된다. 이능화李能和(1869~1943)는 여기에 불교신자라는 평가를 추가했다.

> 시세를 보고 판단하여 혁신을 결의하니, 갑신정변이 그 결과이다. 대개 그 배운 불리佛理를 바로 세법에 적용하고자 하였다. 그 처음과 끝은 실로 유거사[유홍기]였으니, 그로써 깨달음이 있었는데, 그러므로 당시에 "백의대신"이라는 명성을 얻은 것이다. 정세가 변하여 거사가 도피했지만 그 끝을 알지 못하였다. 거사는 처음에는 연단지학을 궁구했으나 후에는 참현지문에 귀의했으니 더불어 스승에게 배운바 없더라도 능히 스스로 판단하였던 것이다.[10]

연단鍊丹이란 몸의 기력氣力을 단전丹田에 모아 몸과 마음을 수련修練하는 일이고, 참현參玄이란 깊은 이치를 꿰뚫어 밝히기 위해 거기에 몰입하는 일로 모두 불교의 수행과 관련이 있다. 이능화는 대표적인 불교계 친일지식인으로 1915년 불교진흥회 간사와 이사에 위촉되었고 그해 3월 『불교진흥회월보』 편집인 겸 발행인을 맡았다.

그는 1916년 『불교진흥회월보』를 개칭한 『조선불교계』의 편집인

---

10) 盱衡時勢, 決意革新. 甲申政變, 其結果也. 蓋以其所學之佛理, 直欲應用於世法, 究其源委, 實劉居士, 有以啓之, 故當時有'白衣大臣'之物望焉. 及事變作, 居士逃避, 不知所終. 居士初究煉丹之學, 後歸參玄之門, 竝無師授, 能自判云. 이능화, 『朝鮮佛教通史』下, 新文館, 1918, 899쪽.

겸 발행인이 되었고, 1917년 3월에는 『조선불교총보』 편집인 겸 발행인, 같은 해 10월 불교옹호회 이사를 맡았다. 1918년에는 『조선불교통사朝鮮佛敎通史』를 출간하였다. 이런 배경으로 이능화는 유홍기의 철학을 불교와 접속시켰다고 볼 수 있다. 그래서 유홍기의 철학은 비록 외래에서 기인한 것이지만, 이후 불교의 이치를 통해 자기철학으로 재정립했다고 평가했다.

한편, 민족주의자였던 안재홍安在鴻(1891~1965)도 그를 평가했는데, 특이하게 유홍기를 천주교 신자로 보았다.

> 이러한 인물들에 비교해서 조선에서 그 유사한 이를 찾자면 갑신운동 대의 인물들부터 손가락을 꼽아야 하겠지요. (중략) 그 당시 모든 명성의 배후에서 그들을 지도하는 거성으로서 경성중인계급의 출신인 유대치라는 인물이 있어서 천주교의 신도로서 서구의 사정과 세계의 형세를 잘 관찰하였다고 합니다. 이 인물이 흑막 속에 흑막으로 잠겨 버리고 영영 출현치 아니 하였으니 그 사상경륜 등을 명확히 알 수 없습니다. 다만 그 착상과 기획만으로도 크게 비범하였던 것은 인정할 것입니다. 이 시대의 선구자들이 소위 형세일비에 착급한 생각이 들어서 민중을 계발하며 운동을 조직화하기에는 너무 전도요원하였고 우선 관청 중심으로 음모적인 쿠테타라는 수단으로 나와 홀연히 넘어진 것은 또한 어찌할 수 없는 것입니다.[11]

---

11) 이러한 人物들에 比하야 朝鮮에서 그 類似한 이를 찾자면 甲申運動 때의 人物들부터 손가락을 꼽아야 하겟지오. (중략) 그 當時 모든 名星의 背後에서 그들을 指導하는 巨星으로서 京城中人階級의 出身인 劉大致라는 人物이 잇서서 天主敎의 信徒로서 泰西의 事情과 世界의 形勢를 잘 觀察하엿드라고 합니다. 이 人物이 黑幕 속에 黑幕으로 잠겨 버리고 永永 出現치 아니하엿스니 그 思想經綸 等을 明白히 알 수 업습니다. 다만 그 着想과 企劃만도 크게 非凡하얏든 것은 承認할 것입니다. 이 時代의 先驅者들이 所謂 形勢日非에

안재홍은 이능화와는 대조적이다. 그는 종교적으로는 기독교 신자였으며, 민족주의자의 길을 걸었다. 그는 1907년에 고향 평택에서 상경하여 황성기독교청년회皇城基督敎靑年會 중학부에 들어갔다. 이때 이상재李商在·남궁억南宮檍·윤치호尹致昊 등과 교분을 가졌다고 한다. 1910년 도쿄東京로 건너가 조선인기독교청년회에 관여하여, 조선인유학생학우회를 조직하여 활동하면서 1914에는 와세다대학早稻田大學 정경학부를 졸업하였다. 1915년 귀국하여 주로 언론계에 종사하다가, 다시 1916년 상해로 망명하여, 이회영李會榮·신채호申采浩 등이 조직한 동제사同濟社에서 활약하였다. 그 뒤 귀국하여 중앙고등보통학교 교감직을 역임하고, 그 해부터 조선 중앙기독교청년회 교육부 간사를 지냈다.

1919년 3·1운동 만세시위를 지도하는 한편, 비밀결사인 대한민국청년외교단에 가담하여 상해 임시정부의 연통부聯統府 역할을 맡았다는 이유로 3년간 옥고를 치르기도 하였다. 1923년부터 약 10년간《시대일보》,《조선일보》등에서 언론활동을 하였으며, 1927년에는 신간회 총무간사로 다시 8개월 동안 투옥되었다. 같은 해 광주학생사건 진상보고를 위한 민중대회도 주관하였다. 1930년대에는 『여유당전집與猶堂全集』를 간행하는 등 실학연구에도 몰두하였다.

안재홍이 말하는 '이러한 인물들'이란 유럽과 러시아의 마르크스주의자들로, 그는 러시아 혁명을 갑신정변과 비견하였던 것이다. 또

着急한 생각이 들어서 民衆을 啓發하며 運動을 組織化하기에는 넘우 前途遼遠하엿고 우선 宮庭 中心으로 陰謨的의 『쿠데타』의 手段으로 나와 忽然히 넘어진 것은 또한 엇지할 수 업든 것일 것입니다. 안재홍, 「過去의 先驅者와 將來의 先驅者」, 『삼천리』 제2호, 1929.9.

조선 말 봉건사회에 대한 통렬히 비판하고 갑신정변을 일으킨 철학적 지도자로서 유홍기를 지목하였다. 한편, 그는 갑신정변이 일본의 메이지유신을 모델로 한 지배계급의 혁명으로 민중혁명으로 이끌지 못하였다는 점을 비판하였다.

안재홍의 설명에는 유홍기가 천주교 신자로 나온다. 때문에 이능화처럼 유홍기를 승려 또는 불교신자라고만 볼 수는 없다. 그의 말대로 흑막 속 인물이었기 때문에 관련 정보가 명확하지 않은 것이다. 특히 안재홍이 그를 천주교 신자로 묘사한 데에는 다른 의미가 있는데, 바로 일본과의 관계이다. 비록 김옥균 등이 일본에서 수학하였다고 하나 갑신정변을 일으킬 정도로 사상무장을 하게 된 것은 유홍기의 권유였기 때문이었다.

안재홍은 바로 이 유홍기는 전통 유교지식인도 일본 개화사상에 젖은 이도 아니라는 점을 강조하였다. 즉, 안재홍이 본 유홍기의 철학과 사상은 서구 문명의 연장으로 전통 철학과의 단절이자 일본과는 관련이 없는 새로운 학문이었던 것이다.

유홍기는 실체를 알 수 있는 기록이 거의 없다. 남은 자료를 몇 가지로 정리하면, 그는 역관 가문의 출신으로 이후 역관대신 의원이 되었다. 유홍기와 오경석이 언제 처음 만났는지는 기록이 없지만, 서울의 중인 가문들이 서로 인적 네트워크를 갖고 있었기에 어린 시절부터 알고 지낸 동년배 친구였을 것이다. 유홍기 역시 중인이었다는 점에서 유교 지식인들보다 새로운 사상을 보다 쉽게 수용할 수 있었을 것이다. 그리고 그는 개화당의 실질적인 총수로 갑신정변의 사상적 배경이 되었던 것이다.

2) 유홍기와 초기 개화당의 세계관

초기 개화당의 모습은 어떠하였을까? 전술한 유홍기 관련 내용을 정리하면서 초기 개화당과 관련하여 위에서 제기한 불교, 기독교 등의 기술에 담긴 세계관을 몇 가지로 정리하면 다음과 같다.

먼저, 억불정책으로 일관한 조선사회에서 어떻게 서울에 기거하는 불교신자가 나올 수 있을까? 그리고 '그 양상이 개화사상과 어떤 연관이 있을까? 이를 위해서는 조선의 왕실불교를 보아야 한다. 왕실불교는 조선 초기로 거슬러 올라간다. 태종, 세종, 세조 시대에 왕실에서 불교를 숭상한 일은 유명하다. 19세기에도 왕비王妃를 중심으로 왕실의 불교가 존재하고 있었다. 1831년(순조 31년)에는 왕대비 순원왕후純元王后의 발원發願으로 강원도 금강산에 있는 유점사楡岾寺에서『화엄경합론華嚴經合論』120권과『법원주림法苑珠林』100권을 베껴 썼다. 이는 경을 손수 베껴 씀으로써 복락을 비는 불교의 행사이다. 1851년(철종 2년)에도 순원왕후는 법주사에 공명첩 5천여 장을 시주하여 전각 중수에 사용을 도왔다. 이런 순원황후의 왕실불교는 그녀의 비운에서 원인을 찾을 수 있다.

순원왕후는 안동 김씨 세도정치를 가능하게 한 인물이었다. 그녀는 20세 때 웃날 익종을 추존된 효명세자를 낳았다. 그 위에도 명온明溫, 복은福溫, 덕온德溫공주를 순산하여 행복한 생활을 하였으나, 40대 이후 개인적 슬픔이 연이어 닥쳤다. 1827년(순조 27)부터 순조를 대신해 대리청정을 하던 효명세자가 1830년 급서하였다. 젊은 나이에 요절한 아들에 대한 애절함이 불심으로 바뀌었다고 볼 수 있는 대목이다. 그런데 2년 뒤인 1832년에는 명온, 복온공주가 한 달 차이로 세상을 떠났다. 그리고 다시 2년 뒤에 순조도 승하하였다.(1834년 11월) 그나마 남아 있던 막내 덕온공주 마저 1844년 5월에 세상을 등지면서 그녀의 나이 45세 때 가족을 모두 잃는 깊은 슬픔에 빠진 것이다.

이 시기 왕실불교는 순원왕후의 며느리인 신정왕후神貞王后에게도 이어졌다. 신정왕후는 효명세자의 부인으로 풍양조씨 세도정치의 중심 인물로 고종이 등극하는데 기여하였고 훗날 박규수가 중앙정치에서 활약하는데 정치적 후원자가 되었다. 신정왕후는 1864년(고종 1) 보광사의 불사佛舍를 보수하는데 시주하였고, 1866년(고종 3)에도 화계사에 불사 중건을 지원하였다. 이외에도 대원군은 여러 전각에 현판을 직접 써서 내리기도 하였고, 1881년에는 고종이 귀주사에 내장전과 공명첩을 하사하여 3백여 칸의 크고 작은 건물을 중수했다.

이들이 불교를 수용한 이유는 왕실의 행복을 바랐기 때문이다. 이러한 왕실의 불교 수용은 근처에 불교 신자를 두게 되었을 것이다. 위에서 언급한 대로, 순원왕후나 신정왕후는 모두 당시 안동 김씨와 풍양 조씨 세도정치의 근원으로 권력의 중심으로 관료 출신의 유학자들보다 근처에서 자신을 위로해 줄 종교적 인물들이 필요했을 것이다. 이런 과정에서 서울에 있는 승려나 불교신자 중에는 왕실과 일정한 관계가 있는 이들이 있었을 것이다. 만약 유홍기가 이 같은 불교 신자라면 그와 박규수와의 만남은 신정왕후와 관련이 있을 가능성이 크다.

다음으로 안재홍이 말한 대로 그가 천주교 신자인 경우이다. 한국 천주교의 출발은 마테오리치의 『천주실의』에서부터이다. 청나라가 부강했을 때 천주교에 개방적이었듯이, 정조시기에 조선 천주교는 비교적 활발히 활동을 하였다. 그러나 전통 유교와의 마찰은 피할 수 없는 것이었다. 신해박해(1791) 이후, 안동김씨 권력층은 다시 천주교인들에게 박해를 가하는데, 신유박해(1801)를 시작으로 기해박해(1839), 병오박해(1846) 그리고 병인양요의 빌미를 제공한 병인박해(1866) 등이 지속되었다. 이 과정에서 정약용 등이 포함된 남인계 유학자들의 정치적 타격은 매우 컸고, 노론 중심의 세도정치는 그 위세를 더해갔다. 그럼에도 한국의 천주교는 지속되었다. 하지만 천주교 박해에 정점에 있었던 흥선대원군은 날로 커가는 천주교와는 달리 1890년대 들어 정치적으로 더욱 위축되었고, 아이러니하게도 그의 부인 민씨는 1896년 '마리아'라는 천주교명을 받아 천주교 신자가 된다.

한편 강화도조약으로 조선이 개항되자 천주교 선교사들의 활동을 막을 수 없게 되었다. 1882년 천주교회는 인현서당을 설립해서 서구식 교육을 도입하고자 했고, 경기도 여주시 강천면 부흥골에는 1885년 신학교가 설립되기도 했다. 유홍기는 1831년 서울 출생으로 당시 많은 천주교 박해를 목도했을 것이다. 또 비밀리에 천주교에 입당하였을 가능성도 있다. 그 만큼 유홍기에 대해서는 알려진 것이 없다. 만약 그랬다면 유홍기의 사고는 보다 근대적이었을 것이다. 이미 서구의 천주교 신부에게 들은 바를 오경석의 서적을 통해 확인하고 재해석했을 것이다. 그의 학문의 정체가 명확하지 않지만, 인적 네트워크를 배제한 채 오로지 후대의 학문 성향과 그들이 단편적으로 전하는 유홍기의 세계관으로 추론해 볼 때, 불교를 통해 근대적 개화관으로 나갔다는 설명보다는 천주교 더 정확히는 서구적 세계관을 통해 그의 현실 인식이 변화되었다는 설명이 더 무게감이 있다.

어느 경우라 하더라도, 자료의 한계로 인해 유홍기의 실학적 세계관은 규정하기 어렵다. 하지만 현재까지의 사실들을 종합해 보면, 첫째, 그는 전통적 유교관과는 다른 세계관을 가지고 있었다. 특히 청나라에 대해 매우 비판적이었고 당시 근대국가로 발돋움하는 일본을 조선의 모델로 삼고자 하였는데, 이것은 전통적 화이관을 뛰어 넘은 것이다. 둘째, 박규수와 오경석이 전하는 청나라 서적과 문물들을 독자적 시각에서 재해석했다는 것이다. 오경석이 그에게 전한 서적은 『해국도지』, 『영환지략』 등은 모두 청나라 관료의 입장에서 서구에 맞서기 위한 방책들을 적은 것이다. 유홍기가 이런 책들을 따랐다면 그는 여전히 서구를 양이洋夷라 하여 문화적으로 얕잡아 보면서도 그 기세를 두려워하는 관료들과 같았을 것이다. 그렇지만 그는 이런 보수적 사고를 극복하는 적극적인 방안 즉 갑신정변을 도모하였다. 이것은 그가 이 책들을 그대로 보지 않고 자기의 독자적인 세계관으로 이해했다고 평할 수 있는 부분이다.

유홍기는 철저히 암흑 속 인물로 이러한 사실이 그를 갑신정변의 전설로 만들었을 뿐만아니라, 그를 불교 신자나 천주교 신자로 묘사하는 배경이 되었다. 이런 설명은 그의 세계관이 유교 전통과 다름을 설명하면서 나온 것이지, 실제로 그가 불교나 천주교 신자라고 명확하게 한정할 수는 없다. 다만, 오경석이 말년에 불교와 관련한 명구를 수첩에 적었다는 점에서 볼 때, 그의 친구인 유홍기가 불교와 관련이 있을 가능성은 높다.

유홍기는 갑신정변을 포함한 개화당의 선구로서 여전히 베일 속에 가려진 인물이다. 그는 당시 국제정세를 분석하는 뛰어난 능력이 있었고, 오경석이 제공한 서구에 관한 자료를 분석하여 당시 조선사회가 능동적으로 대처하기 위한 방안을 만들어 낸 핵심적 인물이었을 것이다. 그래서 박규수이 잇고 오경석이 보탠 조선의 근대적 세계관은 결국 유홍기에 이르러 정립되었다고 하는 것이다. 나아가 이것은 당시 중인계층을 비롯한 국민계층의 성장, 전통적 세계관의 폐기와 신 세계관의 확산이라는 근대적 진전이라고 보는 데도 문제가 없을 것이다. 때문에 일제강점기 민족개조를 주장하는 친일파이든 독립자존을 외치는 민족진영이든 그를 자기편의 논리로 끌어들이려 노력했다고도 평할 수 있다. 다만 갑신정변의 실패와 개화당의 몰락으로 인해, 당시 근대적 세계관을 재건하는데 상당한 시간이 필요하게 되었다.

3 혼돈의 시대

1) 근대 전환기의 이면

1870년대에 개화파들은 일본의 메이지 유신을 부러운 눈으로 보았다. 이들 개화파 특히 청나라나 일본 등에서 서구의 과학기술을 체험하고 온 개혁인사들 중에는 서구적 산업국을 지향하는 경우가 많았다. 이에 대해 어윤중은 다음과 같이 말하고 있다.

> "외법外法을 빌려서 이로써 자강을 도모하는 것은 비유컨대 바둑을 둘 때 먼저 한 수를 두는 자가 이기는 것과 같습니다."(유서분劉瑞芬) "삼가 말씀하시는 것을 들으니, 일본인이 감히 이웃 국민을 업신여기는 까닭이 그들이 먼저 서법西法을 배울 수 있었기 때문이라 믿습니다."(어윤중魚允中)[12]

----

12) 劉曰, "借外法以圖自强, 譬如圍棋先一着者得勝." 我曰, "謹聞命矣. 日人之

이러한 이해는 서법에 대한 무조건적 수용으로까지 기획되었지만, 청나라나 일본 못지 않은 강한 저항에 부딪쳤다. 임오군란, 갑신정변, 동학혁명 그리고 독립협회 해산 등 일련의 사태와 위정척사를 내세운 보수적 유교지식인들의 극한 반발은 개혁자들의 근대 기획을 무산시키고 있었다.

1876년 강화도조약과 함께 조선은 당시 사회진화론적 국제질서 속에서 이전 청에 속국으로서의 수동적 대처를 버리고 서구 세력에 능동적으로 대처해야만 했다. 근본적인 방안 서구의 문물을 빨리 수용해서 조선의 것으로 만드는 일이었다. 이를 위해 조선 정부는 크게 두 가지 방안을 강구하였다. 첫째는 통리기무아문統理機務衙門을 통해 서구 정세를 파악하고 국가 방어를 위한 군사기술을 확보하는 것이었고, 둘째는 젊은 관료들을 청나라와 일본에 파견하여 그들의 서구문물 도입상황을 직접 체험하는 것이었다.

통리기무아문은 1876년 강화도조약 이후 국내외 정세에 적극적으로 대처하기 위해 1880년에 군사와 외교 업무를 위해 설치되었다. 초기 목적은 대외관계에 적극적인 대응이었으나 그 만을 처리한 것은 아니다. 그 동안 조선은 전문적인 외교관이 없었다. 때문에 통리기무

所以敢侮鄰者, 恃其能先學西法." 「別劉道台瑞芬」. 한선임, 「장서각 소장자료 『談草』를 통해 본 魚允中의 개화사상」, 『藏書閣』 23, 한국학중앙연구원 장서각, 2010, 203~204쪽에서 재인용. 어윤중은 천진으로 가기 전 당시 관리였던 리우뤼펀(劉瑞芬)을 만난다. 뤄루이펀은 安徽省 貴池縣 사람으로 字는 芝田이다. 이홍장 군대에서 군수품수송을 담당하였고, 특히 서구의 총포 구입에 관여하였다. 이후 1885년 러시아 공사가 되기 전까지 상해에서 蘇松太道로 행정을 담당하였다. 이후 1889년에는 廣東巡撫가 되었다. 한선임(2010), 195~197쪽 참조.

아문은 1895년 외부로 개편될 때까지 수차례의 조직과 명칭의 변화가 있었다. 하지만 명칭은 바뀌었지만, 국가 외교를 담당하는 기관은 1905년 을사늑약으로 외교권이 상실되기 전까지 존속되었다.

개항과 이후 통리기무아문의 설치는 조선 정부가 전통 성리학적 체제를 버리고 근대적 국가 시스템으로의 전환하고 있음을 보여 준다. 하지만 갑신정변으로 미래를 이끌 지도자들을 스스로 베어버린 조선 정부는 잠시 근대적 국가로의 방향성을 잃게 된다.

이러한 가운에 갑신정변의 주역 김옥균金玉均(1851~1894)이 등장하였다. 그는 충남 공주시 정안에서 태었다. 당시가 안동 김씨의 세도 정치기였으나 그는 세도정치와는 별로 관계가 없는 몰락 양반의 후손이었다. 김옥균은 7세 때 친아버지 김병태의 6촌 형제인 김병기 집에 양자로 가게 된다. 양아버지 김병기는 김옥균을 관료로 키울 생각이었다.

서울로 온 김옥균은 집중적인 한학 교육을 받으며 성장하였다. 김옥균은 11세 때에 양부 김병기가 강릉부사로 발령을 받자 함께 이사하여 율곡사당 근처 서당에서 수학했다고 한다. 이이는 우리나라 실학의 근원적인 면을 띠고 있기에 그의 율곡학 수학은 후에 개화사상에 깊은 영향을 주었을 것이다.[13]

김옥균은 16세인 1866년에 다시 서울로 올라왔다. 당시는 평양에서 제너럴셔먼호 사건이 발발했고, 이어 병인양요의 어두운 그림자가 나라를 덮친 시기였다. 하지만 청소년기의 그는 그 위중함을 알지 못했

---

13) 신용하, 「김옥균의 개화사상」, 『동방학지』46-48, 연세대학교 국학연구원, 1985. 157쪽 참조.

다. 다만 북촌에 있는 양반자제들 사이에서 뛰어난 모습을 보여 대원 군과 조대비 신정왕후에게도 알려졌다고 한다.

한편, 그를 눈 여겨 보던 사람이 있었다. 그는 바로 초기 개화가였 던 유홍기였다. 유홍기는 개화의 미래를 찾고 있었다. 그래서 북촌 근처 양반 자제들 중에서 영특한 인재를 눈여겨보고 있었다. 유홍기 가 김옥균을 알고 개화사상을 가르치기 시작한 시기는 1870년 김옥균 이 20세 되던 해였다.[14] 김옥균을 실제 지도한 것도 박규수나 오경석 이 아닌 유홍기였을 것이다. 박규수는 관료로서, 오경석은 역관으로 서 당시 조정의 일을 보고 있었기 때문이다. 특히 1876년 박규수, 1879 년 오경석이 죽은 후부터는 유홍기가 김옥균 등 개화당원을 전적으로 지도하였다. 이러한 영향으로 김옥균은 비교적 전통 유교로부터 쉽게 벗어난 것으로 보인다. 특히 친친의 강상윤리를 강조하는 전통 유교 에서, 양아버지를 통해 어린 시절을 자란 그는 그만큼 전통 유교에 대한 애착이 낮았다는 추정을 해 볼 수도 있다. 때문에 그는 비교적 쉽게 전통적 화이론을 극복할 수 있었다. 다음에서 나오는 신채호의 기술은 김옥균의 세계관을 잘 보여 준다.

김옥균이 일찍 우의정右議政 박규수를 방문한 즉, 박씨가 그 벽장 속에서 지구의地球儀 일좌一座를 내어 김씨에게 보이니, 해의該儀는 곧 박씨의 조부 연암선생인 중국에 유람할 때에 사서 휴대하여 온 바나라, 박씨가 지구의를 한 번 돌리더니 김씨를 돌아보고 웃어 가 로되, "오늘에 중국이 어디에 있느냐. 저리 돌리면 미국이 중국이 되고, 이리 돌리면 조선이 중국이 되어, 어느 나라든지 중으로 돌리

14) 고균기념회(1944). 50쪽 참조.

면 중국이 되나니, 오늘에 어디 정한 중국이 있느냐?" 하니, 김씨 이 때 개화를 주장하여 신서적도 좀 보았으나, 매양 수백년간 류전된 사상, 곧 대지 중앙에 있는 나라는 중국이오, 동서남북에 있는 나라 는 사이니 사이는 중국을 높이는 것이 옳다 하는 사상에 속박되어 국가독립을 부를 일은 꿈도 꾸지 못하였다가 박씨의 말에 크게 깨 닫고 무릎을 치고 일어났더라. 이 끝에 갑신정변甲申政變이 폭발되 었더라15)

신채호의 이 기록은 실제라기보다는 소설에 가까운 글이다. 하지만 김옥균의 세계관이 기존과는 다르다는 점에서 동의할 수 있다. 이 시기 김옥균은 1872년 알성문과에 장원급제하고, 1874년 홍문관교리(弘文館 校理)로 임명되었다. 이 무렵부터 정치적 결사로서의 개화당의 형성에 진력하여 다수의 동지들을 모았다. 그의 「갑신일록甲申日錄」에 의하면 김옥균을 포함한 개화당은 갑신정변보다 최소 10년 전에 존재하고 있 었다.16) 그는 고대수顧大嫂라고 불리는 궁녀에게 밀지를 통보받았다고 한다. 고대수는 신정왕후와 개화당을 연결시켜주는 인물이었을 것이 다. 신정왕후는 박규수와는 효명세자와의 인연을 공유하고 있었다. 효 명세자는 비록 그 뜻을 펼치지 못하고 급서했으나, 정조를 본받아 강력 한 개혁군주로서 자리매김하려고 했다. 그래서 그는 정조의 왕실과 박 지원의 북학파와의 관계를 박규수를 통해 재건하려고 했다.

김옥균은 1879년 개화승 이동인李東仁의 도움으로 일본을 시찰하게 된다. 그는 1881년 12월 일본으로 가서 메이지유신[明治維新]을 목도하

---

15) 신채호, 「地動說의 效力」, 『丹齋申采浩全集』下, 단재신채호전집간행위원회, 형설출판사, 1982. 384쪽. 신용하(1985). 169쪽에서 재인용.
16) 신용하(1985). 171쪽 참조.

고 왔다. 김옥균은 일본이 동양의 영국처럼 되어가는 것을 보고, 조선은 동양의 프랑스처럼 되어야 한다고 생각했다. 그러기 위해서는 자주부강을 통해 완전 독립을 유지할 수 있다고 생각했다. 각종 제도의 개혁도 필요했다. 양반신분제도의 폐지, 문벌의 폐지, 신분에 구애받지 않는 인재의 등용, 국가재정의 개혁, 공장제도에 의거한 근대 공업의 건설, 광업의 개발, 선진 과학기술의 도입과 채용, 상업의 발달과 회사제도의 장려, 화폐의 개혁, 관세 자주권의 정립, 농업과 양잠의 발전, 목축의 발전, 임업의 개발, 어업의 개발과 포경업의 개발, 철도의 부설과 기선 해운의 도입, 전신에 의거한 통신의 발전, 인구 조사의 실시 등이 그가 일본을 보고 와서 주장한 것들로 이들은 모두 실의 철학이었다.

어윤중魚允中(1848~1896)도 정부의 개화정책이 적극적으로 추진되던 1880년대 대표적인 관료지식인이다. 그는 20세 때인 1868년(고종 5) 지방 유생 50명을 뽑아 바로 전시殿試를 볼 수 있게 하는 칠석제七夕製에 응시하여 장원급제하였다. 이듬해인 1869년 문과에 병과로 급제하여 관료로써의 삶을 시작했다. 관료로서의 그의 행적을 보면 30세 초반까지 유교 민본주의에 입각한 대민 행정을 펼친 젊은 관료로 보인다. 그가 1877년 작성한 개혁안은 그의 유교지식인 관료로서의 입장을 명확히 보여준다. 이 개혁안은 1877년 전라우도암행어사로 9개월간 전라도 일대를 조사하여 나온 것이다. 당시 지방 관리의 부정부패를 목도한 그는 농민들의 삶을 피부로 느꼈고 그 속에서 개혁의 필요성을 절실히 느꼈던 것이다. 당시 개혁안에는 ① 잡세혁파, ② 지세제도地稅制度 개혁, ③ 궁방전宮房田·둔전屯田제도의 개혁, ④ 환곡제도 폐지, ⑤ 삼수포세三手砲稅의 폐지, ⑥ 재결감세災結減稅, ⑦ 도량형의 통일, ⑧ 지방수령의 5년 이상의 임기 보장, ⑨ 조운선제도漕運船制度 개혁, ⑩ 국가숙박제도 개혁 등이 있었지만 모두 채택되지 않았다. 이 개혁들은 대부분 농민의 삶과 직결되는 것으로 1894년 갑오농민혁명을 향해 달려가는 당시 조선의 구습을 반영하고 있다.

어윤중은 1881년 일본 근대화 시찰단 조사시찰단朝士視察團 일명 신사유람단紳士遊覽團의 한 사람으로 선발된다. 그는 박정양朴定陽·홍영식洪英植 등과 함께 이 시찰단의 중심인물로 재정과 경제 부문을 담당하였다. 하지만 이 시찰단이 출발하는 데는 상당한 어려움이 있었다. 당시는 수신사修信使 김홍집金弘集(1842~1896)이 가져 온 황준헌黃遵憲의 『조선책략朝鮮策略』으로 개화세력과 위정척사파간의 갈등이 고조되고 있었다. 이런 이유로 조사단은 동래암행어사로 발령을 받아 몰래 일본으로 출국하였다.

이 시기 조선과 일본과의 관계는 과거 조선과 청나라와의 관계를 연상케 했다. 조선은 일본에서 근대문물을 수용해야 했기 때문이다. 그러기에 사신의 명칭도 일본의 근대 문물을 받아들인다는 의미의 수신사로 되었다. 즉 개항 전에는 사신의 명칭이 문명을 전파하는 통신사通信使였다는 점에서 문명의 가치 전도가 일어난 것이다. 당시 일본은 1850년대 미국과의 굴욕적인 개항 경험을 조선에게도 시행하였다. 또 메이지유신을 거쳐 서구와 비등한 근대적 국가로 성장하였다. 1876년 강화도조약과 그로 인한 일본사신단의 명칭 변화는 중화로 대변되는 동아시아의 전통적 문명관이 더 이상 유지되지 않음을 보여주는 명확한 예라 하겠다.

하지만 서학에 반대했던 유림은 당시도 여전히 중화를 강조하고 일명 양이洋夷를 거부하였다. 이런 중화 위주의 사고는 보수적 유교지식인들 사이에서 일제강점기까지 지속되었다. 특히 『조선책략』으로 촉발된 신구·보혁 세력 간의 갈등은 개항을 둘러싼 국내의 정치적 견해차와 맞물리면서 더 큰 혼란으로 이어졌다. 이런 와중에 어윤중은 12명의 핵심 관료 중 한 명으로 유길준兪吉濬·유정수柳定秀·윤치호尹致昊·김양한金亮漢 등과 1881년 4월 10일 부산을 출항하였다.[17] 그들은 나가사키長崎·오오사카大阪·교토京都·고베神戶·요코하마橫濱를 거쳐 4월 28일 드디어 도쿄東京에 도착하였다. 이후 약 3개월간 메이지유신의 성과물인 근대적 시설·문물·제도 등을 상세히 시찰하고 많은 자료를 수집하였다.

하지만 다른 인사들과는 달리 어윤중은 다른 수행원과 함께 한 달 더 일본에 체류하였다가, 청나라 천진天津에서 영선사領選使인 김윤식金允植에게 합류하고자 했다. 영선사는 조선이 서구문물을 수용하는 또 다른 통로였다. 영선사는 청나라의 양무운동을 배우기 위해 기획되었다. 그런데 1880년 11월에 파견이 결정된 영선사는 역시 국내 반대에 부딪혔다. 허원식許元栻·이준선李駿善 등은 청나라에 대한 문화적 우월의식을 근거로 영선사 파견을 반대하였다. 또 초기 영선사로 임명된 조용호趙龍鎬가 출국전 갑자기 병사하는 등 다섯 차례의 연기라는 우여곡절 끝에 1881년 9월에 출발하여 11월 17일에 북경 즉 연경에 도착했다.

---

17) 12명의 핵심관료는 어윤중을 포함하여 박정양(朴定陽), 조준영(趙準永), 엄세영(嚴世永), 강문형(姜文馨), 조병직(趙秉稷), 민종묵(閔種黙), 이헌영(李憲永), 심상학(沈相學), 홍영식(洪英植), 이원회(李元會), 김용원(金鏞元)이다.

1881년 어윤중의 일본·청국 여정

날짜	여정		비고
	국가	내용	
01.11.	조선	동래암행어사의 명을 받음	
01.21.	조선	조사시찰단 출발	
03.20.	조선	동래도착	
04.08.	조선	일본으로 출발(기선)	
04.10.	일본	대마도 도착	
04.11.	일본	나가사키長崎 도착	
04.16.	일본	고베神戶 도착	
04.17.	일본	오사카大阪 도착	
04.20.	일본	교토京都 도착	
04.24.	일본	고베 재도착	
04.26.	일본	도쿄東京로 출발(기선)	
04.28.	일본	요코하마橫濱를 거쳐 도쿄 도착	
08.27.	일본	요코하마에서 서쪽으로 감(기선)	
09.01.	일본	고베에서 조병호·이조연을 만남	
09.06.	일본	고베 출발	
09.09.	일본	나가사키 도착	
09.10.	일본	나가사키 출발	
09.12.	중국	상해上海 도착	09.26. 영선사 출발
09.24.	중국	상해 출발	
10.02.	중국	천진天津 도착	10.10. 이홍장과 만남18)
10.24.	중국	상해 재도착	10.26. 영선사 국경통과
11.01.	일본	나가사키 도착	
11.10.	조선	동래 도착	11.17. 영선사 북경도착 11.30. 영선사 천진도착
12.14.	조선	서울로 돌아옴	

어윤중은 영선사 파견이 계속 늦춰지는 것을 보면서, 청나라에 가

---

18) 반면 김윤식은 북경에서 남쪽으로 15km 떨어진 보정부(保定府)에서 이홍장을 만났다고 한다.

서 기다리겠다고 결심한 듯하다. 하지만 어윤중은 영선사 김윤식을 만나지는 못했다. 그는 그해 9월 12일에 상해에 도착하고, 10월 2일에 천진에 도착하였지만 북경으로 가지 않고 10월 24일 상해로 돌아 왔고 다시 11월 1일 일본 나가사키長岐로 되돌아가 7일에 일본에 파견한 수신사 일행과 합류하여 귀국하였다. 다음은 도표는 일본과 중국에서의 그의 이동 현황이다.19)

이 여정에서 9월 청나라 천진에 도착한 어윤중은 북양대신 이홍장 李鴻章 등을 만났다. 그는 거의 1년간의 일본과·중국을 돌아다니며 복명서를 국왕에게 제출하였다. 그의 이 기록은 초기 조선의 개화정책에 큰 영향을 주었을 것이다.

그의 여정이 여기서 끝나지 않았다. 1882년 귀국한 그는 두 달 뒤에 다시 문의관問議官에 임명되어 청나라에 파견되었다. 그리고 다시 만난 이홍장에게 미국과 수교할 것을 권유받았다. 미국에 대한 긍정적 평가는 이미 박규수, 오경석 등에서 나온다. 당시 동아시아인들은 미국이 영국이나 프랑스와는 달리 통상만을 요구할 뿐 식민지를 만들지 않는다고 여겼다. 그러므로 미국과의 통상은 경제적 이익을 주더라도 국가를 유지하기 위해 열강 중 우군을 만드는 것과 같았다.

동시에 그는 영선사 일환으로 파견된 학생들을 살피기도 했다. 1880년대 초반에 그는 외교통상 분야에서 남다른 업적을 남겼다. 1882년 청나라에서 이홍장과 조미통상수호조규를 협의하고 이후 영국과 독일의 대표를 만아 조영수호조규, 조독수호조규를 협의했다.

---

19) 한국학문헌연구소, 『魚允中全集(從政年表)』, 아세아문화사, 1978, 119~121쪽.
한임선, 「장서각 소장자료 『談草』를 통해 본 魚允中의 개화사상」, 『藏書閣』23, 2010, 191~192쪽에서 재인용.

임오군란으로 잠시 귀국했으나 다시 청나라로 파견을 나갔다. 이때 이홍장의 강요에 의해 조중상민수륙무역장정朝中商民水陸貿易章程에 조인하기도 했다. 실제로 당시 청나라와 일본은 사신들이 서구 열강 으로부터 불평등하게 맺은 조약의 방식을 따라 조선에게도 불평등조 약을 강조하였다.

1884년이 보은에 있던 12월에 갑신정변이 일어났다. 어윤중은 정변 의 기세를 알고 미리 몸을 피했을 지도 모른다. 그 후 그는 정권의 중심부에서 멀어지게 되었다. 어윤중은 또한 동학교도들이 보은집회 를 열었을 때, '민당'이라 칭하며 동정을 표했다고 한다. 이는 암행어 사로 전라도의 지방관을 감찰한 것과도 이어진다. 그는 당시 농민들 의 원성을 알고 있었다. 그리고 그 원성이 동학혁명으로 이어졌음도 깨닫고 있었다. 이는 그가 농민의 아픔을 아는 관료지식인이었음을 보여주는 것이었다.

어윤중은 갑신정변이후 주춤해진 개화사상에 있어서 그 맥을 잇는 사람이었다. 또한 대외정책의 중요성과 더불어 농민을 비롯한 국민의 목소리를 들을 줄 알았다. 비록 그와 김홍집 등이 추진한 갑오경장이 실패하여 비운의 횡사를 하게 되었지만, 당시까지 어윤중의 모습은 탁월한 외교행정가이자 농민들에게도 귀를 기울인 온건한 개화사상 가의 모습이었다.

2) 갑신정변甲申政變

김옥균을 중심으로 한 개화당 세력은 메이지 유신을 따라 자주 부 강한 제국건설을 위한 개화에 몰두하였다. 하지만 임오군란이 청나라에 의해 진압되면 청나라는 조선을 속국으로 삼기를 결정하였다. 청나라는 3,000명의 군대를 조선에 파병하고 대원군을 청나라로 납치하였다. 이러한 가운데 김옥균을 중심으로 한 개화당과 그들의 개화 정책도 청나라로부터 탄압받게 되었다. 특히 명성황후를 중심으로 한 민씨 정권은 임오군란의 효과로 청나라의 속국정책을 따라고 이에 국가의 자존이 크게 흔들렸다. 이러한 배경은 갑신정변이 발발하는 조건이 되었다.

김옥균을 중심으로 한 개화당은 청나라 군대를 몰아내고 자주 독립을 이루기 위해 먼저 나라의 권력을 장악하고자 하였다. 이후 메이지 유신과 같이 위로부터의 개혁을 단행하기로 결의하였다. 박영효는 1883년 3월 부터 약 500명의 장정을 모집하여 신식 군대를 양성하였고, 윤웅렬尹雄烈은 1883년 1월 함경도 북청에서 역시 500명의 신식군대를 양성하였다. 김옥균은 일본으로 유학 간 서재필徐載弼 등 14명의 사관 생도들을 귀국시켜 갑신정변을 준비하였다. 또 43명으로 이뤄진 비밀무장조직 충의계忠義契를 만들어 신복모申福模로 하여금 지휘하게 하는 등 약 1,000명 병사로 무력 정변을 준비하였다.

1884년 청나라와 프랑스 사이의 청불전쟁이 일어나자 김옥균은 청나라에서 벗어나기 위해 갑신정변을 일으켰다. 또 1884년 10월 30일 일본에서 서울로 돌아 온 일본공사 다케조에竹添進一郎도 이 정변에 호의를 보였다. 개화당은 마침내 1884년 12월 4일(음력 10월 17일) 우정국 낙성식 축하연을 계기로 정변을 일으켰다.

개화당은 뒤이어 곧 신 정부 수립에 착수하였고 그해 12월 5일 새로운 개혁 정부가 수립되었음을 공포하였다. 짧은 기간이지만, 이 기간에 혁신 정강이 작성되었으며 현재 김옥균의 『갑신일록甲申日錄』에

14개 조항이 다음과 같이 수록되어 남아 있다.

① 대원군을 가까운 시일 내에 돌려보낼 것, 조공하는 허례를 폐지할 것

② 문벌을 폐지하여 인민 평등의 권을 제정하고, 사람의 능력으로써 관직을 택하게 하지 관직으로써 사람을 택하지 않을 것.

③ 전국의 지조법地租法을 개혁하여 간사한 관리들을 근절하고 백성의 곤란을 구하며 겸하여 국가 재정을 유족하게 할 것

④ 내시부內侍府를 폐지하고 그 중에서 재능 있는 자가 있으면 등용할 것

⑤ 그 동안 국가에 해독을 끼친 탐관오리 중에서 심한 자는 처벌할 것.

⑥ 각 도의 환상제도還上制度는 영구히 폐지할 것

⑦ 규장각을 폐지할 것

⑧ 순사제도巡査制度를 시급히 실시하여 도적을 방지할 것

⑨ 혜상공국惠商公局을 폐지할 것

⑩ 그 동안 유배, 금고禁錮된 사람들을 다시 조사하여 석방할 것

⑪ 4영營을 합하여 1영을 만들고, 영 중에서 장정을 선발하여 근위대近衛隊를 시급히 설치할 것.

⑫ 모든 국가 재정은 호조戶曹로 하여금 관할하게 하며 그 밖의 일체의 재무 관청은 폐지할 것

⑬ 대신과 참찬은 합문閤門 안의 의정소議政所에서 매일 회의를 하여 정사를 결정한 뒤에 왕에게 품한 다음 정령政令을 공포하여 정사를 집행할 것

⑭ 정부는 육조 외에 무릇 불필요한 관청에 속하는 것은 모두 폐지하고 대신과 참찬으로 하여금 토의하여 처리하게 할 것 등이다.

이 14개조는 당시 신정부의 개혁 의지를 담고 있었다. 하지만 청군

의 진압작전에 밀려 개화당의 집권은 삼일천하三日天下가 되었다. 이
후 김옥균·박영효·서광범·서재필·변수邊樹 등 9명은 일본으로 망
명하고, 홍영식·박영교 그리고 사관생도 7명은 고종을 호위하여 청
군에 넘겨준 후 피살되었다. 그 뒤 국내에 남은 개화당 인사들도 철저
히 색출되어 수십 명이 피살되고 말았다.

김옥균, 박영효, 어윤중 등은 주로 일본의 근대 사상을 수용하였다.
비록 이후 갑신정변의 민중의 동의를 얻지 못한 정변이라고 평가되었
지만, 그럼에도 갑신정변은 봉건국가체제를 청산하고 근대국가로의
지향을 추구한 적극저인 행동이었다. 동시에 이 정변이후에도 대한제
국이 근대로 전환하는 방향을 제시하였다. 즉 이후 대한제국은 장차
이들이 주창한 자주독립, 부국강병의 근대국가를 모색하였던 것이다.

제**4**장
《황성신문》의 현실 비판

1 《황성신문》과 실학

1) 실학자의 발굴

《한성순보》이후 조선은 사회적 격변의 시기였다. 1882년 임오군란 壬午軍亂과 1884년 갑신정변甲申政變의 실패는 조선왕조의 말로를 암 시하는 대표적인 사건이었다. 고종은 이후 서구 문명으로의 개화에 부정적이었다. 급진적 개혁에 따른 부작용이 너무 컸기 때문이다. 그 러나 이런 태도는 새로운 시대로의 전환에 부정적이었다. 이후 조선 은 청나라, 일본, 러시아 등 주변국들의 경쟁지가 되었다.

이런 암흑시기에 잠시 계몽의 빛이 비쳤는데, 장지연 등이 주도한 《황성신문》의 창간이었다. 특히 실의 철학과 관련해서 보면, 《황성신 문》은 현재도 실학파로 인식하는 김육·유형원·이익·정약용·박지 원을 발굴하고 특히 정약용의 사상을 적극적으로 확장시켰다는데 있 다. 실제로 정약용이 오늘과 같은 철학적 위상을 갖게 된 측면에서는 《황성신문》의 역할이 컸다. 즉 정약용의 사상을 《황성신문》에 여러 차례 소개하고 장지연에 의해 정약용의 『아방강역고我邦疆域考』 등 일부 저술이 간행하지 않았다면 오늘과 같은 정약용 연구가 형성되기는 어려웠을 것이다.

　당시에도 개혁적 유교 지식인 일부에서는 유교를 현실에 맞게 재해석하여 내부 단결과 근대화를 동시에 추진하고자 하는 시도가 있었다. 이들은 유교의 사회적 영향력은 인정하지만,[1] 조선이 우승열패의 국제질서 속에서 퇴출되지 않기 위해서는 과거 사고에서 벗어나야 한다고 생각했다. 이를 위해 그들은 먼저 조선 유교 제도 하에서 근대적 개혁을 발견하고자 노력하였다. 대체로 이들의 방향은 다음의 세 가지였다.

① 실학복원(1899년 이후) : 김육, 유형원, 이익, 정약용, 박지원 등 실학자 발굴을 통해 제도 개혁과 서구 수용을 도모
② 자강노선(1905년 이후) : 기자箕子 중심의 조선 유학 또는 한국 유교정체성 확립을 추진
③ 유교구신(1908 또는 1909년 이후) : 양명학으로의 전환 또는 기독교 수용을 통한 유교개혁 노선

　장지연은《황성신문》논설을 통해 서구 근대화의 당위성과 필요성과 기존 유교체제에 대한 비판을 지속적으로 발표하였다. 이 글들은 독립협회와 만민공동회의 근대적 개혁운동으로 이어지는 시대적 논의였다. 실학의 복원 역시 이 논설들로부터 시작되었는데, 관련 논설

---

1) 1903년 이후 북삼도를 중심으로 대대적인 선교활동을 편 개신교와 더불어 1910년 한일강제병합 이전까지 한국의 종교계를 양분하였음.

은 1899년 한 해에 6차례 게재되었다.

① 우리나라 경제학 대선생 정약용이 기술한 바를 간략히 적노라(상), 1899.4.17
② 우리나라 경제학 대선생 정약용이 기술한 바를 간략히 적노라(하), 1899.4.18
③ 하늘과 땅 사이에 만가지 무리가 있으니, 1899.5.18.
④ 한국의 경제선생 다산정약용씨가 작성한 수령고적법守令考績法을 왼쪽에 약술하노라(상), 1899.8.3
⑤ 한국의 경제선생 다산정약용씨가 작성한 수령고적법守令考績法을 왼쪽에 약술하노라(하), 1899.8.4
⑥ 왕제편에서 말하길 시일이 이렇다 저렇다 하여 무리를 현혹시키는 자는 죽여라 하였으니, 1899.8.29.[2]

위에서 인용한 정약용의 글은 대부분 『경세유표』의 내용으로[3] 여

---

2) 원제목은 다음과 같다.
   1. 我國의 經濟學大先生 丁茶山若鏞氏의 所述한 바를 摘要ᄒ노라(上), 1899.4.17.
   2. 我國의 經濟學大先生 丁茶山若鏞氏의 所述한 바를 摘要ᄒ노라(下), 1899.4.18.
   3. 天包地環ᄒ 中間에 萬類가 有ᄒ니, 1899.5.18.
   4. 大韓 經濟先生 茶山丁若鏞氏의 所撰한 守令考績法을 左에 略記ᄒ노라(上), 1899.8.3.
   5. 大韓 經濟先生 茶山丁若鏞氏의 所撰한 守令考績法을 左에 略記ᄒ노라(下), 1899.8.4.
   6. 王制(『禮記』의 「왕제편」)曰 爲時日ᄒ야 以疑衆者ᄂ 殺이라 ᄒ니, 1899.8.29.
3) 신용하는 그의 논문 「19세기말 張志淵의 茶山 丁若鏞의 발굴」(2003)에서 장지연의 위 논설이 다산의 목민심서의 고적법을 인용한 것이라 설명하고 있다. 목민심서의 고적법과 경세유표의 고적법은 작성의도나 내용면에서 다소 차이

기서 구상하는 정약용은 이상정치가라기 보다는 당시 국가체제를 개혁하는 인물로 묘사되고 있다. 이는 《황성신문》이 이상정치보다는 현실에 부합하는 개혁론을 촉구한 것과 관련이 깊다. 동시에 근대 전환기 외세에 의한 국가적 위기 상황을 돌파하기 위해서는 정치와 경제 등 실생활로 관심을 돌려야 한다는 언급이기도 하였다. 이후 장지연은 정약용의 저서인『경세유표』를 출간하고,『아방강역고』는 제목과 편제를 일부 조정하여『대한강역고大韓疆域考』(1903)[4]로 출간하였다.

장지연이 1905년 11월 17일「시일야방성대곡是日也放聲大哭」게재로 주필에서 물러나기 전까지 대략 《황성신문》에는 29편 이상의 정약용 관련 논설이 게재되었다. 하지만 이후 장지연이 시도한 애국계몽운동에서 언급한 정약용은 개혁가라기보다는 조선유교도통의 일원으로 묘사되었다. 이는 장지연이 유교를 근간으로 민족 정체성을 세우려는 노력으로 전환하였기 때문이다. 《대한자강회월보》에 연재한「국조고사國朝故事」나 일제강점 초기인 1917년 《매일신보》에 연재한『조선유교연원朝鮮儒敎淵源』에서 다룬 정약용은 이런 사고를 대변하고 있다.

장지연은 박지원『연암집』발간도 주도하였다. 이러한 실학복원은 1905년 이후 박은식, 신채호申采浩(1880~1936), 이기, 이철주, 권덕규權悳奎(1890~1950) 등의 정약용 연구로 이어졌다. 특히 1906년 제재가 풀린 《황성신문》에서도 몇 편의 정약용 논설이 게재되었는데 이는 정약

가 있다. 내용적으로 볼 때, 이 글은 경세유표의 고적법으로 보여진다.
4) 이 책은 1903년『대한강역고』라는 제목으로 편제가 일부 편집되어 발간되었다. 신용하(2003) 참조.

용에 대한 개혁적 유교지식인들의 입장이 지속되었음을 의미한다.

장지연은 가학으로 묻혀 있던 정약용을 발굴하였고 이로써 조선에서 잊혀 진 개혁가들의 실체를 재발견·재평가하는 성과를 낳았다. 이런 경향은 정약용 사후 100주년 때 동아일보 주최로 정인보鄭寅普(1892~?), 최익한崔益翰(1897~?) 등이 참여한 근대적인 기념 학술회로 이어졌고 이후 현재까지 한국 사상계의 새로운 근대적 가치로 정약용을 주목하는 결과로 이어졌다. 그러므로 정약용을 중심으로 한 그의 실학의 발굴은 평가를 받아야 할 것이다.

2) 애국계몽운동과 자강

1905년 을사늑약과 이로 인해 탄생한 통감정치는 조선에 속국체제라는 깊은 상처를 주었다. 동시에 더 이상 독자적인 주권의 행사도 어렵게 만들었다. 이로써 초기《황성신문》등이 주창한 강력한 군주권 또는 통치권을 통한 주체적이고도 근대적인 개혁은 불가능해졌다.

이런 현실을 극복하기 위하여 개혁적 유교지식인들이 모색한 제3의 길이 바로 애국계몽운동이었다. 이 애국계몽운동은 자강을 목표로 하였기에 자강운동이라고 할 수 있다. 자강은 부국강병의 다른 이름으로 대한제국의 독립을 위한 현실의 방안이었다. 자강自強의 어원적 출처는 『주역周易』의 자강불식自彊不息이다. 원문의 의미는 '자연이 변화는 저절로 힘을 쓰되 그치지 않는다'는 것이다. 이를 유교지식인들은 대한제국이 스스로 강해져야 한다는 시대적 당위를 위해 인용하였던 것이다.

애국계몽운동은 기존 전통유교계를 모화慕華, 수구守舊로 규정하고 이를 혁파하기 위한 변화를 촉구하는 한편, 대한정신大韓精神의 민족 정체성을 강조하는 방향으로 전개되었다. 이 운동은 1905년 이후《대한자강회월보》·《서우》이후《서북학회월보》등을 통해 장지연, 박은식, 김원극, 이기 및 신기선 등을 통해 전개되었다. 그런데 이들의 인식배경에는 오래되면 폐단이 생기고 폐단이 생기면 변해야 하고 변하면 통한다久卽弊, 弊卽變, 變卽通는 변통론이 있었다.

> 『상서尙書』에서 말하길 "백성를 새롭게 만든다."라고 하며, 맹자가 말하길 "그로써 왕의 나라를 새롭게 할 수 있다."라고 하였거늘 어찌 지금의 유자들은 옛 것만을 묵수하고 새로운 것을 단호히 거절하며, 『주역周易』에서 말하길 궁하면 변하고 변하면 통한다고 하고 『중용中庸』에서 말하길 밝으면 움직이고 움직이면 변한다 하였거늘 어찌 지금의 유자들은 변을 악으로 통을 금하여 겨울에 베를 입고 여름에 가죽옷을 입으며 땅에서 배를 타고 강에서 수레를 굴리는가?5)

이들은 비록 유교 체제에서 탈피하지는 못했지만, 실학복원파와는 달리 새로운 개혁적 사고를 요구하였다. 이들은 비록 전통 유교를 버리지는 않았지만, 동시에 근대 교육을 장려하고 실업의 증진을 촉구하였다. 동시에 그들은 대한정신이라는 민족적 정체성도 강조하였다.

---

5) 尙書에 曰 作新民이라ᄒᆞ며 孟子ㅣ 曰 亦以新子之國이라 ᄒᆞ셧거ᄂᆞᆯ 奈何로 今之儒者ᄂᆞᆫ 舊만 墨守ᄒᆞ고 新을 牢拒ᄒᆞ며 易에 曰 窮則變ᄒᆞ며 變則通이라 ᄒᆞ고 中庸에 曰 明則動ᄒᆞ고 動則變이라 ᄒᆞ엿거ᄂᆞᆯ 奈何로 今之儒者ᄂᆞᆫ 變을 惡ᄒᆞ고 通을 忌ᄒᆞ야 冬에 葛ᄒᆞ며 夏에 裘ᄒᆞ며 陸에 舟ᄒᆞ며 川에 車코져ᄒᆞᄂᆞ뇨. 박은식, 「舊習改良論」, 《서우》2, 1907.1.

우리 이천만 동포의 할아버지 아버지 아들 손자가 핏줄을 이으며 생명의 지체를 이룬 것이 바로 대한정신이 결집한 바이오. 덕업상권하고 의리상마하여 사람들과 함께 하되 죽어도 버리지 못하는 것이 또한 대한정신이 관철하는 바이다.[6]

하지만 보수적 유교지식인과는 협조하지 않았다. 오히려 그들은 보수적 유교지식인들이 전통 체제 속에서 자신의 지위를 버리지 못한다고 비판하였다. 1900년대 중후반에 이르러서도 조선 사회에서는 봉건적 양반 – 평민의 계급의식이 잔존하였는데, 보수적 유교지식인들은 이러한 인식을 대변하기도 하였다. 또 복고주의가 일시적으로 횡행하였는데, 이런 사회 인식에 편승하여 태극교 같은 신종교가 발생하여 근대 신교육을 반대하고 과거제도 같은 구제도로의 회기를 주장하기도 하였다. 특히 이 종교는 '가입하면 양반이 된다.'는 혹세무민의 선전을 통해 교세를 확장하였다.[7]

이들은 보수적 유교계의 중국 성현 중심의 도통론과 중화주의를 강력히 비판하고 대안으로 기자箕子 · 설총薛聰 · 최충헌崔忠獻 · 이제현李齊賢 · 정몽주鄭夢周로 이어지는 신도통론을 통해 한국의 정체성을 확보하였다. 동시에 보수파들에게 '국가와 유교 중에 어느 것을 선택할 것인가?'라는 정체성 질문을 던졌다

---

6) 我 二千萬 同胞의 祖祖父父子子孫孫이 血脈相承ᄒ야 其有其性命肢體者가 惟 是 大韓精神之所凝結也오 德業相勸ᄒ고 義理相磨ᄒ야 與生俱存ᄒ고 抵死不捨者도 亦惟是 大韓精神之所貫徹也니. 박은식, 「대한정신」, 《대한자강회월보》1호, 1906.7.
7) 「甚矣라 頑固陋儒의 獘害」, 《황성신문》, 1910.3.22 논설

이항로는 한국 유교가의 거벽이오, 야마자키 안사이라 하는 자는 일본 유교가의 거벽이다. 이 두 사람의 학술과 문장을 서로 비교하면 야마자키는 이씨의 문하에 일개 시종의 자리밖에 못갈 자이지만, 이씨는 말하기를 "오늘날 우리의 책임은 유교가 성하고 쇠하는데 있고 국가의 흥하고 망하는 것은 오히려 둘째의 일"이라 하였고 야마자키씨는 말하기를 "만일 우리나라를 와서 침략하는 자가 비록 공자가 장수가 되고 안자, 증자가 선봉이 되었을지라도 나는 마땅히 원수로 적국으로 대접하겠다."하였으니 오호라 한국과 일본의 강하고 약한 것은 곧 두 나라 유교도의 정신을 보아서 가히 판단할 바이로다[8]

이 글은 이항로李恒老(1792~1868)와 야마자키 안사이를 비교하여 유학으로는 야마자키가 이항로에 미치지 못하지만, 국학으로는 야마자키가 이항로를 이기고 있다고 평가하였다. 즉 야마자키의 국가인식이 이항로보다 뛰어나다는 인식이었다. 하지만 이항로와 그의 문인들에

---

8) 리화셔는 한국 유교가의 거벽이오 산긔암제라 흐는쟈는 일본 유교가의 거벽이라 이 두 사름이 학술과 문쟝을 셔로 비교홀진대 산긔씨가 리씨의 문하에 일개 시종의 자리에 밧게 못갈 쟈로라되 리씨는 말흐기를 오늘날 우리의 책임은 유교가 셩흐고 쇠흐는대 잇고 국가의 흥흐고 망흐는 거슨 오히려 둘재의 일이라 흐엿고 산긔씨는 말흐기를 만일 우리나라를 와셔 침로흐는 쟈는 비록 공쟈가 장슈되고 안쟈 증쟈가 션봉이 되엿슬지라도 나는 맛당히 원슈로 뎍국으로 대졉흔다흐엿스니 오호 | 라 한국과 일본의 강흐고 약흔거슨 곳 두 나라 유교도의 졍신을 보와셔 가히 판단홀 바이로다. 「오늘날 종교가에게 구흐는바」,《대한매일신보》, 1909.11.27 ; 박은식의 『몽배금태조』에서도 전통 유림들의 전근대적 인식을 비판한 맥락의 글이 보인다. "乃政體도 不識흐고 時務도 不識흐는 迂儒輩는 曰吾國民은 孝悌忠信의 敎化로 親上死長의 義가 有흐야 秦楚의 堅甲利兵을 制흔다흐고 至于今日까지 尙曰銃砲의 利가 弓午를 不及흔다흐니 如此흔 敎育下에 또 엇지 敵愾禦侮홀 能力이 有흐리오." 朴殷植, 『夢拜金太祖』

122

게 국가정체성이 없었던 것일까?

이항로는 당시 사회를 유지하는 길은 전통 질서의 확립이라고 보았다. 그리고 이것은 성리학의 도덕심성론에서 온다고 보았다. 이항로는 이들 개혁적 유교지식인들보다 더욱 주체적 행동을 강조하였다. 그는 천 또는 리理가 개인의 주체적 행동으로 이어지면 사회질서가 확립된다는 실천 논리를 제시하였다. 다만 위에서 처럼 말한 것은 서구 수용으로 유교의 정신을 잃어버릴 수 있다는 위기에서였다. 이항로는 당시 사회의 유지를 목적으로 전통 질서를 강조하였다. 이러한 과정에서 이항로의 심론은 유학자 스스로의 주체성을 강조하는 논리로 발전하였다. 또 위에서 언급한 이항로의 지문은 기독교에 대한 비판적 인식에서 나온 것이었다.

> 우리가 지금 바로 천지를 위하여 마음을 세우고 유도를 밝혀 (기독교의 포교 행위가) 들불처럼 번지지 않도록 잡아야 하니 국가의 존망은 오히려 그 이후의 일이다.9)

그러나 이 지문은 국가가 차선책이라는 것이 아니라, 국가 주체성을 회복하기 위해서는 근대적 개혁보다 우선 자기 정체성이 중요하다는 것을 강조한 말이다. 즉 이 모든 행위가 국가를 위한 것이었다. 오히려 이항로의 문인인 유인석은 구국의 기치를 내세워 항일투쟁의 길을 걸었다.

하지만 《황성신문》, 《대한매일신보》의 개혁적 유교지식인들은 심지

---

9) 이항로, 『雅言』「洋禍」: 吾人正當爲天地立心, 以明此道汲汲如救焚, 國之存亡猶是第二事.

어 의병운동까지 강력하게 비판하였다. 특히 이들 의병들을 국가보다 유교를 우선시하는 과거 사고에서 벗어나지 못하였다고 지적하였다.

> 금일 제군(의병)을 위하여 충고함은 딴 의도가 아니라 또한 애국의 성의에 발함이니 제군은 깊이 생각하라. 만약 과연 충의의 열성에 안주하여 부득으로 열심히 국권을 회복하고자 할진대, 눈앞의 치욕을 참고 국가의 원대한 계획을 도모하여 일체 무기를 버리고 각자 향리로 돌아가 농자는 농업에 근면하고 공자는 공업을 장려하여 각기 산업에 종사하여 자산을 저축하고 자제를 교육하여 지식을 개발하여 실력을 양성하면 후일에 독립을 회복할 기회가 자연히 도래할지니, 이것이 실로 금일 오인이 마땅히 행할 정당한 의무요. 또한 고금 역사상에서 밝히 보이는 것이라. 어찌 우리들의 억설로만 오해하는가?[10]

이러한 주장은 그들이 과도한 문명론에 사로잡혀 있었음을 보여준다. 유교를 근본으로 하면서 서구를 수용하려는 《황성신문》의 초기 사고는 애국계몽기를 거쳐 서구 중심의 문명개화로 빠지게 되었다. 《황성신문》을 비롯한 애국계몽운동, 자강론자들 중에는 지나치게 서구 문명을 강조하는 경향이 있었다. 그러다 보니 자신과 다른 노선

---

10) 今日諸君을 爲ᄒ야 忠告홈은 非他라 亦愛國의 誠義에 出홈이니 諸君은 深思ᄒ라 若果忠義의 熱誠을 按住키 不得ᄒ야 實心으로 國權을 挽回코져 홀진딕 目前의 恥辱을 忍ᄒ고 國家遠大의 計를 圖ᄒ야 一体兵器를 投ᄒ고 各自 鄕里에 歸ᄒ야 農者ᄂᆞᆫ農業을 勉ᄒ고 工者ᄂᆞᆫ 工業을 勵ᄒ야 各其 産業에 從事ᄒ야 貲産을 貯蓄ᄒ고 子弟를 敎育ᄒ야 智識을 啓發ᄒ며 實力을 養成ᄒ면 異日에 獨立을 恢復홀 事會가 自然可期홀지니 此가 實로 今日吾人의 應行홀 正當義務오 且古今歷史上에 昭然可考홀 者라 엇지 吾輩의 臆說로 提誘홈이리오. 「논설 – 警告義兵諸君」, 《황성신문》 1907.9.25 논설.

심지어는 의병운동까지도 독선적인 태도를 유지했다.

1908년에 이르러 애국계몽운동과 자강론은 더 이상 한국을 주도하지 못하였다. 먼저 1907년 이후 한국사회는 통감정치에 익숙해 갔다. 1890년대 이후 내란과 혼란의 연속이었던 시기 민중들에게 있어서 생활을 유지할 안정은 매우 중요했다. 하지만 자강론자들은 이 같은 국민의 요구를 통합하여 일본 통감정치를 극복할 능력이 부족하였다. 즉 더 이상 개혁의 기치를 올릴 수 없었던 것이다.

둘째, 자강론자들 스스로 전통 유교의 구습을 버리지 못하였다. 이로 인해 근대적 개혁과정에서 부정과 병폐가 잇달았다. 그들은 학교를 수립하면서도 법적으로 금지된 입학금을 받기도 하였고 관료가 되기 위해 수시로 자신의 입장을 바꾸기도 하였다. 그래서 박은식같은 유교지식인은 이런 병폐를 강력하게 지적하였는데,[11] 근본적으로 이 병폐는 전통 유교관의 잔존에서 비롯되었다. 더 나아가 이들 지식인들은 주체성 확립보다 문명개화에 도취되는 한편 진정으로 국민을 개혁의 주체로서 인정하지도 않았다. 오히려 그 위에 군림하려는 우월적 지위에 빠졌던 것이다. 그러므로 자주와 독립이라는 그들의 외침은 과거의 망령으로 변질되었고 근대 국가로의 이행은 이념 속에서나 가능하였다.

셋째, 이들 개혁적 유교지식인들이 국민의 요구를 이끌만한 새로운 이념을 생산하지 못하였다. 봉건적 신분제가 해체되었지만, 과거 퇴

---

11) "萬一 從前 腐敗의 習慣이 尙未盡祛ᄒᆞ야 或 權勢家를 崇拜ᄒᆞ야 奴顔婢膝의 狀態를 모ᄒᆞ거나 或 挾雜 等에 浸染ᄒᆞ야 損人利己의 行爲가 有ᄒᆞ거나 或 固陋ᄒᆞᆫ 舊習을 墨守ᄒᆞ야 刷新 奮勵ᄒᆞᄂᆞᆫ 思想이 無ᄒᆞ면 決코 我西北人物이라 稱謂치 못ᄒᆞᆯ지로다." 박은식, 「사설」, 《서우》 15, 1908.2.

행적 관행과 사고는 여전히 잔존하였고 계층 간의 대립을 발생시켰는데 그들은 이를 극복할 새로운 가치관을 보여주지 못하였다. 오히려 이미 보수적으로 진로를 바꾼 중국 양계초 등을 인용하여 '서구 공화제의 의무교육은 국가의 하향평준화를 가져온다.'는 등의 구시대적 사고를 재생산하고 말았다.

애국계몽운동은 당시를 새 시대로 규정하고 자강론 또는 주체성 확보를 강조하였다. 하지만 이들도 유교체제라는 전통체제에서 완전히 벗어나지는 못하였다. 그러므로 1907년 이후에 이들은 개명開明한 완고頑固라는 비판을 받았다.[12] 근본적으로 개혁 방향이 민의 삶 회복보다는 서구 문명의 수입을 통한 국가 회복이라는 비현실적인 목표에 있었기 때문이다. 특히 자존을 목표로 일으킨 의병운동에 대한 비판은 그들의 민족주의를 의심케 하는 대목이었다. 한편 이러한 한계 속에서 일부는 기존 유교 체제에 대한 근본적인 변화를 요구하기 시작하였다. 그 중에는 유교의 변화를 촉구하는 운동도 있었다. 이는 한국 근대 유교의 시작이기도 하였다.

3) 현실 인식의 굴절

갑신정변의 실패 그리고 동학혁명 그리고 독립협회의 해산은 서구 문물에 대한 새로운 관점을 만들어 냈다. 한편 그들의 국정 개념은 개혁적 유교지식인들에게도 서구 문물의 수용으로 이어졌다.《황성신

---

12) "若 如此면 寧히 全國人으로 ᄒ야금 頑固ᄒ 頑固ᄂ 될지언정 開明ᄒ 頑固ᄂ 不願홀지니 向云ᄒᄂ바 夢譫이 醒譫을 不願홀 者ㅣ라." 윤상현, 「告社會志士諸公」, 『기호흥학회월보』 제3호, 1908.10.

문》에는 당시 사회에서 진정한 학문 즉 실학에 대한 새로운 관점이 나타나기 출현하였다. 그것은 이전 개화파의 서구 중심의 실학관이 아닌 '진정한 유교의 정신을 찾아 이를 근거로 서구 문명을 수용하려는 것'이었다. 즉 그들은 '유교의 근본정신과 서구 문명이 다르지 않다.'고 보았던 것이다.

《황성신문》은 당시 보수적 유림들을 조선이 자주적 근대국가로 나가지 못하는 중요한 원인으로 보았다. 정약용 등 실학자들을 발굴한 일면에도 도덕심성론과 의리명분만을 강조한 보수적 유림들의 비판이 자리 잡고 있다. 동시에 이들은 당시 조선의 위기를 빈민약국으로 설명하고 있다. 그런데 국민이 가난한 것과 국가가 약한 것에는 어떤 관계가 있는가? 이것은 이들이 국민을 통치의 대상으로만 보아왔던 기존 사고에서 벗어나 국민이 국가의 중심 또는 중심적 위치라는 것을 스스로 인정한 것이다. 즉 빈민이 약국의 원인이었던 것이다.

빈민이란 단순히 경제적인 문제만이 아니다. 근본적으로 경제적인 문제이지만, 이에 대한 정치적 해결 없이는 국가에 대한 존경과 믿음 나아가 애국심을 기대하기 어렵고 동의도 구할 수 없었기 때문이다. 《황성신문》은 이를 위해 초기에는 관료들의 의식 개혁을 주문하였다. 이 신문에 의하면, 1894년 동학혁명이후 삼남지방에는 집과 가산을 잃고 산 속에 은거하는 사람들이 많았다. 그런데 관료들 중에는 이들을 정착시켜 증산을 도모하지 않고 오히려 이들을 동학도로 몰아 자신의 지방통제권을 확고히 하려는 이들이 있었다. 이에 대해 《황성신문》은 다음과 같이 강하게 비판하고 있다.

대저 동비라 유민이라 하는 자들도 다른 종자가 아니라, 본래 우리 황상의 적자이건마는 교육 학문에 주지가 부족하고 의지할 곳 또한 없는 인민으로 탐학관리의 살을 벗기는 학정에 곤고함을 견디지 못하여 몇몇이 모여 또 당을 이룬 것이다. 비록 죄를 사면할 수는 없으나 그 심정의 근원을 보면 해당 관리가 수용해야 한다. 그런즉, '민우'라 칭함은 가능하지만 '동학'이라 부르는 것은 불가하고 원한을 풀게 하고 깨우치는 것은 가능하지만 파병함은 불가할 따름이다. 민심은 인의로 열복케 하여야 인仁으로 돌아와 은혜에 감복하여 다시 발발하지 않을 것이니, 무력으로 복종시키면 구정물은 잠깐 맑아지나 찌꺼기가 다 없어지지 않을까 두려우니 차라리 이만 못하다.[13]

동학의 원인은 학정에 있었다. 그들은 비록 동학혁명 같은 국가적 반란을 인정할 순 없지만, 보다 근원적인 치료책을 요구하였던 것이다. 그것은 비록 유교의 민본사상과 연결된 전통적 인정仁政이지만, 동시에 국가 산업의 증산 근대적 목표와도 일치하였다. 때문에 정약용을 발굴함에 있어서 『경세유표』, 『목민심서』 등에 있는 고적법考績法을 함께 제시하였던 것이다.

이러한 관점은 국가 개혁의 방향을 대외 문제로만 인식하지 않고 대내의 민생 문제로 전환시키는 부분이라 할 수 있다. 조선의 국가

---

13) 大抵東匪라 莠民이라ᄒᆞᄂᆞᆫ 者도 不是異種이오 本是吾皇赤子이언마ᄂᆞᆫ 敎育學問에 主志가 不足홈으로 依附寄着에 方向이 亦無ᄒᆞᆫ 人民으로 貪虐官吏의 剝割ᄒᆞᄂᆞᆫ 酷政에 困苦를 不堪ᄒᆞ야 聚首嗷嗷ᄒᆞ야 嘯黨引拏ᄒᆞᆫ 罪不可赦로ᄃᆡ 究其情原이면 該官吏의 馴致歐入함인즉 民擾라 稱함은 可커니와 東學이라 喚做함은 不可ᄒᆞ고 解諭함은 可커니와 派兵함은 不可ᄒᆞ도다 民心은 仁義로 悅服케ᄒᆞ여야 歸仁感恩ᄒᆞ야 不復梗化할것이오 威力壓伏이면 汚濁은 暫澄ᄒᆞ나 渣滓가 不盡할가 窃恐ᄒᆞ거니와 不寧惟是라.「논설－欲淸莠民先汰虐吏」, 『황성신문』, 1900.3.9.

128

개혁은 위로부터의 개혁이 주를 이루었다. 그러다 보니 국민들의 삶과는 동떨어진 것이었고 그들의 협력을 바라지도 또 구하기도 않았다. 특히 국가 재정의 빈곤은 당시 지속적인 문제였는데, 이를 극복하기 위해서는 산업의 발전이 무엇보다 중요했고 산업의 발전을 위해서는 국민의 적극적인 참여가 필요했던 것이다. 결국 이러한 현실 인식이 '국가의 부강은 산업의 발전에 있었고 산업의 발전은 민생의 안정에 있다.'는 사고로 이어진 것이다.

즉 이 시기《황성신문》의 새로운 유교관은 전통적인 도덕심성론의 폐기와 더불어 서구 중심의 문명관의 비판적 수용이라는 대안 제시에서, 빈민약국이라는 현실을 극복하기 위한 서구 문명의 수용을 전제로 한 '실학'으로 발전하였다. 또 이러한 민생의 문제는 '民智'로 이어졌다. 민지론은 양계초가 주창한 것으로 한국에서는 1905년 을사늑약 이후 창설된 대한자강회에서 사용한 계몽 구호였다.[14] 당시 민생과 민지는 동전의 양면과도 같았다. 민생의 안정을 위해서는 근대적 지식이 필요했기 때문이다. 국가의 발전을 위해서는 국민이 근대적 생산관계에 참여할 수 있을 정도의 지적 능력이 요구되었다. 물론 이 민지는 국민주권과 같은 근대적 시민권이나 주권 의식으로 확대되지

---

14) 하지만 양계초의 민지론과 대한자강회 등 애국계몽운동의 민지론과는 일정한 차이가 보인다. 양계초는 민지와 함께 민력, 민덕의 세 가지 가치를 신국가의 기초로 삼았다. 민지는 국민의 지적 능력이고, 민력은 의력(毅力)으로써 실천력이며, 민덕은 국민의 도덕성의 의미이다. 그런데《황성신문》을 비롯한 당시 한국의 계몽주의자들은 오로지 민지만을 강조했다. 그 이유는 분명하지 않지만, 당시 한국 계몽주의자들은 민지가 가장 우선으로, 민력은 민지가 이루어지면 자연히 따른 것이며, 민덕은 이미 오랫동안 유교적 가치가 부식되어 다시 언급할 필요가 없다고 생각다고 볼 수 있다.

는 않았다.

　을사늑약이후 교육관련 법안이 시행되자, 이러한 민지론은 급속하게 확산되었다.15) 서울뿐만 아니라 지방에도 각종 학교들이 문을 열고 국민들을 대상으로 신지식을 가르치고자 하였다. 대개 근대적 학교를 세우는 이들은 《황성신문》과 일정한 사상적 공감이 있었다. 이들은 실학을 다음과 같이 설명하였다.

　　오직 지금 우리나라가 열강에 비해 약하게 된 것은 바로 배우는 바가 실을 버리고 허를 따랐기 때문이다. 지금 열방의 학교를 보건대 즉 사람 중에서 여자도 있어 입학하지 않음이 없이 7, 8세가 되면 강제로 소학교에 입학하고, 독서와 작문의 시간에 부모를 사랑하고 임금에 충성함에 뜻을 세우고 또 천하의 사람으로서 동포를 형제로 삼아서 사랑하고 벗 삼기를 당연한 것으로 삼아 움직이며 노래하고 암송하니 골수에 속속들이 배이니 멀리 있어도 이와 같으니 하물며 골육에게서야 (더 말하겠는가?) 또 언어, 수학, 위생, 체조, 지리, 역사 등의 과목으로 다음에는 중학과 대학으로 이동하고 각각 전문학에 들어가니 곧 농학·상학·이학·화학·광학·의학·기계학· 조직학·법률학·경제학·정치학 등의 허다한 실학이 이것이다.16)

---

15) 《황성신문》에서 민지라는 용어는 1905년 이후에 등장한다. 그것도 초기에는 주로 대한자강회의 연설문 등에서 볼수 있고 논설진이 스스로 사용한 적은 거의 없다. 그러나 1907년 이후 근대적 교육이 전국적으로 확산되자 《황성신문》에서도 민지라는 용어가 비로소 정제되어 사용되고 있다. ; 教育이 不振에 人智가 朦昧ᄒ야 斯國이 日陷於悲感ᄒᄃᆡ 斯民이 尙不覺悟ᄒ고 世界가 日進 於競爭ᄒᄃᆡ 斯民이 獨無奮發ᄒ니 將欲振興教育에 大發民知ᄂᆞᆫ딘 果有何策 이며 現今 零星之學校에 各處私立은 以財力之未贍으로 纔起旋仆者ㅣ 比比 矣오 又無論 官公私立ᄒ고 敎科書籍은 不完全 不精備ᄒ며 學校規則은 不 劃一 不妥定ᄒ야. 「논설」, 『황성신문』, 1907.2.19.

16) 我 國之弱於列邦者ᄂᆫ 正因所學之捨實徒虛矣라 今觀列邦學校之目則人之

이들은 대학의 수신, 제가, 치국, 평천하의 도를 위해 당대에는 서구의 학문을 받아들여 가르쳐야 한다고 주장하고 있다. 그러므로 이들에게 서구의 학문은 실학에 가까운 것으로 더 나아가 그것을 '실학'이라고까지 변화하고 있었던 것이다. 과거와는 달리 근대전환기에 들면서, 실학 개념은 그 사상적 중심이 전통과 서구라는 양단속에서 나선형으로 발전해 왔지만, 점차 유교의 '진정한 학문', '참된 학문'이라는 사고에서 서구 문명, 나아가 서구 중심적으로 고착화되고 있었던 것이다.

유교를 근본으로 하면서 서구를 수용하려는 《황성신문》의 초기 사고 역시, 이 시기를 기점으로 다시 서구 중심의 문명개화로 빠지게 되었다. 즉 《황성신문》을 비롯한 자강론자, 애국계몽운동가들 중에는 지나치게 서구, 또는 신교육을 강조하는 양상이 나타났다. 그러다 보니, 그들은 자신과 다른 노선의 독립운동에 대해서는 독선적인 태도로 비판하였다. 특히 이들은 의병활동을 매우 비판적이었다.

이러한 《황성신문》의 태도는, 의도한 것이건 아니건 간에, 일본의

有女子者無不入學而爲七八歲則强入於小學校ᄒᆞ야 讀書作文之際에 立志於愛親忠君而又以天下之人으로 謂之同胞兄弟라ᄒᆞ야 愛之友之를 作爲當行而歌之誦之에 浹於骨髓ᄒᆞ니 遠邇도 如是온 況於骨肉乎아 且以語學筭術衛生體操地誌歷史等科로 次第遷于中學大學ᄒᆞ야 各入於專門學하니 乃農學商學理學化學礦學醫學機械學織組學法律學經濟學政治學等許多實學이 是也라. 「能川郡 私立開通學校 各面里廣告」, 『황성신문』, 1906.5.19. 웅천은 현재 현재 경상남도 창원시 진해구 웅천에 해당한다. 개통학교는 당시 웅천에 세워진 근대 교육 기관으로, 주기효(교장) 및 김구석, 양주용(영어)이 설립하였고, 보통과와 고등과(2년제)를 설치 운영하였다. 이후 일제 강점기인 1915년 폐교되었다가, 1917년 웅천 공립 보통학교로 개편되었다. 현재 웅천초등학교의 전신이다.

한반도 식민지화의 일정한 도움을 준 것은 사실이다. 이러한 그들의 독선적인 태도는 보수적 유교지식인들 못지않았기에, 더 이상 그들의 주장에는 '실학'이 있지 않았다. 그러므로 1907년을 기점으로 《황성신문》 등의 민지론자들이나 교육론을 통한 근대적 생산관계의 수용론자들은 일명 '개명한 완고'라는 지적을 받게 된다.

> 우리 한국의 국시는 어느 날에 완정하고 자유독립의 치평문화를 어느 날에야 기뻐 보리오. 제공이 과연 열성을 발하여 국민에게 제하되 국가가 이득이 되고 국민이 편한한 일이어든 일마다 몸소 먼저 행동하여 날마다 쌓이고 달마다 누적되어, (중략) 文明의 길로 힘써 달려 나가리니 그 후에야 식산을 비로소 말하고 교육을 비로소 주창할지니 만약 일반 사회는 의연히 구일폐습에 머무르고 지방의 완고한 이들더러 구습을 통기하가 하면 믿을 사람이 누가 있으리오 만일 제공이 이런 구습을 끊지 못하고 국민을 개도한다 하면 (중략) 만약 이와 같다면 전 국민으로 하여금 완고한 완고는 될지언정 개명한 완고는 원하지 않게 할지니 앞으로 말하길 꿈에서 깨어나기를 바라지 않는 자가 할 것이다.[17]

---

17) 我韓의 國是는 何日에는 完定ᄒ야 自由獨立의 治平文化를 何日에야 快見ᄒ리오 諸公이 果然熱誠을 揮擲ᄒ야 國民에게 表示ᄒ되 國이 利코 民이 便ᄒᆯ 事어든 事事이〈18〉身先行之ᄒ야 日積一日ᄒ고 月累一月ᄒ면 (중략) 長驅疾趨於文明之軌矣리니 然後에야 殖産을 始言ᄒᆯ지며 敎育을 始倡ᄒᆯ지니 若 一般社會는 依然히 舊日弊習을 吝留ᄒ고 地方頑固다려 舊習을 痛棄ᄒ라 ᄒ면 信用ᄒᆯ 者ㅣ 何人이리오 萬一 諸公이 此習에 斷腕치 못ᄒ고 國民을 開導코져 ᄒ면 (중략) 若 如此면 寧히 全國人으로 ᄒ야금 頑固ᄒᆫ 頑固는 될지언졍 開明ᄒᆫ 頑固는 不願ᄒᆯ지니 向云ᄒᆫ바 夢譫이 醒譫을 不願ᄒᆯ 者ㅣ라. 諸公은 다 開明의 先進이라 如此ᄒᆯ 理由가 豈有ᄒ리오 마는 敬코 愛키 深ᄒᆫ 故로 望코 待키 厚ᄒ야 此等 過憂를 仰獻ᄒ노니 恕諒採納ᄒ시기를 望ᄒ노라. 尹商鉉, 「告社會志士諸公」, 『기호흥학회월보』 제3호, 1908.10.25.

당시《황성신문》을 비롯한 당시 애국계몽운동가들은 전통 학문을 비하하였다. 이런 결과는 결국 국민들을 외면으로 이어졌다. 도덕심 성론을 위주로 한 전통 성리학은 근대적 학교의 보급으로 점차 설 자리를 잃어갔다. 이러한 시대적 양상 하에 개혁적 유교지식인들은 특히 지방의 유림들을 인정하지 않았다. 이들 역시 보수적 유교지식 인들이 과거 농상공을 비하한 것처럼 차별적 행위를 이어갔고, 때문 에 전통유림은 물론 보통이하의 국민들에게도 지지를 받기 어려웠다.

그리고 당시 사회의 주된 모순을 독립이나 자강에 두기 보다는 산 업의 발전, 민지, 교육 등으로 본 점이다. 식산, 민지, 교육 등은 모두 독립과 자강을 위한 것이지만, 이것이 바로 독립으로 이어지기는 어 려웠다. 이미 을사늑약으로 국권이 침탈당한 상태에서 한국 사회에서 는 의병 활동 등의 적극적인 국권회복 운동이 일어났지만,《황성신 문》등의 자강론자들은 이들을 '국왕의 권위에 반대하고, 사회 불안을 유발시켜 산업과 교육에 방해가 된다.'고 평가절하했기 때문이다.

이러한 활동이 궁극적으로는 한국을 식민지화하려는 일본의 의도 와도 연결되었다. 그러므로 1910년 한일강제합방에 다가갈수록 더 이 상 교육을 통한 서구 수용이 당시에 부합하는 실학으로서의 가치를 상실하게 되고 만 것이다.

2 근대 국가로의 이행

1) 국정 목표의 변화

1910년이 가까워질수록《황성신문》은 유교 지식인의 각성을 외쳤지만 이 역시 서구식 문명개화를 기반으로 하고 있었다. 이들이 서구 문명의 수용을 주장한 초기에는 아직 한국에서 서구 문명에 대한 깊은 반감이 있었다. 이와는 달리 초기 《황성신문》은 실사구시의 정신을 근거로 유교를 종지로 삼고 서구 문명을 수용하고자 하였다. 실학자들의 발굴도 이 같은 의도에서 출발하였다. 또 유교의 민본주의 이론 하에서 경세적 측면을 강조한 이들의 학문을 서구 학문과 비견하면서 서구 학문에 대한 기존 국민들의 반감을 해소시키고자 하였다. 그러므로 이 시기 그들의 '실학'은 유교와 서구 학문과의 융합 또는 유교에 기반한 서구 학문의 수용이었던 것이다.

그들의 궁극적 목표는 부민강국이었지만, 현실적 목표는 민생안정이었다. 비록 서구와 같은 완전한 주권 개념은 아니지만, 그들은 민생을 언급함으로써 이전까지 피통치자였던 국민을 국력의 중심으로 만들었다. 하지만, 이들은 국민의 주체적 의사 표현에 대해서는 부정적인 태도로 일관했다. 특히 동학이나 의병은 유교라는 국가적 종지를 흔드는 것으로 심각한 반란 행위라 생각하였다. 하지만 동학에 대해서 그 원인이 학정에 있었다는 점을 꼬집고 지방 관료의 반성을 요구하기도 했다.

1905년 을사늑약을 거치면서 《황성신문》의 이러한 서구 수용의 정신은 전국으로 퍼져 나갔다. 《황성신문》의 논설, 기사 및 광고 등에서 나타나듯이 근대 학교를 통한 교육열의 확산은 전국적인 것이었다. 그러자 점차 《황성신문》은 국가의 직접적인 독립 활동보다는 여전히 민지만이 국권회복의 유일한 길이라는 독선으로 빠지게 되었다.

박은식은 『몽배금태조』에서 '과거 자신과 함께 한 인사들이 현재는 친일의 나락에 빠져 있다.'고 적고 있다. 객관적인 현실이 인간의 삶에서 중요하지만 그것이 곧 행복과 안위를 보장하는 것은 아니다. 또한 그것만을 '실학'이라고 볼 수도 없다. 위에서 보았듯이 우리는 고려시대부터 근대전환기까지 '실학'이라는 용어에 많은 변화가 있었음을 확인했다. 그것은 때때로 객관 사물로도 이해되고, 인간의 심성으로도 여겨졌다. 그러므로 '실학'은 가변적이었다. 시대의 변화에 따라 실학의 대상도 변해갔기 때문이다.

《황성신문》의 실학 또는 실의 철학은 객관 현실에 중점을 두었다. 그 방법은 당시 빈민약국의 상황을 극복하기 위해 또 다른 실용 학문인 서구 문명을 수용하는 것이었다. 이 사고는 초기부터 1898년 창간이후 줄곧 벗어나지 않았던 중요한 근대지향적 발전관이었다. 김현우의 연구에 의하면 《황성신문》의 논설은 "국가개혁"과 "국민교육"에 비중이 높았다.[18] 세부적으로는 1910년으로 갈수록 국가개혁 중 국정개혁에 관한 논설은 점차 줄어드는 반면, 교육, 사회, 지방의 비중이 높아지는 것을 알 수 있다. 이는 1905년 을사늑약이후 개혁의 효과를 높이기 위해 중앙정부의 통제력이 적은 지방, 교육, 사회 등 분야에 관한 논설이 증가했다고 볼 수 있다. 국민의식에 대한 분야는 전반적으로 고른 분포를 나타내지만, 서구 수용과 관련한 '문명론'에 대해서는 급격히 줄어드는 것을 알 수 있다. 문명론은 일본과 같은 근대적 국가로의 이행에 기본 이념이었다. 대신 우승열패식의 사회진화론적 국제질서에 대한 설명이 더 많아졌다. 이는 이 시기 《황성신문》이 근대국가로의 이행보다 국가 존망이 더 시급한 문제라고 인식했음을

---

18) 김현우, 「《황성신문》과 근대 유교의 전개」, 『유교사상문화연구』73, 한국유교학회, 2018 참조.

보여주는 것이다. 이외에도 1900년대 후반으로 갈수록 유교, 역사, 전통 문화 등 한국 전통에 대한 논설이 다수 등장하고 있는데, 이 역시 일본에 의한 국권 침탈이 가속화하면서 전통에 기인하는 민족주의적 특성을 대변한다고 보여 진다.

동시에 이 신문의 참여자들은 개혁적 유교지식인들로 근본적으로 전통 유교를 부정하지는 않았지만, 방법 면에서는 기존 전통 유림들과는 완연히 달랐다. 대체로 유림들은 대의명분을 중심으로 전통의 회복 또는 복귀를 주장했고 그 결과 척사위정을 표방했다. 반면《황성신문》은 서구문명으로의 근대이행이 불가피한 것으로 판단했다. 우승열패 약육강식優勝劣敗, 弱肉強食의 사회진화론적 세계질서 속에서 대한제국의 선택은 제한적이었다. 그리고 가장 빨리 그들과 경쟁할 체제를 만드는 것이 급선무였다. 이런 과정에서《황성신문》의 선택은 국가개혁과 국민계몽이었던 것이다.

《황성신문》은 기존 유림과는 다른 근대지향의 유교지식인들을 중심으로 운영되었다. 이들이 개혁을 주장했지만 근본적인 근대사회로의 이행이라기보다는 방법론상에서의 전환이라는 한계가 있기 때문이다. 또 그들은 기존 유교질서를 완전히 부정하지 않았다. 그런 점에서 보수적 유림들의 사상과도 일정한 교집합이 있었다. 그러므로 이들의 가치관은 완전히 근대적이지는 못하였기에 '개혁'이나 '구신'이라는 용어 대신 '개혁적'이라는 정도로 평가되기도 한다.

이들의 개혁론은 을사늑약을 기점으로 그 중점이 국가개혁에서 국민계몽으로 전환되었다. 세부적으로 국가 개혁론은 정부개혁과 교육개혁, 지방개혁, 사회개혁으로 나누어진다. 정부개혁은 국가개혁의 핵심이었다. 정부가 곧 국가로 인식되었을 만큼 그 기능과 역할이 컸던 시기였지만, 당시 정부는 무능하게도 내치와 외교 모두 실패하고 있었다.《황성신문》은 이러한 실정을 유교의 재구성을 통해 문제점을 분석하고 공직자의 청렴, 인사의 공정, 인재의 등용을 해답으로 내놓았다. 이는 모두 유교의 정치관에서 출발한 것이다. 교육·지방·사회의 개혁도 역시 중요하였다. 교육개혁이란 교육제도의 개혁을 의미한다. 과거의 학제로는 근대교육을 수행할 수 없기에 서구문물의 수용을 가르칠 제도의 개선이 필요했다.

한편 지방관의 횡포와 학정은 지방개혁에도 관심을 가지게 되었다. 특히 전통 유림 중심의 신분제 사회 역시 개선해야 할 대상이었다. 그 방향은 국민의식의 함양과 서구문명론의 제시였다. 국민의식에서는 국민들의 근대의식 고양을 식산흥업殖産興業과 연결되었고 서구문명론은 전통문명론의 쇠퇴와 이어졌다. 특히 국민의식 고양은 을사늑약이후 실질적으로 국가개혁이 좌초되면서 자주국가 회복의 대안으로 제시되었다. 식산흥업에 대한 강한 갈망에는 서구 중심의 문명론이 있었다. 이들은 더 나은 삶을 추구하는 과정에서 국가와 사회가 독립할 수 있다는 이상을 제시했다. 그러나 거대한 정치적 이해관계 속에서 이루어진 일본의 한반도 진출이 이 같은 국민 개인의 노력으로 해소될 리는 만무했다. 오히려 이들의 논리는 친일의 논리로 흘렀다.

《황성신문》은 당시 개혁적 유교지식인들의 근대관이 투영된 집단 창작물로 비록 공과가 있지만 이들의 담론은 당시 사회에서 큰 반향을 일으켰다. 많은 사람의 심금을 울리고 정체되었던 봉건사회를 극복하는 근대 패러다임도 일부 제시하였다. 그럼에도 그들의 한계는 분명했다. 개인의 주체성을 확보하지 못한 채 국가의 독립을 주장하는 우를 범했기 때문이다.

2) 정부개혁의 주창

정부개혁이란 구체적으로 대한제국 정부를 대상으로 한 개혁을 의미한다. 여기에는 전통 국가체제에서 벗어나 근대 국민국가nation state로의 이행이 들어있지만 당시 전통에 대한 비판과 근대 이행의 당위성도 동시에 필요했다. 때문에 국가개혁에는 정부개혁과 더불어 교육제도의 개혁, 지방의 개혁, 사회 인식의 개혁 등이 함께 거론되었다. 또 국정의 합리화와, 주변국과의 관계 정립 및 새로운 근대 질서에 대한 이해도 포함되었다. 그 출발로서《황성신문》은 신진 관료의 등용을 제시하였다.

> 대저 정부의 용인用人함은 장인匠人의 용재用材함과 같아서 각각 그 사용처에 적의適宜함을 취하느니 어떤 것인가? (중략) 정부도 또한 이렇게 하여 관직을 조직할 때 먼저 법률法律과 장정章程을 세우고 인원人員의 덕망과 재질을 분별하여 장래의 합당한 자는 장상將相에 임하고 육경六卿에 합당한 자는 육경에 임하고 기타 안으로 백 가지 집사執事와 밖으로 방백方伯, 수령守令이라도 각각 그 직에 합당하게 하면 몇 년을 지나지 않아 부강한 일국一國이라.[19]

신진 관료의 등용은 시의에 부합하여 국가개혁을 주도할 새로운 세대의 출현을 의미했다. 동시에 당시 정부 관료들의 무능도 비판했

---

19) 夫政府의 用人홈은 匠氏의 用材홈과 同ᄒ야 各其用處에 適宜홈을 取ᄒᄂ니 何者오 (중략) 政府도 亦然ᄒ야 官職을 組織홀시몬져 法律과 章程을 定ᄒ고 人員의 德望과 才質을 分別ᄒ야 將相에 合當흔 者ᄂ 將相을 任ᄒ고 六卿에 合當흔 者ᄂ 六卿을 任ᄒ고 其他內而百執事와 外而方伯守令이라도 各히 其職에 當케ᄒ면 幾年을 不過ᄒ야 富强흔 一國이라 「夫政府의 用人홈은」《황성신문》 1898.9.5.

138

다. 조선 정부도 개항이후 서구의 근대문명을 수용하기 위해 다방면으로 노력을 기울여 왔다. 대표적으로 1881년 일본과 청나라에 파견한 신사유람단, 영선사領選使 등이 있다.

하지만 구체제 인사들이 여전히 권력을 잡고 있었고, 파견된 이들 대부분은 기존 정부 권력으로부터 멀어져 있었다. 《황성신문》은 이들 관료와 지방 유림을 모두 시류를 모르고 자신의 이익만을 탐하는 자들로 묘사하였다. 특히 새로운 학문을 수용하고 발전시킬 기상이 없다고 비판하였다.

> 대한제국과 청나라 양국 병폐의 본원을 상고하면 (중략) 우리 한국은 수백년이래 사색편당이 고질하여 해소되지 않다가 지금에 이르러서는 수구라 말하고 개화라 말하는 양당이 또한 나누어져 비록 한나라 사람이라도 진월과 같이 서로 보고만 있을뿐더러 위에 있는 자는 법률장정은 문구로 도귀하여 나라의 병폐와 국민의 고통은 나아짐에 대책이 없고 오로지 경알傾軋을 종일 일삼아 자기의 이익만을 숨어서 도모하며 아래에 있는 자는 완루頑陋한 구습을 고집하여 학문의 신진新進을 모두 잊었다. 금일 동양이 위망지추危亡之秋를 당하여도 눈이 어두워 깨닫지 못하고 한가로이 스스로 만족하며 지내서 진흥할 기상이 없으니 이와 같아서야 어찌 유신함을 기약하며 부강함을 희망하리오![20]

---

20) 韓淸兩國에 國弊本源을 溯考ᄒ건ᄃᆡ (중략) 我國은 數百年來로 四色偏黨이 痼結不解ᄒ다가 到今ᄒ야ᄂᆞᆫ 曰 守舊 曰 開化 兩黨이 亦分ᄒ야 雖一國人이라도 秦越과 如ᄒ게 相視할 뿐더러 在上者ᄂᆞᆫ 法律章程은 文具로 徒歸ᄒ며 國弊民瘼은 矯捄가 沒策ᄒ고 但傾軋을 日事ᄒ야 肥己만 暗圖ᄒ며 在下者ᄂᆞᆫ 頑陋의 舊習을 膠守ᄒ고 學問의 新進이 全昧ᄒ야 今日 東洋이 危亡之秋를 當ᄒ야도 曚然不覺ᄒ고 優遊自在하야 振發할 氣像이 無하니 如此하고야 엇지 維新함을 期하며 富强함을 望하리오. 「淸議報에 東亞事勢를 論ᄒ여」, 1899.3.1.

《황성신문》은 국가개혁은 구습의 병폐와의 단절에서 출발한다고 보았다. 이것은 다시 네 가지의 단계를 거쳐 부국강병의 길로 갈 수 있다고 보았다. 첫째는 관료들의 도덕성 회복이고, 둘째는 신지식인의 등용이며, 셋째는 신지식인을 통한 중앙 및 지방 정부조직의 개혁이고, 마지막으로는 근대 서구 산업의 장려이다. 하지만 당시 관료들은 매관매직과 부정부패로 물들어 있었다. 이것은 국가 정책과 재정의 비효율적 운영을 가져왔다. 동시에 일반 백성들은 학정에 시달려야 했다.

《황성신문》은 당시 의정대신 윤용선의 행동을 들어 '매관매직과 부정부패의 실상을 고발하고 이를 근거로 정부와 관료 그리고 국민을 바르게 한다.(正朝庭, 正百官, 正萬民)'는 삼정의 원칙을 세워 나갔다. 이것은 전통의 유교가치관을 새롭게 해석하여 당시 시대의 모순을 극복하려는 시도로 성리학적 체제를 묵수한 기존 사람들과는 다른 양상이었다. 이러한 지적을 근거로《황성신문》은 기존 관료들을 신문화를 수용한 인재로 대체할 것을 주장하였다. 그리하여 '일본은 일찍이 서구로 유학하여 서구신학문으로 민지民智를 계발하고 일본 사회에 반영하였는데, 한국도 일찍이 몇 년 전에 자제를 파송하여 일본에 유학시킴이 있었지만 아직까지 어떤 운용의 결실이 있다고 듣지 못하였다."고 비판하였다. 이는 외국에서 서구문명을 교육받은 인재들을 등용하여 구질서와의 단절을 의미한 것이다.

이러한 지적은 당시 조정의 비효율성 그리고 무능과 관련이 깊다. 하지만 신문명을 수용한 세대로의 교체 주장은 수용되지 않았다. 《황성신문》은 이런 행태 모두를 전통 체제의 병폐로 인식했다. 기존 관료들은 국내는 물론 국제관계에서도 구질서를 벗어나지 못했다. 동아시아에도 사대주의 조공체제에서 벗어나 우승열패 양육강식(優勝劣敗 弱肉强食)의 사회진화론 체제로 접어들었다. 이는 결국 대국에 의존해서 자국의 독립을 지킬 수 없다는 각성으로 이어졌다. 이를 《황성신문》은 국권國權의 문제라고 명시하였다.

> 국권이라는 것은 나라와 나라가 서로 마주하는 권리이다. 그러므로 안으로의 정치와 밖으로의 외교는 독립자주의 권리를 유지하여 강토와 생명과 재산에 대하여 능히 스스로 강하게 하고 스스로 보호하는 것으로, 척촌尺寸의 이권으로써 타인에게 양보할 수 없고 추호秋毫의 수치로써 남에게 구속받지 않는 것이 바로 고유한 국권이다.21)

이러한 입장은 청나라, 일본, 러시아 등 주변국의 한반도 지배 야욕속에서 대한제국의 자주독립을 지키려는 사고와 연장된다. 1904년 러일전쟁이 일본의 승리로 점철되자, 《황성신문》은 더욱 강하게 국가개혁을 강조하였다. 이는 을사늑약이라는 보호국으로의 전락을 피하기 위한 국권수호의 노력이었다. 이 시기 《황성신문》은 일본의 문명개화를 답습하자는 일부 세력에 동조하지 않았다. 이들이 바라는 것은 일본의 근대화를 객관적으로 평가하고 이를 통한 정부의 각성과 자주독립의 달성이었다. 을사늑약의 체결을 목전에 두었던 1905년 5월 말에는 「정부개조政府改造의 시기절박時期切迫」이라는 제목의 논설이 3회

---

21) 國權者는 國與國相峙之權也라 故로 內而政治와 外而交涉에 維持獨立自主之權ㅎ야 於疆土也와 生命也와 財産也에 能自强自保ㅎ야 以尺寸之利로 不讓於他ㅎ며 以絲毫之恥로 不羈於人者ㅣ是曰固有之國權也라 「國權固不可失」, 1900.8.15.

에 걸쳐 게재되었다. 이 논설의 핵심은 자주국가 회복의 첫걸음은 과거 질서에 대한 반성과 변화라는 점이었다.

현재 우리 한국의 사회 이목과 정치상태가 가히 변혁할 시기에 있는가, 아닌가할진대, 물론 그 정치는 가히 변개할 것이요, 그 사회도 가히 개량할 것은 저 우부유자愚婦孺子라도 다시 생각하는 일을 취하지 않을 바라. 그런즉 그 개혁사건 중 제일 긴중緊重한 정치 관료의 부패 인물을 변개치 아니하고 헛되이 그 외면의 정치 상태를 일신하고자 하는 것은 실로 그것이 자사성반煮沙成飯(모래로 밥을 지음)을 면치 못할 것이다.[22]

《황성신문》의 정부개혁은 우선 매관매직과 부정부패로 얼룩진 당시 관료들을 정리하고 서구 신문물을 습득한 신진 관료를 양성해서 국가 발전을 도모하는데 있었다. 이 중 관료 개인의 청렴을 강조한 것으로 그 근본은 전통유교의 도덕 수양론과 일정 연결되었다.

하지만 이러한 적극적인 목소리는 을사늑약으로 크게 위축되었다. 비록 1906년 《황성신문》이 속간된 후에도 대한제국 정부에 개혁을 지속적으로 요구하였지만 국정의 핵심을 일본이 담당하는 상황에서 이같은 목소리의 실효는 크지 않았다. 때문에 이들의 목소리는 다른 방향으로 진행되었다. 첫째는 정부에 대한 직접적인 비판보다는 교육,

----

22) 現今 我韓의 社會耳目과 政治狀態가 可히 變革홀 時機에 在ᄒ가 否ᄒ가 홀 진딘 毋論 其政治도 可히 變改홀 것이오 其社會도 可히 改良홀 것은 彼愚婦 孺子라도 再思의 勞를 不取홀바라 然則 其改革事件中 第一緊重홀 政府官 吏의 腐敗人物을 變改치 아니ᄒ고 徒然其外面의 政治狀態를 一新코자 ᄒᄂ 것은 實노 其賣沙成飯의 勞를 免치 못홀지라. 「政府改造의 時期切迫(2)」, 1905.5.30.

지방, 사회 개혁에 초점이 맞춰졌다. 교육과 지방에 경우에는 여전히 한국인을 중심으로 정부 업무가 수행되었기에 이에 대한 논의가 확대되었다. 둘째는 국민계몽에 대한 더 큰 요구였다. 그 결과 국민계몽은 교육개혁과 연결되어 당시 한국 사회의 주된 논의로 확대되어갔다.

3) 교육개혁

동아시아 근대 교육은 국민을 근대국가에서 산업의 주체로 보는 관점에서 출발했다. 이 관점은 민을 피통치자로 보는 전통 관점에서 탈피하여 국민들에게도 일정한 근대적 권리를 주는 방향으로 정립되었다. 그리고 그 권리는 교육 특히 직업 교육으로 모아졌다.

> 대저 애국자는 그 나라가 강해짐을 원한다. 그러나 국가 능히 자강하는 아니라 반드시 민지民智가 열린 연후에 능히 강해질 수 있으며, 반드시 민력民力이 (일정 정도에) 도달한 연후에야 능히 강해지는 것이다.[23]

이 글은 청국애시객淸國哀時客 즉 양계초梁啓超의 글을 번역한 것이다. 이를 위해서는 교육에 대한 사고의 전환이 급선무였다. 1899년 4월 22일 논설에서는 서구 교육의 근원이 유아교육에 있다고 보았다. 하지만 당시 한국에서 일방적으로 문자를 가르치는 것과는 달리 서구에서는 유아가 글자에 관심을 가지도록 유도하여 점차 그 난이도를

---

23) 夫愛國者는 欲其國之强也라 然하나 國非能自强也라 必民智ㅣ 開然後에 能强焉하며 必民力이 莘然後에 能强焉 「余近日에 淸議報를 閱覽하다가」, 1899.3.17.

높이는 교수방법으로 국민의 반 이상이 글을 알게 되었다는 설명이다. 이러한 교육관은 목적을 달성하기 위한 일련의 교육행위를 의미하는 education 개념을 반영하고 있다.

하지만 실제 근대 교육을 실시함에 있어서는 교육주체, 교육대상, 교과, 교사 등의 많은 제약이 있었다. 교육의 주체는 당연히 국가였다. 그러나 당시 정부에는 근대적 교육을 실시할 의지와 재원이 부족했다. 또 기존 관료들은 근대 교육으로 결국 자신들의 지위와 설자리가 줄어든다는 점을 우려했다. 근대사회에 대한 이해 부족으로 교육의 방향도 잡기 어려웠다. 한편, 이런 가운데 여성 교육에 관한 논의도 시작되었다.

> 동양학문으로는 태서에 남녀평등권이 있어서 재덕을 교육도 하며 사위에 임용도 한다 함을 이상한 별건사로 돌리니 (중략) 여자도 학문이 만약 이와 같으면 나라에 문명할 기상이 충분히 발달할 것이니 여자의 교육을 실시하고 사위事爲를 책비責備하여 천지天地의 도를 병행불패竝行不悖케 할지어다.[24]

유아 및 청소년을 대상으로 한 직업 교육과 더불어 여성교육의 사회적 이슈화는 1900년대 초반 양계초 등이 주창한 민지론에 영향을 받은 것이다. 다만 이 같은 논의와는 달리 근대 학교 교육은 을사늑약 이후에 진행되었다. 일본에 의한 속국체제를 극복하기 위해서는 국민

---

24) 東洋學問으로는 泰西에 男女平等權이 有ᄒᆞ야 才德을 敎育도ᄒᆞ며 事爲에 任用도한다함을 異常한 別件事로 歸ᄒᆞ니 (중략) 女子도 學問이 若是ᄒᆞ면 邦家 文明흔 氣像이 十分發達홀것이니 女子의 敎育을 實施ᄒᆞ고 事爲를 責備ᄒᆞ이 天地之道를 竝行不悖케홀지어다.「女子亦宜敎育事爲」, 1900.4.9.

의 각성이 강조되었기 때문이다. 그럼에도 여러 여건상 국가가 아닌 국민들이 스스로 자녀들을 교육시킨다는 것은 매우 어려운 일이었다. 관학이 부족한 지방에서는 이러한 현상이 더욱 두드러졌다. 하지만 《황성신문》은 국민 스스로 관학에 의지하려는 태도를 지양하고 국권 회복을 위해선 어려운 가운데서도 자녀 교육에 매진해야 한다고 충고하였다.

> 국가의 문명을 계발함이 교유에 있음은 유지자가 항상 말하는 바이라. 그러나 국내의 교육이 금일에 이르도록 발전하지 못함은 어찌된 연고인가? 어떤 이는 재정이라 말할지나 실제로는 정부이하 일반국민이 성심을 아직 발하지 않음에 말미암이로다. (중략) 오호라 우리 동포여. 열심히 협동하여 자제를 교육함은 인민의 의무라, 이것은 각 사람의 의무를 각 사람이 부담치 아니하고 주무 관리에게 의뢰하고자 함은 자기의 의식을 타인에게 믿고 맡기는 노예의 성질과 어떻게 다름이 있으리오.[25]

을사늑약 이후에는 다양한 사립학교가 등장하여 국민들에게 교육의 기회를 제공하였다. 이는 당시 《황성신문》 광고 중에서 학생모집 광고가 차지하는 비중이 높아졌음에서도 알 수 있다. 하지만 이러한

---

25) 國家의 文明을 啓發홈이 敎育에 在홈은 有志者의 常言ᄒᄂᆞᆫ바이라 然ᄒᄂᆞ 國內의 敎育이 今日에 至토록 發展치못홈은 何故오 一曰財政이라 謂홀지나 其實은 政府以下一般人民이 誠心을 未發홈에 由홈이로다 (중략) 嗚乎라 凡 我同胞여 熱心으로 協同ᄒᆞ야 子弟를 敎育홈은 人民의 義務라 此人人의 義務를 人人이 負擔치아니ᄒᆞ고 主務官吏에게 依賴코져홈은 自己의 衣食을 他人에게 信仰ᄒᄂᆞᆫ 奴隷의 性質과 何異홈이 有ᄒᆞ리오 「敎育界의 現狀」, 1908.1.15.

《황성신문》의 교육 방안에는 근본적인 한계가 있었다. 그것은 국민을 근대적 개인으로 보지 않고 여전히 국가에 종속된 객체로 보았다는 점이다. 그러다 보니 교육의 목적은 개인의 자각이나 주체성 확립보다는 산업증진을 위한 실업교육으로 점철되었다. 이들은 대한제국의 완전한 자주독립을 추구했고 이를 위해 국민의 자각과 계몽을 요구했지만, 이들에게 국민은 과거 유교 질서와 유사하게 국가(독립)를 위해 헌신해야 하는 종속적인 존재였다.

이것은 《황성신문》이 전통 유교의 한계를 극복하지 못한 이면이다. 유교 체제에서는 by the people 에 해당하는 개념이 부족하다. 즉 국민을 주권자로서 여기는 전통의 풍조가 적다. 그들이 비록 교육을 통해 민지의 확충을 설파했지만, 이 역시 국가의 안위를 위한 것이었다. 서구 문명의 수용을 강조한 중앙에 서도 이러한 태도가 유지되었지만, 지방에서의 이런 사고는 더욱 심각했다.

《황성신문》은 지방도 중앙정부 못지않게 중요한 개혁대상으로 보았다. 지방에 속하여 사는 인구는 서울 인구보다 많았고 이들에겐 당연히 정부시책보다 지방관의 통치에 민감했다. 하지만 19세기부터 진행된 지방 관료들의 병폐와 이에 항거하는 다수의 민란은 국민들로 하여금 지방 행정을 불신하는 원인이 되었다. 특히 동학혁명은 양자의 관계를 돌이킬 수 없는 상태로 만들었다. 《황성신문》에 의하면, 1900년대 초까지 지방 관료들은 동학잔당의 척결이라는 구실로 자신들의 지방통치권을 강화하고자 하였다. 지방개혁에는 사회개혁도 포함되었다. 사회개혁의 주된 대상은 척사위정을 외치는 유림이었다. 이들은 성리학 질서를 회복한다는 명분으로 완비되지도 못한 개혁정부의 근대 정책을 완강히 반대했다. 보수 유림들은 서구식 문명개화가 국망(國亡)으로 이어진다고 보았고, 이에 대한《황성신문》의 비판은 지속되었다. 하지만 이 같은 비판은 을사늑약이후 다른 방면으로 굴절되었다. 을사늑약과 정미7조약에 반대하는 지방 유림들은 의병을 조직해서 일제와 맞섰다. 하지만 이들에 대한《황성신문》의 입장은 변함없이 단호했고 매우 비판적이었다.

> 최근 소위 의병이라는 무리는 모두 국가에 화되는 요괴이오, 국민을 해치는 질병이다. 의라는 허명을 빌려 마음대로 불량한 폭력을 휘두르면 그 결과는 국가에 재앙만 끼치며 인민에 해만 끼치고 그 가문과 처, 자식을 욕보이게 하는 것뿐이니, 오호라 차라리 슬프고 불쌍하지 않겠는가?[26]

이 주장은 오히려 국가를 위해서는 먼저 유교를 정립시켜야 한다는 것이지 국가를 무시한 것은 아니다. 이런 자세로 국난에 임한 유림들에게《황성신문》과 개혁적 유교지식인들은 매우 편협했다. 또 전통 유림들과의 협력도 부정했다. 이런 고립은 지방개혁, 사회개혁 모두의 실패로 이어졌다. 사실《황성신문》의 국가개혁은 사실 모두 실패했다. 정부개혁은 채 열매를 맺기 전에 을사늑약으로 무산되었다. 이후 진행한 교육, 지방, 사회 개혁은 잘못된 노선으로 인해 바라던 목적에서 벗어나 있었다. 이런 가운데《황성신문》의 개혁은 국민계몽으로 변해갔다.

---

26) 近日所謂義兵之徒ᄂ 皆禍國之妖孼이오 害民之毒癘也라 藉虛名之義ᄒ야 逞不良之暴ᄒ다가 其結果ᄂ 貽禍家國ᄒ며 遺害民人ᄒ고 亦使其身家妻孥로 騈陷於僇辱而已리니 嗚乎라 寧不哀憐而矜惻哉아. 「警告義兵之愚昧」. 1906.5.29.

제**5**장
근대 문명과 교육

1 박은식의 신교육론

1) 신교육의 등장

1900년대 초 한성사범학교의 교관이었던 박은식은 1904년 서울 광문사를 통해 그의 초기 저술인 『학규신론』을 발행한다. 이 책에는 그의 초기 유교적 문명관과 서구 인식 등이 있다. 이 책은 그의 사상전환과정을 담고 있지만, 최근까지 그다지 주목받지 못하였다. 이 책에서 그는 '조선이 자강·자립을 위해 서구의 장점을 수용하는 한편 봉건적 전통에서 벗어나야 한다.'고 주장한 개혁적 유교지식인이었다.

이 책은 당시 조선의 근대적 변화의 부진을 전제로 한다. 그리고 이를 개선하기 위한 방식으로 전통식 교육을 버리고 서구의 근대적 학문을 수용해야 함을 강조하였다. 이 책의 교육 대상은, 명시하지는 않았지만 두 가지로 볼 수 있다. 첫째로, '한글로 작성된 제국신문이 남녀노소의 국민에게 근대적 지식을 주고 있다.'는 구절과 '민지民知의 확장이 근대 국가의 배경'이라는 인식에서 볼 때, 교육의 대상은 분명 전 국민이다. 둘째로, 동시에 그가 한문 교육의 문제점을 여러 번 강조하였고 실제 그가 사범학교 교관이었으므로 실제 대상은 사대부 자제들이라고도 볼 수 있다. 그러므로 이 시기 그는 전통 질서의 개혁과 보완을 요구한 절충론자였다.

서구에서는 19세기 말부터 교육철학을 도입하여 교육의 본질적 의미와 기본적인 문제를 규명하였다. 즉 교육철학은 서구의 근대시기 교육을 규정하려는 노력의 산물이었다. 그런데 교육철학은 교육이란 무엇인가라는 교육의 본질 또는 이념에서부터 보다 구체적인 문제들, 즉 교육의 목적·목표, 교육활동의 주체와 대상 및 내용과 방법, 또는 교육의 장소와 시기, 여러 조직·제도, 나아가 교육정책에 관한 문제의 연역적 해석을 도모했다. 특히 근대전환기 동아시아에서 교육은 근대화에 부합하는 국민을 양성하는 과정으로 보통교육의 확산으로 이어졌다.

이러한 서구의 근대 교육철학은 동아시아 사회에서도 급속도로 확산되었다. 그래서 전통사회가 근대로 이행하면서 동아시아에 불어 온 가장 큰 이슈가 바로 '교육' 나아가 '국민교육'이었다. 일례로 양계초가 "(청나라에는) 부민部民은 있고 국민國民이 없다."고 한 것은 당시 청나라가 근대적 국가로 이행하는 데 있어서 반드시 근대적 국민관이 필요하며, 그 해결방안이 바로 서구식 보통교육이었던 것이다. 한편 한국이나 중국에서는 번역어 education대신, 한자 교敎나 육育의 직역으로도 해석되었다.

박은식도 근대적 교육이 필요하다는 사고에 동의하였다. 그 전제로 『학규신론學規新論』에서는 메이지 유신으로 서구와 유사한 패권국으로 성장한 일본의 사례를 중요하게 보았다. 이러한 그의 초기 교육관은 1900년경에 작성한 것으로 추정되는 『겸곡문고』「흥학론」에서부터 이어졌다. 이 흥학론을 한 권의 책으로 발행한 것이 바로 『학규신론』 이었다.[1]

이 책은 이기李沂(1848~1909)와 김택영金澤榮(1850~1927)의 「서序」로 시작하고 이유정李裕靖의 「발跋」로 마무리하였다. 본문은 「논학요활법論學要活法」, 「논학요손지論學要孫志」 및 「논유지종교維持宗敎」 등 총 13편으로 박은식의 교육철학과 교육방안이 제시되었으며 특히 당시 일본인 궁내부고문인 가토 마스오[加藤增雄]의 재정적 도움을 받아 간행되었다. 그래서인지 이 책에서는 일본을 당시 대한제국이 본받아야 할 국가로 묘사하고 서구와 더불어 긍정적으로 평가하였다.

이미 전술한 바와 같이 『학규신론』은 그동안 크게 주목받지 못했다. 그 이유는 먼저 현재 한국에서 박은식은 주로 그의 생애 후반을 중심으로 독립운동가, 역사가 또는 양명학자 등으로 묘사되고 있어 초기 저작에 대한 관심이 비교적 낮았다. 다음으로 순한문으로 집필되어 일반인은 물론 연구자들에게도 가독성이 떨어졌다.[2]

---

1) 『학규신론』은 주로 『겸곡문고』「興學論」의 내용을 보완하여 작성되었고, 「宗敎說」 및 「皇室學校私議」, 「學誠」 등의 편들과도 연결되어 있다. 「興學論」의 전반부는 논설이 있고, 후반부에는 宗敎, 遊學, 學校設立, 飜譯 및 印刷, 敎師養成, 學生處罰에 관한 근대식 교육 관련 6개 논의가 문답형식으로 구성되었있다. 이중 교사양성을 제외한 5개 항목이 『학규신론』에서는 각각 「論宗敎維持」, 「論遊學之益」, 「論設塾之務」, 「論印書之宜」, 「論勸懲之規」으로 구체화되었다. 그러므로 『학규신론』은 '신시대의 교육 방안'이라는 목적으로 「興學論」을 확장시켜 출판한 저술이라고 볼 수 있다.
2) 김현우, 「박은식과 『학규신론』」, 『인문연구』24, 인천대학교 인문학연구소, 2015, 79쪽 참조 바람. 이 부분에 선행연구는 ① 신창호, 「開化期 교육에서 儒學은 어떤 位相을 지니는가 : 白巖 朴殷植의 「學規新論」 분석을 중심으로」,

박은식은 이 책을 저술한 이후 이 책의 연장선에서 교육의 중요성을 지속적으로 강조하였다. 특히 1905년 을사늑약, 1910년 한일강제합병 등의 국가적 변화 속에서 이 교육관을 보다 강화시켜 서구문명의 수용을 통한 근대적 변용을 강조하였다.[3]

이러한 박은식의 신교육관은 전통 유교를 세 가지로 재구성 하였다. 먼저, 유교 경전의 재해석이다. 그는 『논어』·『맹자』·『서경』 등 사서오경을 재해석하고 호안정胡安定의 교육방안 등을 극찬하며 유교 전통의 근대적 변용을 지지하였다. 둘째, 이 같은 기술은 곧 한국 전통의 개혁성향으로 이어져 정약용의 『논어고금주論語古今註』의 재해석, 김안국金安國의 한글 의학서 발간을 강조하였다. 마지막으로 그는 서구, 일본을 비롯한 다양한 국가들을 인용하여 교육은 결국 국가의 운명과 연결된다고 피력하였다. 그는 '서구 열강들도 당시 한국과 같은 고난의 역사가 있으며, 이중 열강의 대열에 들어간 국가도 있고 반대로 식민의 나락으로 떨어진 국가도 있다.'고 기술하여 서구 학문 수용의 당위성을 제시하였다. 그가 이렇게 세 가지 관점에서 교육개혁을 피력한 것은 결국 전통 유교의 변용과 서구 문명의 도입이 둘이 아닌 하나의 작업이라는 것이다.

이를 포함하여 『학규신론』에 나타난 박은식의 교육철학은 '천성교육론天性敎育論'이라고 정의할 수 있다. '천성'이란 '인성'의 근거로 성선설性善說, 천지생물지심天地生物之心의 유학 개념과 연결된다. 다만, 전통철학이 주로 도덕성에 치중했다면, 박은식은 도덕보다는 재능에

『동양고전연구』26, 동양고전학회, 2007과 ② 김현우, 「학규신론에 나타나 박은식의 경학관」, 『민족문화』43, 고전번역원, 2014 등이 있다.

3) 신창호(2007), 79~80쪽 참조.

초점을 맞추는 특징이 있다. 당시 박은식은 우리사회의 확장을 위해서는 서구문명의 수용이 절대적으로 필요하고, 이를 위해서는 다양한 분야에서의 인재가 요구된다고 보았다. 이는 유교적 관료를 지향하는 전통 가치관과 충돌하는 부분이었다. 여기서는 이를 '천성교육론'과 '교육개혁안'이라는 두 가지 측면에서 고찰하였다. '천성교육론'에서는 인간에게 교육이 필요한 이유와 교육방안을 주로 정리하고, '교육개혁안'에서는 전통과 서구문명을 융합시킨 '우리교육'에 대한 박은식의 방안을 다루고자 한다.

한편, 박은식의 교육철학은 전통과 서구를 융합했음에도 여러모로 서구의 교육철학들과는 대비적이다. 19~20세기 형성된 서구의 현대 교육철학은, '개인의 사회화'라는 보통교육과 연결되어 있다. 대체로 이들 교육철학들은 사회화 이전의 개인을 야만상태로, 교육(사회화)을 문명화 과정으로 설명하고 있다. 이러한 이분법적 사고는 사회적 차별을 정당화시키기도 하고, 심지어는 인성까지도 교육의 대상으로 삼기도 한다. 전통 유교가 생활문화로써 남아 있는 우리 사회는 세계에서 유례를 찾기 힘든 '인성교육'을 주창했다. 이는 전통 가치관의 현대적 발현이라고도 볼 수 있으나, 그 방법은 '인성도 사회화해야 한다.'는 서구적 방법론으로 흐르고 있다. 동아시아 전통철학에서 본다면, 인성은 그 자체로 온전하여 올바르게 발현하도록 하는 것이지 결코 사회에 부합하도록 교육을 통해 변화시킬 수는 없는 것이기 때문이다. 즉 인성 그 자체는 교정의 대상이 아니다. 이러한 현실에서 전통 유교를 배경으로 서구를 수용한 박은식의 '천성교육론'은 일종의 우리교육으로써 서구교육철학 중심의 현재 우리나라에 인성교육을 비롯한 다양한 교육현실에 의미 있는 시사점을 줄 것이다.

2) 『학규신론』의 교육철학 : 천성교육론

박은식의 교육철학은 천성天性에서 출발한다. 인간은 스스로 자연의 변화를 수용하여 지식과 체력을 성장시키는데, 이것이 곧 천성이다. 그리고 교육이란 천성을 따라 인간의 성장을 돕는 것이다.

천지의 기가 활동하여 만물이 생긴다. 인간은 최고의 영장으로, 그(天地之氣) 활동의 명明을 얻어 심지心知가 되고, 그 활동의 힘을 얻어 신체가 된다. 그러므로 인간의 활동과 천지의 기의 운행에는 조금의 간격도 없다. 이를 따라 그 명을 개발하고 그 힘을 배양하는 것이 바로 교육이다.[4]

이런 정의는 『학규신론』은 물론 이후 전적에서도 연속되는 그의 기본적 교육철학이다. 이것은 전통 유교의 자연관과 인간관을 계승한 것이다.[5] 이런 철학은 유교적 우주관과 인간관을 배경으로 한 것이다. 이를 근거로 전통 유교중요성을 다음과 같이 강조하였다.

세계 각국 사람들은 그 나라 종교에 복종하기를 모두 효자가 그 부모를 대하는 것과 같이, 충신이 그 임금을 대하는 것 같이 한다. 아아! 가히 숭배하고 믿는 것이 지극한 자들이라고 말할 수 있다. 대한의 종교는 유교(夫子之道)이다. 대저 천하의 큰 가운데(大中)를

---

4) 天地之氣活動, 而物生焉. 人最爲靈, 得其活動之明, 而爲心知, 得其活動之 力, 而爲身體. 故人之活動與天地之氣, 周流無間, 順是而開發其明培養其力 者, 敎育是也.「論學要活法」, 460쪽.『백암박은식전집』Ⅲ, 동방미디어, 2002, 460쪽 참조(이하 편명과 페이지만 표기).

5) 특히 그가 심지(心知)와 신체 모두 기의 활동에 의한 것이라는 정의했다는 점 에서 볼 때, 栗谷의 心是氣와 연결된다고도 볼 수 있다.

지극히 하고 천하의 정리正理에 도달하니 유교보다 숭상 받는 자가
누가 있겠는가?[6]

이것은 그의 교육철학이 유교를 근본으로 작용하고 있다는 점을
설명하고 있다. 다만 전통 유교가 도덕수양론에 치중한 데에 비해,
그는 심과 더불어 지知를 강조하였는데 새로운 지식의 습득과 관련
있는 지를 심의 영역으로 확장했다는 점에서 차이가 난다. 특히 심지
와 신체를 동시에 강조했는데, 이는 전통 철학과는 분명히 대비되는
점이다.

그런데 그의 천성교육론은 전통에 기반 한 것이었지만, 이를 올바
르게 시행하는 것은 서구였다. 그는 독일의 유아교육자인 프리드리히
프뢰벨Friedrich Wilhelm August Fröbel의 유아교육관에서 이를 확인한다.

> 그러므로 그(Fröbel)는 "유아가 움직이는 것을 좋아하는 것은 천성
> 이기 때문이다. 그 천성을 따라 교육하는 것은 발달에 쉽다."고 했으
> 니, 어찌 믿지 않겠는가?[7]

서구의 문명은 교육의 산물이었다. 그에게서 서구와 한국의 차이는
전통의 올바른 이행 여부로 재확인하였다. 이를 증명하기 위해, 그는
『논어』를 들었다.

---

6) 宇內各國之人, 服於其宗敎. 皆於孝子之於其親也, 忠臣之於其君也. 噫! 可
   謂崇信之至者矣, 韓之宗敎, 夫子之道也. 夫極天下之大中, 盡天下之正理, 孰
   有尙於夫子之敎者哉?「論維持宗敎」, 479쪽.
7) 故其言曰, "童穉之好動作, 天性也. 順其天性而養之, 易於發達." 豈不信哉?
   「論學要活法」, 461쪽.

옛 유자가 "공자가 말한 '백어伯魚야. 너는 주남소남을 배워라.'란 구절에서 '배워라'는 노래하고 춤추는 일이다."라고 언급했으니, 이것은 지금의 교육은 아니었다.[8]

박은식은 '주남과 소남을 배워라'에서 이 주남과 소남은 노래하고 춤추는 일이라고 정의하였다. 노래하고 춤추는 일은 유아들이 좋아하는 것이었다. 이를 통해 아이들은 심지와 신체를 기르게 되는 것이었다. 즉 박은식은 '유아의 천성은 노는 것을 좋아하는 것이었고, 그때에 이를 충분히 할 경우 올바른 인간으로 발달할 수 있다.'고 본 것이다. 반면 당시 한국은 유아시기에 천성을 가로막는 교육을 실시하였다.

(서구에 비하면) 우리 한국의 어린이 교육법은 얼마나 고루하고 얼마나 정체되어 있는가? 어린이 교사가 담당하는 교과는 단지 책을 읽히고 글씨를 쓰게 하는 것일 뿐이니, 문장을 읽되 그 의미를 이해하지 못한 즉 어찌 그 심지가 열리겠는가? 반드시 벽을 향하여 앉아 (억지로 책을) 읽어야만 하고, 만약 돌아보고 싶어도 감히 그 동작을 편하게 하지 못하니 어찌 그 신체를 발달시키겠는가? 그러므로 고통이 싫어 깨달음의 기쁨이 없는 폐단이 있게 마련이다. 비록 아이가 반딧불 등 아래에서 공부하여도 평생 문자에서 벗어나지 못하니 역시 어찌 천하를 격물하고 천하에 입사 하겠는가? 근세에 이르러 유가의 법규가 아마도 또한 편벽偏僻과 정체停滯의 벽을 넘지 못하니 어찌됨인가? (중략) 지금 고루한 유자儒者들은 (여전히) 눈을 지그시 감고 바르게 앉아 성정의 함양만을 철두철미한 공부로

8) 先儒氏云 "'孔子謂伯魚汝爲周南召南'之爲, 卽詠歌舞蹈之事", 非如今通讀 之爲也.「論學要活法」, 461쪽 참조. 이 先儒를 정약용으로 보인다.

삼되 실제 사물의 일을 달갑게 여기지 않으니, 이것은 신체를 이소泥塑(진흙 인형)로, 심지는 고목사회槁木死灰(죽은 나무와 꺼진 재)가 되는 불노佛老의 법문과 같으니 또한 어찌됨인가?9)

전통 교육은 천성에 반하는 교육이자 강제식 교육으로 진정한 유교의 교육이 아니었다. 그는 유아기에는 유아들이 좋아하는 교육을 실시해야 한다. 그런데 그 시기에 올바른 천성교육을 하지 못할 경우 이후에는 그 본성을 회복할 기회가 적게 된다.

내가 지방에 있을 때 이웃사람이 그 자식을 가르치는 것을 보았다. 그 아들은 책을 펴고 하루 종일 읽었으나, 불과 10여자를 배우지 못했다. 그러나 그림 그리는 것을 좋아하여 배우지 않아도 이를 잘 하였으니 이것이 그 아이가 잘하는 재능이었다. 그러나 아버지와 형이 화를 내고 금지시키고 오지 문자만 보게 하였기에 끝내 이것으로는 성취하는 바가 없었다. (중략) 전국의 인재가 잘못된 교육으로 그 재능을 버리게 되는 일이 많다.10)

---

9) 我韓蒙養之法何其陋也何其滯也? 蒙師之所課只是讀書寫字. 故口讀其字句心不解其義趣, 則何以開其心知乎? 坐必向壁若有所顧畏而不敢便其動作則何以養其身體乎? 所以有厭苦不悅之弊也. 雖其童習白紛於螢窓篝燈之底, 而平生伎倆不出文字亦何? 以格天下之物, 立天下之事哉? 至近世儒家之規, 恐亦不免乎偏滯之病, 何也? (중략) 今之汚儒, 以瞑目端坐涵養性情爲徹頭徹尾之工, 而不屑於事物, 直欲其身爲泥塑, 心爲枯木死灰, 如佛老之法問亦獨, 何哉?「論學要活法」, 462-463쪽.

10) 余在鄕曲, 見鄰人有敎其子者, 其子於文終日讀, 不能盡十餘字, 而戲作繪畵之事, 不學而能, 此其才之所長. 然其父兄怒而禁之, 而專課文字. 故卒無所就以此, 而可推其餘矣. (중략) 全國人才之違其養而歸於棄者多矣.「論普通及專門」, 468쪽.

이처럼 박은식의 천성교육론은 전통 유교의 변용적 성격을 띠고 있다. 전통 유교의 성선론과 자연관을 이어받아 교육의 근거를 천지의 기의 작용에서 찾았다. 인간의 근거를 천지자연에서 찾은 것은 인문과 자연을 둘로 보지 않고 연속된 것으로 보았다는 것을 의미한다. 이는 서구 교육철학에서 교육을 사회화로 보는 것과는 대조적인 것이다.

하지만 차이점도 많았다. 가장 중요한 것은 전통 교육에서 천성 즉 본성을 도덕심성론에 국한시켰던 반면, 박은식은 이를 심지心知와 신체에 적용시켰다는 점이다. 심지는 전통 도덕심과 더불어 지식의 측면을 더한 것이고, 여기에다 신체도 중시 여긴 전인교육이라고 볼 수 있다. 이를 근거로 그는 인간의 본성의 영역에 개인의 특성을 포함시켰다. 이 개인적 특성은 다양성에 대한 긍정적 사고이자, 근대 사회의 현실적 요구를 수용한 것이었다. 즉 당시 우리사회에서 획일화한 한문교육을 지적하고, 다양한 개인차를 인정하고 이에 부합하는 다양한 직업을 요구했던 것이다.

둘째, 유아교육을 강조하였다. 그는 천성교육론을 유아에게 적용시켜 놀이를 통해 교육할 것을 주문했다. 또 명확하게 나타나지는 않았지만, 그가 프뢰벨을 강조하고, 서구 문명사회일수록 교육을 강조했다고 보았으며, 사례를 들어 유아기의 천성에 부합하는 교육을 해야 한다고 했다는 점에서 볼 때, 서구식 보통교육에 준하는 유아교육을 추구했다고 볼 수 있다.

그는 교육은 국민의 지식을 확충시키는 것이라고 보았다. 국민의 지식 즉 민지는 곧 국력이었는데, 이것은 바로 교육을 통해 얻어질 수 있었다. 하지만 이를 위해서는 국민들이 지식을 쉽게 접할 수 있는 문자가 필요했다. 그 문자가 바로 한글이었다. 한글은 우리나라 사람들에게 특화된 문자로써 특히 보통이하의 국민들의 지식을 높이는데 매우 중요한 역할을 하였던 것이다.

박은식의 천성교육론은 이러한 구조로 이루어졌다. 나아가 그는 이 교육철학을 근거로 하여 다양한 보통교육을 시행할 방안도 제시하고 있다. 이 교육개혁안은 그간 시도하지 못했던 정책을 중심으로 언급하고 있다. 근본적으로는 교육을 통해 서구 문명을 빨리 '우리문명화'하는 과정이라고 볼 수 있는데, 구체적으로는 교육제도의 세분화, 교과의 서구화, 번역서 발간 등이 있다.

3) 서구 교육의 수용

당시에는 위정척사가 주를 이루어 유림들에게는 서구 학문에 대한 강한 반감이 있었다. 박은식도 과거에는 '위정척사에 매진했다.'고 스스로 토로하였다. 다만 그는 '세계의 정세를 보고 서구를 수용하는 열린 마음으로 세상을 다시 보게 되었다.' 하지만 전통적 유림들에게 박은식과 같은 단기간의 급속한 변화를 기대하기는 어려웠다.

박은식이 인식한 서구 과학기술은 보수적 유림들의 주장처럼 사설 邪說이 아니었다. 오히려 지난 시기 동아시아의 성현들의 이상에 보다 가까운 것이었다. 그가 『겸곡문고』에서 "천지만물은 하나의 근원에서 나오므로 동해나 북해라 할지라도 사람의 마음과 사물의 이치는 같기 마련이다.天地萬物, 同出一原, 東海北海, 心同理同"라는 명구를 인용한 것은 '서구와 동아시아 문명이 공통의 지향점이 있음'을 설명한 구절이다. 즉 그가 보기에 서구 학문은 인류의 보편적 이상으로 당시 조선 사회가 배우고 참고해야 할 것들이었다. 이에 박은식은 『서경』의 손지

遜志를 인용하여 서구 수용에 반대하는 일부 유림들을 설득하고 있다.

　　『서경』에 이르길 "오로지 학문은 겸손해야만 하니 때때로 공경함
에 힘쓰면그 수련함이 곧 온다."라고 하였다. 대개 겸손한(遜志) 이후
에 사람의 선함을 얻을 수 있고, 때때로 공경함에 힘 쓴(務時敏) 이후
에 이 공을 이룰 수 있다. 순임금이 밭을 갈아 농사짓고 질그릇을
만들고 물고기를 잡은 데서부터 시작하여 황제에 이르렀으니 타인
에게서 얻지 않은 것이 없다. 성인조차 이러한데 하물며 그 아래의
사람들은 어떠하겠느냐? 진실로 자기보다 뛰어난 것이 있다면 그로
부터 배우는 사람이 타당하다. 이해하지 못하는 것이 있다면 꼴 베
는 목동에게서라도 묻는 것이 타당하다. 공자가 말하길 "세 사람이
같이 가면 그 중에 반드시 나의 스승이 있다."고 하였다. 학문의 도
는 그가 미처 알지 못한 바를 알고자 구하는 것이고 아직 할 수 없
는 것을 할 수 있도록 구하는 것일 따름이니 일찍이 어찌 다 알 수
있겠는가? 만약 그 스스로 고루하지만 타인에게 배우는 것마저 수
치스럽게 여긴다면 이것은 스스로를 속이는 것이고 스스로를 도적
질하는 것이니 지혜롭지 못함이 누가 더 심하겠는가? 안타깝다, 한
국의 선비는 발걸음이 마당에서 벗어나지 않고 시야가 해외로 미치
지 못하니.[11]

　　그는 유림의 수구적 자세가 오히려 '다른 학문을 비하하는 양상으
로 번졌다.'고 부연하고 있다. 이런 태도는 결국 유교의 자세도 아니

----

11) 書曰"惟學遜志, 無時敏, 厥修乃來." 盖遜志然後可也取人之善, 務時敏然後
可以成厥功矣. 舜自耕稼陶漁以至爲帝, 無非取於人者, 聖人且爾況其下者
乎? 苟有勝於己者則學於至之人可也. 有所不解則問於芻牧亦可也. 孔子曰
"三人行必有我師焉." 學之爲道求知其所未知求能其所未能而已, 曾何較計
之有哉? 若自是其固陋而恥學於人, 則是自欺也自賊也, 不智孰甚焉? 噫! 韓
之士足迹不離乎門庭, 目力不及乎海外. 「論學要遜志」, 463-464쪽 참조.

고, 당시 국제사회에서 올바른 양상도 아니었다. 그런데 더 큰 문제는 이러한 인식이 결국 국가와 국민을 망국의 길로 이끈다는 것이다.

> 각국의 이용후생, 신학문 신법을 원수같이 보아 배척하고 도리어 전 국민으로 하여금 자기도 모르는 사이에 변화를 반대하게 만들고, 자기 스스로의 안이安易함으로 말미암아 오늘에 이르러서는 마침내 전국 동포를 장차 타인의 노예로 만들고 있으니 이것이 누구의 죄 란 말인가? 실로 우리나라 유림들이 안주하려는 병적 성향으로 인 해 '스스로 어질고 스스로 옳다.'(고 자만)하며 남의 학문을 비하한 죄이다.[12]

서구 수용의 절실함은 결국 국가의 흥망과 관련된 일이었다. 하지만 당시 유림들은 옛 것을 집착하는 의기만 강했다. 심지어 그들은 활과 창으로도 서세로부터 국가를 지킬 수 있다고 강변했다. 하지만 당시 국제질서를 본다면 이 주장은 허황된 것이었다. 한일강제합방 이후에 저술한 『몽배금태조』에서는 한층 강경한 어조로 망국의 책임 을 비판하고 있다.

> (근대적) 정치 체제도 모르고 시대적 책임에도 상관하지 않는 썩 은 유자들은 "우리 국민은 효제충신의 교화로 상전을 받들고 노인 을 위해 죽을 수 있는 의리가 있어 진과 초나라의 견고한 갑옷과 예리한 무기를 제압할 수 있다."하고 지금까지도 항상 "(서구) 총포 의 예리함이 (우리의 의기가 뭉친) 활과 화살에 미치지 못한다."라

---

12) 國利用厚生之新學新法仇視而擯斥之遂錮, 全國人民於不識不知之中不動不 變自以爲安至於今日, 竟使全國同胞將至奴隷之人是誰之罪? 實吾東人士結 習痼性自賢自是恥學於人之罪也. 「논학요손지」, 464쪽 참조.

고 하니 이러한 교육 아래 또 어찌 적을 무찌르고 나라를 지킬 능력
이 있단 말인가?[13]

그는 당시의 상황을 30년 전 일본의 상황과 비교하고 있다. 그는
메이지유신 초기 일본에서도 쇄국론과 존양론尊攘論이 우세했지만,
일본의 선택은 서구 수용이었다는 것이다.

　　일본은 삼십 년 전 존양의 의기와 쇄항의 여론이 나라 중에 성행
하였으나, 이미 도리어 서법이 자기보다 우수함을 깨닫고 마침내 그
것을 배워 익히고 또 모방하여 시행하니 금일에 이르러 융성하게
되었다. 어찌 우리 한인은 죽음에 이르도록 깨닫지 못하고 전환점이
없었단 말인가? (중략) 내가 바라건대 나라의 유자들은 겸손히 타국
에게서 배워야 할 것이다.[14]

메이지유신明治維新 이후 30년 즉 한 세대가 지난 시점에서 일본과
한국의 차이는 분명했다. 1904년 이 책이 출간되는 시기는 러일전쟁
이 발발한 시점이었다. 일본은 이미 청과의 전쟁에서 승리하였고, 당
시는 세계 대국 중 하나인 러시아와 전쟁 중이었다. 일본은 비록 역사
가 한국보다 짧지만 동아시아 유교국 중 하나였다. 그러므로 일본의

---

13) 乃 政體도 不識ᄒ고 時務도 不識ᄒᄂ 迂儒輩ᄂ 曰吾國民은 孝悌忠信의 敎
化로 親上死長의 義가 有ᄒ야 秦楚의 堅甲利兵을 制ᄒ다ᄒ고 至于今日人가
지 尙曰銃砲의 利가 弓午를 不及ᄒ다ᄒ니 如此ᄒ 敎育下에 또 엇지 敵愾禦
侮ᄒᆯ 能力이 有ᄒ리오. 박은식, 『몽배금태조(夢拜金太祖)』, 『박은식전집』中,
단국대학교 출판부, 1975, 242쪽 참조.
14) 日本在三十年前, 尊攘之論鎖港之議盛行於國中, 旣而旋覺西法之勝於己, 遂
學而習之, 倣而行之, 以臻今日之隆盛. 獨我韓人之士, 不悟迄無轉機. (중략)
吾願邦儒之遜其志而學於人也.「논학요손지」, 464-465쪽 참조.

근대화 여정은 유교를 공통분모로 갖고 있는 당시 조선에게도 유익한 참고자료였다. 그들은 구습의 묵수보다는 서구의 신학문을 수용했다. 나아가 그것을 모방하고 시행하여 당시에 이르렀다. 그것은 메이지유 신이라는 강력한 국가 개혁을 통해서 가능했다. 박은식도 이 점을 높이 인정했다. 그는 국가의 생존을 위해서 개혁이 필요하고 개혁을 위해서는 반대파에 대한 국가의 재제도 필요하다고 생각했다. 때문에 그는 『논어』 「위정」편 명구를 다음과 같이 변용하였다.

> 공자가 말하길 "법으로써 이끌고 형벌로써 다스린다."라고 했다. 천하의 사람들이 벌을 기다리지 않고 서로 선을 권하게 한다면 형벌이 없는 것은 가능하다. 그러나 백성이 어리석어 교화에 따르지 않는 자가 있다면 형벌 없이 다스리는 것은 불가능하다.[15]

박은식이 '도지이정 제지이형導之以政 齊之以刑'이라고 언급한 부분은 실제로는 공자가 부정적으로 평가한 부분이다. 만약 그렇다면 '구성원들은 형벌의 두려움을 피해 법을 지킬 뿐 이에 대한 수치심을 느끼지 못하는 사회가 되어民免而無恥' '덕과 예를 통한 통치'라는 공자의 이상과 차이가 나기 때문이다.

이를 모를 리 없는 박은식은 이 전통적 해석을 변용하였다. 그 이유는 당시의 어리석은 백성 즉 유림들의 반발을 물리력으로라도 제제해야 한다는 간절함이 있었기 때문이다. 이는 또한 30년전 일본의 결단을 긍정하고 한국에서도 이 같은 성과가 있기를 바라는 마음이기도

---

15) 孔子曰 "導之以政, 齊之以刑." 使天下之人不待乎罰而胥勸於善 則無刑可也. 然而氓之蚩蚩, 有不率敎者, 不可無刑以齊之也. 「論勸懲之規」, 473쪽 참조.

하다. 동시에 그는 서구 학문의 우수성도 강조하고 있다. 그는 서구 학문의 다양성과 전문성을 다음과 같이 설명하고 있다.

대개 농학이 발전하면 토지도 당연히 적합하지 않음이 없고, 신식 기계도 이롭지 않음이 없다. 하나를 심으면 백을 수확하니 과거식 농법보다 단순히 몇 배 이익이 나는 정도가 아니다. 상업이 흥하면 조선 기술, 기계와 항해의 기술, 해도와 해안선의 표식, 천문경위의 측정이 모두 우수해져 오대양 육대주의 교통이 쉬워진다. 땅 속 자원을 연구하여 광물의 많고 적음과 그 질적 가치를 측량하여 무용을 유용으로 변화시키는 것은 광물학의 효과이다. 음식을 삼가서 먹고 실내를 깨끗이 하여 몸 안에 통증(內感)과 몸 밖에 상처에 대한 걱정에서 벗어나게 하고, 사람을 고통에서 구하며, 횡행하는 전염병을 다스리고, 사람의 수명을 연장하는 것은 의학의 효과이다. 인심을 본성에 의해 합하고 정사를 당위로 사찰하며 분명하게 언변하고 자세히 조사하며 국민이 모두 집법자의 공평무사하고 공명정대 한 판결을 내리근 것이 법률학의 효과가 아니겠는가? 한 세대의 충신과용장을 배양하여 국방을 견고하게 하고 전쟁에서 승리하게 하는 것은 군사학의 효과가 아니겠는가? 의정과 행정에 나가려는 인재가 경제를 배운다고 해서, 누군들 학문하는 사람이 아니겠는가? 물 위는 기선이 있고 땅위에는 철도가 있으며 전기를 밝히고 전신을 만들어 지척에서 만 리에 도달하니 모두 격치학格致學 즉 과학의 효과이다.16)

---

16) 盖其農學明, 而土地之宜無不適也. 新式之機器無不利也. 一種百穫, 不啻倍蓗於舊也.商學興, 而造船製艦之方, 機器航海之術, 海程沙綿之表, 天文經緯之度, 皆得其妙, 通交易於五洋六洲之遠也. 審察地中所藏之寶, 測量礦産之多寡, 礦質之貴賤, 化無用而爲有用者, 礦學之效也. 愼飮食潔房室, 免內感外傷之患, 求人之苦痛, 濟人之橫札, 增人之壽筭者, 醫學之效也. 合於人心之本然, 鑒於政理之當然, 而明辯之審定之, 俾厥人民咸服於執法者之無偏無私公

그런데 구절에서 우리는 박은식의 『학규신론』이 후쿠자와 유키치의 『學問의 권장(學問のすすめ)』와 연결됨을 볼 수 있다. 이 책에는 위와 같은 각종 학문명과 그 기능에 대해 설명하고 있다. 또 왜 그리고 어떻게, 무엇을 배워야 하는지 대동소이하다. 특히 박은식이 일본의 메이지유신을 극찬했다는 점에서 이것은 근대 교육사상의 유통을 확인할 수 있다.

서구의 학문은 전통 학문보다 분야도 다양하지만, 동시에 학문을 발전시키고 인재를 양성하는 교육 방법도 치밀하였다. 때문에 어떤 면으로 보아도 서구 학문을 반대하는 것은 삐뚤어진 아집에 불과했다. 더 나아가 그는 동아시아 옛 성현의 가르침이 서구에서 보다 잘 성립·발전한 것이라 생각했던 것이다. 동시에 서구 학문은 국가적 차원에서도 반드시 필요한 것이었다. 지금과 마찬가지로 강국과 약국의 차이는 과학기술의 보유여부였다. 그는 서구와 조선의 차이가 바로 이 과학기술의 차이라고 보았다. 그러므로 조선의 자립은 과학기술의 도입과 운용에 달려 있다고 보아도 과언이 아닌 것이었다. 더불어 서구가 과학기술만 우수한 것은 아니었다. 그는 사회과학인 법학, 정치학, 경제학 및 교육학에서도 서구의 제도를 높게 평가했다. 이 점에서 그의 서구관은 점차 '서구는 단순히 과학기술만의 우위'라는 동도서기東道西器의 인식에서 탈피하여 점차 근대적 관점으로 발전했던 것이다.

評正直, 非律學之效也? 培養一代之忠臣勇壯, 以守則固, 以戰則勝者, 非武學之功乎? 造就議政行政之才, 以需經濟之用者, 孰非學問中人乎? 水有輪舟, 陸有鐵軌, 明電氣, 造電信, 致萬里於咫尺, 皆格致學之功也. 「論國運關文學」, 478-479쪽 참조.

4) 교육개혁

교육개혁안은 국내 교육기관을 통한 서구 문명의 확산으로 귀결된다. 박은식은 서구에서 수용해야 할 과목을 다음과 같이 적고 있다.

> 지금 서구의 학문은 천문, 지지, 물리, 화학, 정치, 법률, 역사, 수학, 광전성, 군사, 농공상, 의학, 광물학, 증기학, 철학 등의 분야에서 보통으로 그 시작을 계발하고 전문으로써 그 끝을 완성하니 천하의 인재가 어찌 학문을 이룩함이 없겠는가?[17]

여기서 제시한 학문은 모두 서구의 과학기술과 관련한 것들이다. 이러한 기술을 습득하여 국내에서 활용하는 것이 곧 근대적 국가로 이행하는 것이었다. 여기에는 개신교 같은 서구 종교가 빠져 있는데, 이는 서구 문명에 대한 박은식의 이중적 태도라고 볼 수 있다. 더 정확히는 서구 개신교는 수용하지 못한다는 의미이기도 했다. 또 당시에도 지방을 중심으로 한 위정척사의 기세는 여전히 살아 있었다. 그러기에 박은식은 서구 학문에 대한 겸손한 태도를 요구하였다. 우물 안 개구리처럼 전통에 대한 교조적 자세에 대한 비판이기도 했다.

> 『서경』에 "오로지 학문은 겸손해야만 하니 때때로 공경함에 힘쓰면 그 수련함이 곧 온다."라고 말하였다. (중략) 진실로 자기보다 뛰어난 것이 있다면 그로부터 배우는 사람은 타당하다. 이해하지 못하는 것이 있다면 소치는 목동에게 묻는 것도 가하다.[18]

---

17) 今西人之學, 有天文·地誌·物理·化學·政治·法律·史鑑·筭術·光電聲·重兵·農工商·醫學·鑛學·汽學·哲學等科, 以普通而啓其始焉, 以專門而成其終焉, 天下之才豈有不成者哉? 「論普通及專門」, 467쪽.

학문에 있어서 전통과 서구의 구분이 있다고 해서, 곧 호불호나 가치로 차등될 수는 없다. 서구의 학문 역시 마찬가지이다. 서구의 학문도 동아시아 유교처럼 오랜 세월의 발전을 통해 이루어진 것이다. 또 이를 통해 서구 및 일본이 강국으로 되었기에 한국에서도 수용이 절실했다. 그러므로 이를 배타적으로만 볼 수 없었던 것이다. 한편, 겸손한 자세와 더불어 적극적으로 수용하려는 태도도 중요하다. 이 책이 쓰여진 1904년 이전까지 한국은 여러 차례 정치적 위기를 겪었다. 특히 외국과의 협상에서 많은 국가적 자존심을 잃었다. 그러므로 국가 발전의 원동력으로 삼기 위해 서구를 적극적으로 수용하고 익혀야 한다는 것이 그의 생각이다.

이러한 인식 전환과 더불어 교육에 서구를 수용하기 위한 구체적인 방안도 세 가지로 제시되었다. 첫째는 유학留學이다. 그는 일본의 발전을 유학의 제도화에서 찾고 있다. "일본은 영재를 선발하여 영국, 프랑스, 독일, 미국 등 서구 국가에 유학시켜 각종 서구학문을 익히게 한 후 귀국하여 영재를 가르치게 하였다."하고,[19] 또 "공이 큰 대신 중에 외국에 나가지 않은 사람이 없다."고도 적었다.[20] 이것은 서구 문명의 직접적인 수입을 촉구한 것으로 외국에 나가지 않고 국내에서만 있으려 하는 태도를 비판한 것이다. 둘째는 새로운 학교 제도의

---

18) 書曰"惟學遜志, 無時敏, 厥修乃來." (중략) 苟有勝於己者則學於至之人可也. 有所不解則問於芻牧亦可也.「論學要遜志」, 463쪽.

19) 是以日本維新之初, 國中聰穎子弟, 派往于英法德美諸國分類, 學習各種實學, 學成回國隨才授任.「論遊學之益」, 466쪽.

20) 今其內外諸大臣, 功名赫赫者, 無一非熟遊西國通達新法之人.「論遊學之益」, 466쪽.

창안이다. 그 방안에는 근대적 학교를 짓고(設塾), 숙련에 이르기 위한 체계적인 교육과정을 세우고(普通及專門), 학생들의 분발을 촉구하는 상벌제도(勸懲) 등이 포함되어 있다. 그 중 특히 박은식은 서구 서적의 간행(印書)을 독려하고 있다. 그는 일본에는 이미 서구 서적들이 많이 번역되어 있기에 이를 우리말로 번역하여 책으로 발간하면 쉽게 서구 기술들을 습득할 수 있다고 강조하고 있다. 셋째는 정치와 학문의 보완적 결합이다. 박은식은 『논어』의 '사우이학仕優而學'을 예로 들어 관료와 학자 간 교류의 필요성을 강조하였다. 그것은 전통적인 관료 사회와 연결되는 것이기도 했지만, 일부 관료 정치인들에 의해 여타의 교육계획이 정치적인 이유로 쉽게 변경되는 것을 예방하려는 의도도 있다.

하지만 이러한 교육정책의 가장 중요한 것은 우리의 전통과 서구 문명을 융합시켜 한국에 부합하는 새로운 문명을 창안하는 것이었다. 그것은 서구 문명을 이적의 문화에서 유교의 지향으로 끌어올리는 것부터 시작되었다. 그는 『겸곡문고』에서 "천지만물은 하나의 근원에서 나온다. 동해나 북해라 할지라도 사람의 마음과 사물의 이치는 같기 마련이다.天地萬物, 同出一原, 東海北海, 心同理同"라고 적고 있다. 이는 천성교육론과도 연결되는 것으로 인간은 근원적으로 같다는 것을 의미한다. 인간이 같으므로 그 문명과 문명 역시 유사점이 있다. 그러므로 서구문명이 동아시아와 한국의 문명보다 우수하다면 그것은 천성에 가깝기 때문인 것이다. 박은식의 이러한 정의는, 비록 용用의 차원이지만, 서구 문명이 곧 유교 성현이 이루고자 했던 현실적 꿈이라고 본 것이다. 이를 통해 박은식은 유교와 서구 문명의 양립을 추구했던 것이다.

그리고 이 때 유교는 한국의 유교라고 명시하고 있다. 한국의 유교에 대해 그는 이렇게 정의하고 있다.

오직 우리 한국은 부자夫子를 최고의 스승으로 삼아, 삼강오륜이 실로 국기國紀가 되고, 육경사서를 멀리서 이어 도통수명하고, 예악이 부식되어 풍화한지 오래 되었다.[21]

박은식은 동아시아 삼국 중 오직 한국만이 유교를 지키고 있다고 보았다. 특히 당시 청은 유교가 태어난 곳이지만, 실제로는 불교를 숭상하고 있다고 적고 있다.[22] 박은식은 한국은 유일한 정통 유교국가라고 선언했다. 하지만 그의 유교관이 중화사상에 사로잡힌 것은 아니었다. 그는 동시에 한국인을 위한 한국인에 부합하는 교육을 추구하였다. 서구 문명이 아무리 좋은 것이라고 한국인들이 쉽게 알아야 했기 때문이다. 그 방편으로 제시한 것이 바로 한글이다. 그는 근대 교육에 있어서 한글의 중요성을 다음과 같이 설명하고 있다.

전국의 인민들 모두로 하여금 배움을 밝히게 하려면, 즉 한글 교육보다 더 편리한 것이 없다.[23]

당시 한국을 비롯한 동아시아에서 확산된 교육관은 보통교육이었

---

21) 惟我韓宗師夫子, 三綱五倫實爲國紀, 六經四書遠紹道統修明, 禮義扶植風化 其來久矣. 「論維持宗敎」, 481쪽.

22) 今西人之譏華人曰, 華人名存孔孟, 實則崇佛, 云者, 非誣也. 「論維持宗敎」, 480쪽.

23) 欲使全國人民皆曉於學, 則莫便於國文之敎也. 「論國文之敎」, 469쪽.

다. 그래서 '국력은 민지民知 또는 민지民智의 총합總合'이라는 교육슬 로건이 유행하였다. 당시 한국에도 여전히 한문을 중시여기는 태도가 남아 있었지만, 국민의 지적 확장을 위해 한글이 점차 중요해졌다. 박은식은 '한문과는 달리 한글은 우리나라 사람들에게 적합한 글'로 보았다. 한글로 작성된 제국신문은 남녀노소를 가리지 않고 누구나 읽을 수 있었다. 즉 한글로 쓴 언론들은 국민들에게 세계를 이해시키는 창의 기능을 수행했던 것이다.

박은식은 서구문명을 수용함에 있어서 다양한 제도의 개혁을 추구하였다. 그 제도는 근대적 학교를 건립하고 교과를 수립하여 학생을 가르쳐 근대 국민을 만들어 근대 국가로 전환을 모색하는 방안이었다. 이 과정에서 박은식은 한국 상황에 부합하게 서구제도를 변용해야 했다. 다른 말로 서구 문명 수용을 위한 우리교육화이다. 특히 이 과정에서 그의 교육철학은 서구문명과 전통 유교 및 한국적 문화를 총합하는 방향으로 제시되었던 것이다.

5) 『학규신론』의 의의

박은식의 교육철학은 유교전통의 출발한다. 그는 인간은 자연에서 비롯된 것으로 보았는데, 이는 인문과 자연을 구분하는 서구의 교육철학과는 다른 것이다. 인간의 자연적으로 심지가 명석해지고 신체가 강해지는데, 이 과정에서 인위적인 교육은 오히려 인간을 올바르게 성장시킬 수 없다고 보았다. 특히 유아기의 교육은 향후 그의 삶과 연결되는데 한자공부를 위주로 하기 보다는 놀면서 스스로 배우게 하는 것이 좋다고 보았다.

특히 그는 도덕심성론에서 벗어나 지식과 신체 역시 교육의 대상으로 보았다. 또한 유아기에 자신의 장점을 살려 교육받지 못하면, 평생 그 분야에서 제 능력을 발휘할 수 없다고 보았다. 그러므로 그는 유아기부터 청소년기까지 개인의 특성을 살린 교육을 통해 개인이 사회에 보다 적합에 진다고 보았다.

이러한 박은식의 교육철학은 당시 서구문명의 수용과 깊은 관련이 있다. 1904년 박은식은 우리사회의 서구문명 수용을 절실히 요구하였다. 그것은 국가 생존의 길이기도 했었다. 하지만, 박은식은 무조건 서구문명을 수용해야 한다고 보지는 않았다. 또 위정척사의 기운이 남아 있는 시기에 서구문명에 대한 일방적 수용은 깊은 사회적 갈등을 낳을 수도 있었다. 나아가 그 역시 서구문명의 급속한 수입은 유교문명의 훼손으로 이어질 수 있다고 보았다. 그러기에 전통 유교와 서구 수용의 절충 즉 '우리교육화'를 모색하지 않을 수 없었다.

그 방안은 먼저 서구문명에 대한 정의에서 시작하였다. 서구문명을 이적의 문화로 규정하기 보다는 필요하지만 그간 유교가 도외시한 것이라고 규정했다. 즉 그는 서구문명을 당시 현실에 부합하는 유교의 실천양상으로 재해석한 것이다. 특히 그는 서구과학문명의 수입을 주장했다. 대신 유교를 대신할 수 있는 기독교는 언급을 아꼈다. 이렇게 함으로써 그는 유교와 서구문명을 절충하였다. 또 그에게는 한글을 통해 서구문명을 확산하고자 하였다. 한글은 우리만의 것으로 한국인이 쓰고 읽기에 매우 편리한 문자였다. 한글로 발간한 신문이나 서적을 통해 서구문명은 한국에 안착할 수 있다고 보았다. 서구문명은 당시 시대적 요청이었다. 유교는 쉽게 바꿀 수 없는 전통의 근간이었다. 한글은 시대에 뒤떨어지거나 정보접근이 어려운 보통이하의 국민들이 서구문명을 접하는 도구였다. 이 세 가지 요소를 통해 그는 교육을 통한 서구문명의 한국적 수용 즉 '우리교육화'를 도모했다.

이러한 박은식의 교육철학은 현재 우리에게 다양한 시사점을 주고 있다. 그중 두 가지만 정리한다면, 먼저 서구 일변도의 교육학에 일정한 대안을 줄 수 있다. 서구의 교육은 개인을 교육의 대상으로 삼고 교육목표, 교육방법이 반드시 포함되어 있다. 일종의 절차를 중시한다. 하지만 동아시아 전통교육은 개인을 도덕적으로 함양시키는 것으로 교육의 목표로 삼고 있다. 즉 개인의 도덕적 자아를 확충하는 것이다. 박은식 역시 이러한 전통교육의 입장에서 각자의 개성을 중시하고 있다. 둘째, 우리의 역사, 문화, 관습을 반영한 교육을 창안했다는 점이다. 비록 완벽하진 않지만, 박은식은 이전까지 양립이 불가하다고 본 전통유교와 서구문명을 통합한 교육방안을 제시했다. 여기에 한글과 한글교육의 중요성도 포함시켰다. 이러한 한국화의 노력은 현재 외국의 이론만을 살피는 일부 교육학적 경향에 시사점을 준다고 하겠다.

하지만 박은식의 교육철학도 문제점이 있다. 가장 큰 문제는 당대 우리사회에서 유교의 영역을 확고히 했다는 점이다. 19세기 중후반부터 유교는 더 이상 국가체제로서의 지위를 잃게 된다. 박은식의 기대와는 달리 유교국가인 당대 조선은 아래로부터의 개혁요구는 묵살하고 외세를 업어 왕도를 이으려는데 치중했다. 이것은 유교의 한계이다. 종교로의 독점적 지위도 점차 잃어갔다. 기독교와 민족종교가 경쟁적으로 확산되었기 때문이다. 또 한일강제합방이 가까워질수록 유교는 점차 친일세력의 사상적 근거로 전락하게 되었다. 일본에 대한 강한 동경도 문제라고 할 수 있다. 물론 그는 이후 독립운동가로서 항일운동에 매진했지만, 이 시기 일본 메이지유신에 대한 섣부른 평가는 타당하지 않았다.

2 국민계몽론

1) 신국민관의 등장

《황성신문》은 보수적 유교지식인들에 대항하여 서구를 수용함으로써 국가개혁과 국민교육의 선봉에 서게 된다. 그 시작은 문명론이다. 1890년대 후반 창간한 황성신문은 서구를 중심으로 신문명의 도입을 주장한다. 이 논의는 1905년 을사늑약을 기준으로 이전에는 국가개혁과 이후에는 국민교육이라는 두 가지 방향으로 나가게 된다.

국가개혁은 정부에 대해 서구식 제도의 제한적 도입, 국가의 산업(실업) 육성, 근대적 교육 제도 시행, 관리의 부정부패 사정 등을 요구하고 있다. 이것은 근본적으로 국력을 키우는 방안이지만 동시에 국민을 위한 국가 정책의 시행을 의미하기도 했다. 전반적으로 《황성신문》은 "민력이 국력"이라는 초기 양계초의 계몽적 사고와 일치한다. 다만, 이런 사고가 전적으로 양계초 사상의 수용이라고만 볼 수는 없다. 1890년대부터 1900년대 초까지 논설을 보면 현재 '실학' 또는 '실학자'이라고 명명하는 조선후기 개혁적 사고를 지향하는 편들이 다수 보인다. 실학자들 중에는 정약용을 중심으로 이익, 유형원, 김육 등이 거론되는데, 이들은 모두 제도 개혁을 추진한 인물들이었다. 그러므로 《황성신문》의 국가개혁론은 초기 양계초적 개혁사고라기 보다는 실학의 민본사상을 기반으로 하여 양계초, 나가서는 서구의 근대적 사상을 수용했다고 보아야 할 것이다. 특히 《황성신문》과 그 집필진 (박은식 등) 중에는 '한국의 역사 전통에서 개혁적 사고 내지 실학적 사고가 지속되었을 경우 서구 못지않은 문명국으로 성장할 수 있었다'는 논리를 내세우는데 이것은 위와 같은 결과를 뒷받침한다고 할 수 있다. 즉 1900년대 초반까지 이어진 실학에 대한 관심은 서구문명 수용과 관련된 것이다.

하지만 1900년대 중반에 접어들면서 서구 문명의 자주적 도입은 일본 등 서구 열강들의 침탈에 대한 대비의 논리로 변하게 된다. 때문에 문명론은 위 분석처럼 서구 수용보다는 '호랑어육虎狼魚肉'24)의 비참함을 설파하여 식민지화를 거부하는 노력으로 발전하게 되었다. 이 과정에서 국권과 관련한 의식이 보다 명확히 성립하게 되어 만주 및 간도문제, 동해 포경권 등 영토, 영해 및 각종 이권에 대한 배타적 주권 개념이 나타나기 시작한다.

1905년 을사늑약이후에는 국가재정권을 상실한 중앙정부 보다는 교육, 지방자치권, 사립지방교육기관 등에 대한 언급이 자주 등장하고 있다. 이는 중앙정부의 면장제도 마련에 대한 비판이 대표적이다.

> 면장제도가 실시된다고 함이 이미 오래된지라, (중략) 어떤 이는 "그렇게 함으로써 관직의 열기가 평소 우리 인사의 머릿속에 충만하여 비록 겨자만 하지도 못한 차함借啣(관직명만 있고 근무하지 않는 명예직)의 명색이라도 생명을 방기하고 어두운 밤길에서 벼슬을

---

24) '서구 열강은 호랑이와 늑대와 같고, 열강의 의해 식민지화한 지역의 주민은 물고기나 고기와 같다'는 주장으로 중국 계몽주의자들인 康有爲, 梁啓楚 등이 국가주의를 강조하기 위해 사용한 용어이다.

애걸하여 청을 들어주어 달라고 매달리건 이미 사례가 분명한지라, 하물며 어떻게 금일을 당하여 관직이 점차 좁아지니 만일 그 길을 연다면 잡배의 분쟁이 과연 어떠하겠는가? 필경은 정치상 안정되지 못하는 폐단을 환기시키기만 할지니 면장직제의 실시함은 결코 불가하다."고 단언하며,[25]

이 글은 형식적으로는 면장제도를 통해 지방 사회에 부정부패가 더욱 만연해질 것이라는 이유지만, 실제로는 면장제도를 통해 지방 통제를 강화하려는 통감부 정책에 대한 반대라고 평가할 수 있다. 그러므로 《황성신문》 국가개혁은 창간 시부터 을사늑약 전까지는 중앙정부의 국정개혁을 중심으로 하였으며, 이후 한일강제합병까지는 교육개혁과 지방개혁으로 나누어 진행되었다.

국민교육은 초기에는 서구문명 수입과 이를 통한 국가발전으로 도입되었다. 이 시기 대체로 《황성신문》은 서구 문명을 긍정적인 것으로 이해하였다. 하지만 1900년대에 들면서 식민지 거부와 맞물려 서구문명에 대한 평가는 후퇴하게 된다. 또 국가발전을 위한 서구문명의 국내 도입이 원활하지 않게 되자 1900년대 후반에는 다시 전통문화에 대한 관심이 나타나게 되는데 이 시기부터는 국어, 국사, 전통문화 등을 강조하는 민족주의적 경향도 나타나고 있다.

---

25) 面長의 職制가 實施된다 홈이 爲日已久훈지라 (중략) 或者는 "以爲후되 仕宦의 熱이 素來로 我韓人士의 腦髓에 充滿후야 비록 芥子만 不如훈 借啣의 名色이라도 生命을 委棄후고 昏夜乞哀후야 圖囑에 從事후든 已例가 昭然훈지라 何況今日을 當후야 宦路가 漸窄후니 만일 此路를 開通후면 雜輩의 紛競이 果然如何후깃는가 畢竟은 政界上不靖훈 弊端을 喚起홀지니 面長職制의 實施홈은 決코 不可후다"고 斷言후며⋯.「面長職制實施」(1909.9.12).

한편 전통 유교와 관련해서는 원시유교에 대한 재해석을 통해 기존 성리학적 경학관을 제고하고자 노력하였다. 그 방향은 유교의 근본 가치와 서구 문명은 충돌하는 것이 아니라는 사고를 전제로 한다. 1905년 이후에는 전통문화에 대한 재평가와 동시에 단군기자檀君箕子와 기자도통설箕子道通說이 출현하고 있는데,[26) 이는 당시《대한자강회월보》,《서우》등 개혁적 유교지식인들의 사고와 연결되는 부분이다. 이처럼《황성신문》의 논설은 당시 개혁적 유교지식인들의 사고 공유의 중심적인 역할을 수행했다. 또한 일부는 다시 계몽잡지에도 인용되어 확대 재생산되기도 했다.

《황성신문》참가자 중 박은식은 이미 언급한대로 서구 수용에 치우친 실학에 대해 비판적이었다. 그것은 새로운 시대의 가치라기보다는 기존 질서의 묵수로 이어지기 때문이었다. 그래서 그는 다시 도덕성 즉 실심의 실학으로 방향을 전개하였다. 실제로도 박은식은 초기부터 도덕성 회복에 큰 관심을 가졌다. 특히 그는 젊은 시절 박문오, 박문일 등의 주도로 시행된 성리학을 통한 평안도 교화 사업에 참여한 경험이 있었다. 이 사업은 지역민의 도덕성 회복을 목적으로 진행되었으며, 그는 '이 사업에 일정한 성과가 있었다.'고 평가하였다.

또 아직 개신교 운동이 정점에 도달하지 않던 1904년에 발간한 『학

---

26) 箕子道通說과 관련해서는 「道學源流辨」(1908.4.4)을, 檀君箕子와 관련해서는 다음의 논설들을 참고하기 바람. 我國이 檀君箕子로 伊來五千年古邦으로 (1899.9.13.) / 祝賀海朝新聞(1908.3.4.) / 朝鮮魂이 稍稍還來乎(1908.3.20.) / 嗚呼曷歸(1908.3.27) / 申告海港同胞(1908.4.10) / 淸國婦人의 國恥會(1908-04-11) / 高靈申氏의 學契影響(1908.5.14) / 學界進化(1908.6.23.) / 鐵椎子傳(1908.10.8.) / 我國古代發達의遺蹟(1909.2.6.).

규신론』에서 그는 '한국의 종교는 오로지 유교韓之宗敎, 夫子之道也'라는 관점을 버리지 않았다. 즉 그의 관심은 유교를 통한 도덕성 회복이었다. 하지만 1907년 이후 그의 관점은 변하게 된다. 즉 유교의 전유물이라고 생각 한 도덕성의 회복이 개신교 운동에서도 나타났기 때문이다. 그리고 그 방법은 타인에 의한 교화가 아니라 자기 스스로의 고백 즉 자각이었다. 또한 자각하는 주체 즉 개인도 중요했다. 개신교에서 말하는 성령에 이끌린 자각이란 깊은 지식이 필요하지 않았다. 즉 '지식의 여부와 신분의 고위를 막론하고 예수를 믿는 누구나 자각할 수 있기 때문이다.' 박은식은 이러한 개신교의 이론을 유교적 개념으로 재해석하였고, 마침내 양명학 더 정확히는 '양지'를 통해 이러한 현상을 규명하였던 것이다. 그러므로 그의 양지는 기독교의 성령과 대응되는 개념이다.

대개 이 신성한 주인은 우禹임금이 말한 도심道心이오, 탕왕湯王이 말한 상제上帝의 강충降衷이오, 공자가 말한 인仁이오, 맹자가 말한 양지良知요, 석가가 말한 화두話頭요, 예수가 말한 영혼靈魂이라. 이 주인의 정신이 청명하고 근본이 공고하면 천하의 시비선악과 공사사정을 명확히 판단할 수 있고, 이해利害와 화복禍福, 사생死生과 영욕榮辱이 동요하지 않아 강풍과 뇌우雷雨에도 미혹하지 않고, 천만인 중에 반드시 와서 천하의 막대한 사업을 만드는 것이 어렵지 않지만,27)

---

27) 蓋 此 神聖흔 主人은 帝舜 所謂 道心이오. 成湯 所謂 上帝 降衷이오 孔子 所謂 仁이오 孟子 所謂 良知오 釋迦 所謂 話頭오 耶蘇 所謂 靈魂이라. 此 主人의 精神이 淸明ᄒ고 根基가 鞏固ᄒ면 天下의 是非善惡과 公私邪正을 瞭然可判이오 利害禍福과 死生榮辱이 動撓ᄅ 不得ᄒ야 烈風雷雨에도 不迷ᄒ고 千萬人中에 必往ᄒ야 天下의 莫大흔 事業을 做得키 不難ᄒ거니와, 박

여기서 그는 양지를 왕양명의 주장이 아니라 맹자의 것이라고 설명하고 있다. 한국에서는 양명학을 이단으로 지목해 왔는데, 이 시기에도 이 같은 편견이 남아 있었다. 그래서 그는 양명의 양지라 하지 않고 맹자의 양지라고 하였던 것이다.

그는 이전 인간의 심성心性을 연구할 때부터 '마음[靈臺]에 주인이 있다.'는 것을 깨달았다고 적고 있다. 다만 이것에 대해 궁구하지 않고 있다가 많은 시행착오를 거쳐 그것의 중요성을 깨달았다고 한다. 그가 말한 시행착오란 당시 유교 지식인들의 구시대적 행태였다. 이미 그는 「구습개량론」에서 유교지식인들을 행세가로 비판한 적이 있다. 그가 이들을 비판한 이유는 과거 학문 해석에 매달려 수많은 분파를 낳아 국가의 중심적 사상으로 발전하지 못했기 때문이다. 또한 출세에 눈이 멀어 비리를 일삼는 자들도 비판하고 있다. 그는 이를 해결하기 위한 도덕심을, 당시 한국 북삼도의 개신교 확장이라는 시대적 사건과 연결시켰던 것이다. 또한 그의 양지는 단순히 도덕심에만 한정한 것은 아니다. 양지와 관련해서 유교구신론(1909)에서도 다음과 같은 구절이 나온다.

> 그런즉 오늘날의 유자가 각종 과학 이외에 본령 학문을 구하고자 하려면 양명학에 종사하는 것이 진실로 간단하고 절절한 이유이다. 대개 치양지의 학은 바로 본심을 가리켜 범인을 초월하여 성인의 반열에 들어가는 길이요,[28]

은식, 「고아학생제군」, 《서북학회월보》, 1909.3.1.

28) 然則 今之儒者가 各種 科學 外에 本領學問을 求ᄒ고져 홀진디 陽明學에 從事ᄒᄂ 것 이 實노 簡單切要ᄒ 法門이라. 蓋 致良知의 學은 直指本心ᄒ야

양명학에 있어서 선후, 중체 또는 본말을 논하는 것이 무의미하지만 이론상 양지를 본이라고 본다면, 박은식은 양지가 단순히 심성의 교화만을 의미하지 않고 지행합일을 통해 다양한 현실의 개선으로 나타난다고 보았다. 때문에 범인이라도 양지를 통해 자각한다면, 그것은 개인의 도덕심은 물론 사회의 변화 와 발전으로까지 이어지는 궁극적인 변화였다. 그런데 이 같은 논리는 바로 북삼도의 개신교의 확장 운동과 양상, 그리고 여기서 유추된 기독교 교리인 성령론과 깊은 관련이 있다. 즉 기독교의 성령론이 북삼도 개신교 확장의 동기로 인식되던지, 아니면 사회 변화라는 결과물로 유추되던지 간에 이 이론은 박은식의 양명학과 양지론 형성에 중요한 사상적 배경이 되었던 것이다.

2) 민지民智와 국권國權

《황성신문》의 '국민'은 초기 양계초 관점에 따라 애국심의 유무로 정의되었다. 양계초는 '애국심이 있으면 국민이고, 없으면 부민部民'이라고 정의하였는데, 《황성신문》을 비롯한 당시 개혁적 유교지식인들도 이와 유사하게 애국심이 있으면 '국민'으로 정의하고, 애국심이 없으면 '부민'에 해당하는 개념으로 '맹氓', '우인愚人' 등으로 불렀다. 이 같은 '국민' 개념의 등장은 '민'에 대한 새로운 정치적 해석이었다.

나아가 《황성신문》에서 애국자는 근대 문명관을 지닌 사람으로까

超凡入聖ᄒᆞᄂᆞᆫ 門路오 知行合一은 在於心術之微에 省察法이 緊切ᄒᆞ고 在於事物應用에 果敢力이 活潑ᄒᆞ니 此ᄂᆞᆫ 陽明學派의 氣節과 事業의 特著ᄒᆞᆫ 功效가 實多ᄒᆞᆫ 所以라. 「儒敎求新論」.

지 확장되었다. 즉 국가에 대한 애국심은 국가 발전을 위하는 마음이고 이것은 근대 문명의 도입으로 이룰 수 있었기 때문이다. 《황성신문》은 창간초기부터 국민國民을 국가, 국력 및 민지, 개명 등과 함께 설명하였다.

> 국력의 부강과 민지의 개명함이 오직 날로 진보함을 볼 수 있거늘[29]

> 그 민지와 국정이 같지 않음으로 말미암아 이로써 강해질 수 없음을 깨달았으며[30]

특히 여기서 민지개명民智開明의 책임이 국민에게도 있다고 적었다. 새로운 시대가 부응했음에도 여전히 과거의 종속적 민에 머물러 있다면 이는 국가의 발전을 저해하는 애국심 없는 태도라는 설명이다. 또 근대 국민으로의 이행을 방해하는 사람들로 전통 유림을 지목했다. 그래서 전통 유림은 전통국가체제를 묵수하려는 세력으로 당대 세계질서를 모르고 전통만을 고집하는 일명 맹氓 또는 맹지치치氓之蚩蚩라고 평가절하 하였다.

이와 대조적으로 국민은 국가와 국민이 유기적인 관계라고 깨달아 애국심을 확장해 나가는 사람이었다. 국민에 대한 강조는 특히 을사늑약 이후 증가하였다. 이것은 일본에 의해 핵심적인 국정이 침탈당한 상황에서 국가의 미래를 위해 초점을 국민에게 두게 되었던 것이

---

29) 國力의 富强과 民智의 開明흠이 惟日進步됨을 可見흘지어늘, 「警告廣告之人」, 1902.06.20.

30) 由其民智國政之不同也니 不可以此而强喩也며, 「答客駁客論之問」, 1902.3.26.

다. 이런 일환으로 국민의 각성을 구하는 다양한 글들이 《황성신문》에 게재되었다. 그 중에는 국민들에게 가의 중요성을 일깨우는 국사國史와 관련한 기사나 번역 소설들의 연재도 있었다. 을사늑약을 목전에 두고 6차례에 걸쳐 게재한 「고구려광개토대왕비명」(1905.10.31.~1095.11.06.)이나 이후 「독월남망국사讀越南亡國史」(7회 / 1906.8.28.~1906.9.5.), 「독의대리건국삼걸전讀意大利建國三傑傳」(10회 / 190612.18~1906.12.28.), 「사파달소지斯巴達小志」(9회 / 1907.4.5~1907.4.16.), 「멸국신법론滅國新法論」(4회 / 1907.5.1.~1907.5.4.) 등이 대표적이다.

이러한 사고는 대한자강회 등과도 연결되는 부분이다. 《황성신문》에는 대한자강회의 연설문을 1906년 4월 30일부터 1907년 5월 21일까지 총 40회에 걸쳐 게재하였다. 그 처음에 장지연은 이렇게 언급하였다.

> 대저 "의식족이지예절衣食足而知禮節"이라는 말은 개인을 취하여 말함이나 개인에도 이미 그러하거니와 국가에도 역시 그러하니 국부를 증진하여 국민의 의식이 족한 연후에야 국권신장에 도달하거늘 만약 지금과 같이 국가가 빈궁에 깊이 빠져 있는 지경이면 국권신장을 어찌 바라겠소? (중략) 국가 부원富源이 식산흥업殖産興業에 있는 이유를 이미 알진대, 자진自進하여 식산흥업의 발달을 예의권면銳意勸勉하는 것이 가당하지 아니하오?[31]

---

31) 大抵衣食足而知禮節이라하는 語는 個人에 就하야 言홈이나 個人에도 旣然하거니와 於國에도 亦然하니 國富를 增進하야 國民의 衣食이 足흔 然後에야 國權伸張을 致하거늘 若如現狀하야 國家가 到底貧窮홀 境遇면 國權伸張을 엇지 望하깃쇼 (중략) 國家富源이 殖産興業에 在흔 理由를 旣知홀진딕 自進 ᄒ야 殖産興業의 發達을 銳意勸勉ᄒᄂ것이 可치아니ᄒ오 1906년 04월 30일 (大韓光武十年四月三十日月曜) 「雜報·大韓自强會演說」, 1906.4.7.

장지연의 이 언급은 당시 유교지식인들이 국민들 자각을 국권회복으로 연결시켰음을 보여 준다. 한 편으로는 국민들에게 서구문명의 위대함을 설명해야 할 필요성도 있었다. 그래야 국민들이 스스로 과거의 전통을 버리고 새로운 문명으로 전환하기 때문이다. 이러한 가운데 당시 유교지식인들 사이에서는 서구문명을 중심으로 한 물질개량의 논리도 등장하였다.

대개 이미 지구상의 각종 민족의 역사를 보건대, 문명한 민족이 강성하면 야매野昧한 민족이 쇠멸衰滅하는 것인 정한 원리이다. 그 실상의 증거를 대략 들면, 전선과 우편이 부설됨에 역참과 봉화가 폐지되고, 증기선과 철도가 빨리 달림에 범선과 가마가 버려지게 되고 석유가 생산되어 등잔의 기름으로 제공하니 들기름이 물러나게 되고 (중략) 이로써 보건대 인종의 성쇠도 이와 같아서 문명한 민족이 강성하면 야매한 민족이 반드시 쇠멸하는 것이니 금일 우리 한 민족이 생존경쟁의 시대를 당하여 어찌 십분 위태롭게 여기고 만배 두려워하지 아니하리오?[32]

국민이 스스로 자강의 길을 선택해야 한다는 것은 과거 피통치자의 지위에서 개선된 측면이라고 볼 수 있다. 하지만 현재와 같은 국민

---

32) 蓋 嘗地球上 各種 民族의 歷史을 觀ㅎ건듸 文明ㅎ 民族이 强盛ㅎ면 野昧ㅎ 民族이 衰滅ㅎᄂ 것은 一定한 原理라. 其 實相의 證據를 槪擧ㅎ건듸 電線과 郵信이 敷設되 믹 驛遞와 烽臺가 廢止되고 輪舶과 鐵軌가 駛行ㅎ믹 帆船과 轎輿가 棄置되고 石油의 産이 燈料를 供ㅎ믹 荏油가 退却되고 (중략) 以此 觀之ㅎ면 人種의 盛衰도 此와 如ㅎ야 文明ㅎ 民族이 强盛ㅎ면 野昧ㅎ 民族이 必然衰滅ㅎᄂ 것이니 今日 我韓民族이 生存競爭의 時代를 當ㅎ야 엇지 十分 危凜ㅎ며 萬倍 恐懼치 아니ㅎ리오. 「物質改良論」, 《서북학회월보》8, 1909.1.1.

개념으로 확장된 것은 아니다. 위에서도 언급했지만, 이 같은 국민계몽론은 국민을 국가의 주체로까지 확장시키지는 못했고, 자주自主 역시 을사늑약이라는 국가 위기 속에서 국가회복의 대의를 국민에게 넘긴 어쩔 수 없는 논리였다. 한편 이러한 국민의식 고양의 배경에는 서구문명론이 있었다. 서구문명론은 과학기술을 기반으로 다양한 삶의 영역에서 전통을 대체해 나갔다. 사상적으로는 과거 중화문명을 대신하여 서구문명이 자리 잡은 모양이었다. 점차 확대되어가는 서구문명 속에서 국민의식도 이에 따라 변화되어 갔다.

3) 신문명론

"문명文明"이라는 말은 원래 『서경書經』에 나오는 말로 유교를 중심으로 한 중화문명을 의미한다. 현재는 civilization의 번역어로 대체로 서구문명을 의미한다. 그런데 《황성신문》에서는 시기에 따라 이러한 두 가지 범주가 섞여 사용되고 있다.

> 하물며 우리 대한은 오백년의 문명 고국이라 이것을 크게 베푸는 기회를 당하여 일분의 힘을 소비하면 가히 큰 공을 이루리니[33]

> 근년이래로 혹 뜻 있는 인사가 문명국의 모범을 모방하여 몇 개의 회사를 조직함이 있으나 조취모산朝聚暮散하여 하나의 회사도 완성한 것이 없으니 이는 어찌된 연고인가?[34]

---

33) 況我大韓은 五百年文明古國이라 此大事張하는 機會를 當하야 一分의 力을 費하면 可히 大有한 功을 成하리니 「美國이 開國한지」, 1898.9.15.
34) 近年以來로 或 有志人士가 文明國의 模範을 依倣하야 幾個社會를 組織 홈

이것은 문명의 근거를 어디에 두고 있느냐에 대한 문제이기도 했다. 전자에서는 비록 완전한 형태는 아니지만 전통에서 문명의 기원을 찾으려는 노력이 있었다. 반면 후자에서는 대한제국을 문명국에 미치지 못하는 단계로 평가하고 있다. 이러한 관점은 국민들에게 문명의 지향을 어디에 두어야 하는가의 방향을 나타내는 것이기도 했다.

《황성신문》 초기에는 비록 당대 보수적인 유교는 아닐지라도 전통에서 새로운 문명을 찾으려는 시도가 있었다. 당시는 국민계몽보다 국가개혁이 더 필요한 시기로 법률, 경제(경세), 상공업 등 여기에 해당하는 대안이 등장하였다.《황성신문》에서는 그 필요성과 타당성을 한국전통에서 찾았는데, 그것이 바로 일명 실학자들의 복원에서였다. 《황성신문》에서는 보수적 성리학자들과 다른 시각의 다섯 유학자를 지면으로 복권시켰다.

> (조선) 중기 수백 년간에 경학이 나라의 문명을 담당하여 농서를 읽고 상공학을 보는 자를 노비로 여기니 자연히 반계 유형원, 성호 이익, 다산 정약용 같은 일대 경세가가 나왔으되 이도(異道)로 지목당하여[35]

> 국조에 중고이래로 정치가로 말하는 자에 김육, 유형원, 이익, 정약용, 박지원 등 4~5명의 선배가 있어서[36]

이 有ᄒᆞ나 朝聚暮散ᄒᆞ야 一社도 完成ᄒᆞᆫ 者ㅣ 無ᄒᆞ니 此ᄂᆞᆫ 何故오「社會의 團體」, 1907.9.24.

35) 中間幾百年에 經術의 學이 一國文明을 啓ᄒᆞ야 農書를 讀ᄒᆞ던지 商工學을 見ᄒᆞᄂᆞᆫ 者ᄂᆞᆫ 奴隷로 視ᄒᆞ니 然ᄒᆞᆷ으로 柳磻溪馨遠과 李惺湖瀷과 丁茶山若鏞 又ᄒᆞᆫ 一代經濟大方家가 出ᄒᆞ얏스되 異道로 指目ᄒᆞ야「天包地環ᄒᆞᆫ 中間에」, 1899.5.18.

이러한 등장은 전통 유교 이외에서 한국 문명의 기원을 찾고자 하는 노력의 일환이었다. 하지만 이러한 논의는 을사늑약 이후로 서구 문명을 중심으로 하는 새로운 문명론으로 대체되었다. 서구문명론은 한국 전통의 문명을 인정하지 않았다. 그들은 식산흥업이 전통문명과의 단절에서 비롯한다고 단언했다. 초기 일부 한국의 독자성이 강조되기도 했지만, 이는 중화관에 대한 비판에서 나온 것이었다. 여기서 중화란 전통과 같은 의미였다. 하지만 중화관 극복은 다른 문명 즉 서구문명을 선택으로 이어졌다. 그러므로 여기서 말하는 자주란 중화관을 버리는 데 까지였고, 이후에는 다시 서구문명에 종속되는 양상이었다.

서구문명의 선택은 전혀 예상치 못한 방향으로 전개되었다. 《황성신문》에서 선전한 문명개화란 대한제국의 독립을 위한 방편이었다. 그러나 서구문명으로 가면 갈수록 그 끝은 일본에 의한 문명개화 즉 일제강점으로 이어졌다. 이런 사고의 편협과 축소는 항일투쟁인 의병 활동까지 비판하는 경향으로 나타났다. 때문에 《황성신문》을 비롯한 당시 개혁적 유교지식인들은 지방 유림들에게 '개명한 완고'라는 비난을 받기에 이르렀다.

> 비록 워싱턴의 담략과 그라스톤의 정치와 비스마르크의 재량과 마치니의 기개가 있을지라도 후세 사필(史筆)에 의해 나라를 망친 누명은 씻기 어려우니 만약 이와 같다면 차라리 전국 인민으로 하여금 완고한 완고는 될지언정 개명한 완고는 원하지 않을지니 대놓

---

36) 國朝自中古以來로 言政治家者ㅣ 有金潛谷堉氏 柳磻溪馨遠氏 李星湖瀷氏 丁茶山若鏞氏 朴燕岩趾源氏 四五先輩ᄒᆞ야 「廣文社新刊牧民心書」, 1902.5.19.

고 말한바 잠꼬대가 헛소리를 원하지 않는 것이라.[37]

　워싱턴의 담략, 그라스톤의 정치, 비스마르크의 재량, 마치니의 기개는 모두 서구문명을 의미한다. 윤상현의 주장대로 이들의 문명론은 한국의 정체성을 잃어버렸다. 윤상현은 이들의 주장대로라면 실제로 한국은 일본에 의해 병합될 운명이라고 예언했고 이 예언은 몇 년 뒤 현실로 나타났다. 《황성신문》의 문명론은 국민계몽에 사상적 기초였다. 초기에는 한국 전통에서 당대 문명의 근원을 찾고자 했다. 그러나 급변하는 시대 상황 속에서 그들은 서구 문명만을 문명으로 받아들였다. 이것은 한국의 문명개화를 위해 선택한 것이었으나, 그 말로는 비참했다.

　《황성신문》의 근대관은 세 가지 측면에서 비판할 수 있다. 첫째는 전통 문명과 학문에 대한 비하와 비판이다. 전통과의 근대 간의 연속성을 찾기 보다는 여러 가지 이해관계 속에서 단절을 선택한 것인 매우 아쉬운 대목이다. 둘째는 당대 국가사회모순을 산업의 부재에서 찾았다는 점이다. 산업의 부재는 표면적인 이유이고 그 내면에는 근대로의 이행이 있었다. 근대 이행에 있어서 개인과 국가의 독립된 주체성이 빠질 수 없다. 그런데 이들은 이를 도외시하였던 것이다. 셋째는 일제의 식민침탈의 의도를 애써 외면했다는 점이다. 실제로 《황성

---

37) 비록 華盛頓의 膽略과 格蘭斯頓의 政治와 卑士麥의 幹局과 瑪志尼의 氣槪가 有홀지라도 後世 史筆에 壞國혼 累名은 難洗ᄒ리니 若 如此면 寧히 全國人으로 ᄒ야금 頑固혼 頑固ᄂ 될지언정 開明혼 頑固ᄂ 不願홀지니 向云혼 바 夢譫이 醒譫을 不願홀 者ㅣ라. 尹商鉉, 「告社會志士諸公」, 기호흥학회월보 3, 1908.10.25.

신문》 그리고 대한자강회 등에 참여한 인사들 중 상당수가 친일파로 변절했다는 점은 주목해야 할 부분이다.

《황성신문》은 개혁적 유교지식인들의 활동 공간으로 일제강점기까지 다양한 사회 이슈를 유교의 관점에서 재해석하였다. 특히 기존 유림들로 대표되는 전통 유교계의 근대인식을 개혁하는데 지대한 공헌을 하였다. 이를 한국 근대 유교의 전개로 묘사하였다. 이들의 개혁론이 일정부분 타당했다는 것은 채 한 세대가 지나기 전에 알 수 있었다. 국가개혁으로써 정부와 지방, 사회 그리고 교육제도를 개혁하려는 일련의 시도와 노력은 정당한 평가를 받아야 할 것이다. 더불어 이들이 유학(儒學) 또는 유교를 근거로 이를 시행했다는 점은 결국 근대성에 대한 전통의 역할로 이어진다는 점에서 향후 심도 있는 연구가 요구된다.

하지만 을사늑약이후 《황성신문》과 그 주체들은 혼돈에 빠졌다. 더 이상 주체적 개혁이 어려운 시기에 이들의 선택은 서구중심의 문명개화로 이어졌다. 제한된 국가개혁은 국민계몽으로 이어졌다. 하지만 국민계몽은 여전히 국민을 교화의 대상으로 보는 관점이 우세했다. 국민은 여전히 국가를 위한 존재였다. 서구문명을 수용하여 국민에게는 편리와 부유를 주고 이를 통해 정상 국가로의 복귀를 기대했지만 이는 몽상에 불과했다. 오히려 국난의 시기에 의병을 외면하고 사회 안정을 위해 일본 군대 주둔의 정당성을 강조하는 태도는 주체성을 상실한 문명관의 한계를 여실히 보여주는 것이었다.

유교 또는 유교체제는 by the people의 개념이 부족하다. 근대로 이행하면서 유교는 이를 해소하기 위한 대안을 찾아야 했다. 그러나 《황성신문》은 이를 찾지 못하고 폐간에 이르렀다. by the people이란 단순히 국가의 주인이라는 의미만 있는 것은 아니다. 그 안에는 국가의 속해 있지만, 국가와 대등한 개인이라는 근대 담론이 포함되어 있기 때문이다. 그렇게 선택한 국가는 자신의 국가이며 자신의 주체성의 연속이었다. 《황성신문》은 유교의 이상을 지키면서 근대를 수용하고자 노력했지만 격변기 타자에 의해 강요된 한국의 근대를 올바르게 리드하지 못하였다. 심지어 '개명한 완고'로 까지 몰락하였다.

《황성신문》의 이 실험은 우리에게도 중요한 시사점으로 다가 온다. 불교와 기독교 등 기존 가치체계는 시대에 따라 창신되고 있다. 유교 역시 이러한 과정을 거쳐 지금 우리사회를 밝히는 이상으로 거듭나기를 기대한다. 그런 점에서 근대기 《황성신문》의 실험과 선택은 유교 전통을 기반으로 우리 사회에 바람직한 가치관을 형성하는데 좋은 참고가 될 것이다.

4) 한글의 가치

이전 개화파는 서구 문물의 강력함에 빠져 있었다. 그들이 전통 유교에 근거한 전통 질서를 완전히 부정한 것은 아니지만,[38] 그 관점은 서구 문물이라는 새로운 문물을 입어야만 한다는 데에 맞춰져 있었다. 하지만 당시 박은식 등 개혁적 유교지식인들의 생각은 달랐다. 이들의 입장을 담은 《황성신문》에서는 서구 수용에 대한 새로운 방안이 나왔는데 그것은 일명 실학자들의 등장이었다. 왜냐하면 서구 문명의 수용이 자칫 우리의 것을 잃어버릴 수 있었기 때문이다.

---

38) 이경구(2015), 89~90쪽 참조.

그들은 먼저 서구 강함의 원인을 찾기 시작했고, 결국 그 원인을 종교 즉 기독교로 규정했다. 동시에 조선이 서구와 같은 강함을 갖기 위해서는 기독교에 해당하는 국가적 질서인 국교 즉 유교를 그 위치에 놓아야 한다고 생각했다. 《황성신문》에 참여한 박은식은 이러한 관계를 다음과 같이 설명하고 있다.

> 세계 각국 사람들은 자신의 종교에 따라 생활한다. (중략) 한국의 종교는 유교夫子之道이다.[39]

이 같은 전환은 과거 유교를 부정했던 급진적 개화사상에 대한 반성이었다. 그들은 유교는 국가와 국민의 종지이자 애국의 근원이라고 생각했다. 하지만 이들의 유교가 기존 변화를 거부하는 보수적 유교와는 다른 것이었다.

> 우리 한국은 동아시아의 4천여 년의 오래된 국가이고 그 종교가 기주에 터를 잡고 요·순·우·탕이 전수한 심법으로부터 나와 인문이 열리고 언어가 통하더니 (중략) 본조에 이르러서는 천운을 받아 인문이 크게 열리므로 세종대왕께서는 성신聖神하시어 국문을 만드시고 흠경각과 간의대를 지으시고 선기옥형을 설치하시어 칠정을 다스리시고 기타 종루, 각침, 천운의 등 기기를 창제하심과 심림경제의 농가제류와 의방대성동인경醫方大成銅人經을 발명하셨다. 성학이 고명하신대 발한 것이오. 이후 충무공 이순신은 거북선을 사륜을 발명하였으니 이는 실로 기선의 권여가 됨이거늘[40]

---

39) 宇內各國之人, 服於其宗敎. (중략) 韓之宗敎, 夫子之敎也. 박은식,「論維持宗敎」,『學規新論』, 1904,『백암박은식전집』제3권, 2002, 480쪽 참조.
40) 我韓이 東亞에 四千餘年古邦이라 其宗敎가 箕疇에 肇基ᄒ야 堯舜禹湯의 傳

위 글은《황성신문》이 바라보는 실사구시 즉 실의 철학을 비교적 명확히 설명하고 있다. 한국은 예전부터 유교를 수용하여 국가를 발전시켜왔기에 그 근본은 유교이다. 세종대왕과 이순신 같은 위대한 인물들은 모두 유교의 질서 하에서 발현된 인물들이다. 또한 그들의 산물이 바로 격치 즉 과학이자 실사구시의 정신이었다고 주장하고 있다.

초기 개화파들은 서구의 과학기술의 수용에만 급급하였다. 그러나 서구에 대한 이해의 폭이 넓어지자,《황성신문》은 그들 사회의 합리성에 대해서도 언급하였다. 이는 개화 초기에 함선, 총포 같은 무기류에 대한 이해에서 교육, 법률, 정치와 같은 제도에까지 그 폭이 확대되어 갔다. 이러한 사고의 확장은 현재 서구에 대응하는 과거 조선의 과학기술에만 머무르지 않고, 과거 비심성론적 사상을 재발견하는 양상으로 이어졌다. 즉《황성신문》의 이러한 견해는 전통의 새로운 학문 소개로 연결되었다.

우리나라 (중략) 중기 수백 년간에 경학이 나라의 문명을 담당하여 농서를 읽거나 상공학을 보는 자를 노비로 여기니 자연히 반계 유형원, 성호 이익, 다산 정약용 같은 일대 경세대방가가 나왔으되

授ᄒ던 心法으로 從來ᄒ야 人文이 以關ᄒ며 言語를 以通ᄒ더니 (중략) 本朝
에 迨ᄒ야ᄂ 天運을 膺ᄒ야 人文이 大開ᄒ으로 我世宗大王ᄭᅴ옵셔 乃聖乃神
ᄒ샤 國文을 創造ᄒ시고 欽敬閣과 簡儀臺를 作ᄒ시고 璿璣玉衡을 設ᄒ샤
七政을 以齊ᄒ시고 其他 鐘漏刻針渾天儀等機器를 創製ᄒ심과 山林經濟의
農家者流와 醫方大成銅人經의 發明ᄒ심이다 聖學이 高明ᄒ신되 出ᄒ이오
其後忠武公 李舜臣은 龜船의 駛輪을 發明ᄒ얏스니 此ᄂ 實로 濬船의 바탕
이 됨이어늘,「논설」,『황성신문』, 1899.4.28.

이도(異道)로 지목당하여 혹 산중에서 늙어 죽은 이도 있고 혹 사람의 탄핵을 받아 먼 바다로 쫓겨난 이도 있어 그 학문이 현세에 사용하지 못함으로 금일 이렇게 빈민약국에 또한 이르렀으니 애석하도다.[41]

우리나라에도 예부터 정치가로 불리는 자가 있으니 김육·유형원·이익·정약용·박지원의 서너 분들이다. 정치경제학으로 모두 뛰어난 저자로 칭하되 가장 그 저술의 풍부함이라 한다면 오직 정약용이 최고이다.[42]

이러한 관점은 그들의 가치가 크게 두 가지로 발전했음을 보여준다. 첫째는 전통 유교의 위상을 재정립하는 것이다. 그들은 보수적 유교지식인들이 호락논쟁, 심설논쟁 등 도덕심성론의 측면만 강조하는 것을 비판이다. 또 그들은 유교 성현들을 선비나 학자보다는 정치가, 경제가, 실무관료 등의 측면을 고찰하였다. 둘째로 이러한 관점의 변화는 조선시대 기존 도덕논쟁에서 벗어나 농업이나 상공업에 관심을 둔 학자들의 발굴로도 이어졌다. 이러한 가운데에서 당시 가학으

---

41) 我韓에 至ᄒ야 (중략) 中間幾百年에 經術의 學이 一國文明을 啓ᄒ야 農書를 讀ᄒ던지 商工學을 見ᄒᄂ 者ᄂ 奴隷로 視ᄒ니 然홈으로 柳磻溪馨遠과 李惺湖瀷과 丁茶山若鏞 又흔 一代經濟大方家가 出ᄒ얏스되다 異道로 指目ᄒ야 或山中에셔 老死흔이도 有ᄒ고 或人의 忤觸을 被ᄒ야 遠海에 竄逐흔이도 有ᄒ야 其學이 現世에 用行치 못홈으로 今日에 此民貧國弱을 亦致ᄒ얏스니 吁라. 논설」, 『황성신문』, 1899.5.18.

42) 國朝自中古以來로   言政治家者ㅣ 有金潛谷堉氏柳磻溪馨遠氏李星湖瀷氏丁茶山若鏞氏朴燕岩趾源氏四五先輩ᄒ야 以經濟政治學으로 皆表表著稱이로딕 最其立言著書之富ᄂ 惟茶山公이 爲尤ᄒ니 「廣文社新刊牧民心書」, 《황성신문》 - 논설」, 1902.5.19.

로만 전해내려 오던 정약용의 학문도 부활하게 된 것이다.

동시에 개혁적 유교지식인들은 한글에 대해서도 매우 높이 평가했다. 특히 박은식은 한글의 우수성을 학습의 용이함에 두었다. 한글은 한문과는 달리 한국인의 언어생활에 부합한 글자였으므로 한국어를 사용하는 사람이라면 쉽게 배우고 익힐 수 있었다. 그는 이러한 한글의 특성을 민지의 확충과 연결시켰다.

> 나라의 문명은 교화에서 나온다. 교화의 기운이 전국으로 퍼져 자연히 날로 융성하기 위해서는 반드시 전 국민 중 한 명이라도 배우지 않게 함이 없게 해야만 가능하다.[43]

양계초가 '국력國力은 민지民知의 총합'라고 규정한 이후 당시 한국의 개혁적 유교지식인들에도 '국민을 대상으로 한 계몽을 실시해야 한다.'는 담론이 일어났다. 박은식은 한글을 이 담론의 해결방안으로 제기했다. 첫째는 한글을 통해 일반 국민들이 세계와 소통하게 하는 것이고 둘째는 각종 근대적 지식을 보급하는 것이었다.

당시 유통된 신문 매체 중에는 제국신문이 있었다. 이 신문은 한글로 작성되었기 때문에 한문을 잘 모르는 중등 이하의 남녀노수 국민들도 쉽게 기사를 접할 수 있었다. 즉 이 신문은 세계와 국민을 이어주는 소통의 창이었다. 그는 이 제국신문의 계몽적 기능을 다음과 같이 설명하고 있다.

---

43) 國之文明有於敎化. 欲敎化之蒸然日隆盛必使全國人民無一不學而后可也.
「論國文之敎」 468~469쪽 참조.

내가 최근의 정세를 보건대, '순검, 병정, 시정상인들에서 부인, 여자와 노역자들까지 모두 제국신문을 읽지 못하는 자가 없다.'고 매번 듣고서 문명화로 나아가는 기틀이 생김에 기쁘지 않은 적이 없었다. 만약 이 한글 신문이 없었다면 세계의 형세, 조정의 이해득실, 산업의 발달 등에 대해 어찌 이들의 이상이라는 것을 믿을 수 있겠는가? 그것은 민지民智(民知)를 발전시키는데 유익하다.[44]

한글로 작성된 제국신문은 남녀노소는 물론 교육의 혜택을 받지 못했던 사회적 약자들에게도 당시의 국제질서와 국가 운영 전반에 대한 이해를 제공하였다. 즉 국민들은 한글을 통해 지식을 확충하고 당시 세계와도 소통하고 있었던 것이다. 그의 이러한 한글 인식은 1915년 발행된 『한국통사』에서도 여실히 드러난다. 이 책에서 그는 한글 즉 국문을 국교, 국어, 국사 등과 더불어 빼앗길 수 없는 국가의 정체인 국혼 중 하나로 정의하고 있기 때문이다.

하지만 박은식의 한글 예찬은 세계와의 소통에 그치는 것은 아니다. 그는 한글이 실무 교육에도 매우 유효한 도구라고 생각했다. 그리고 그는 과거 김안국의 언해서 즉 한글번역서 보급을 예로 들고 있다.

모재 김안국은 구결소학과 언해삼강, 언해이륜행실을 발행했고, 언해정속, 언해향약과 언해농서·장서, 언해 창진방·벽온방 등의 책을 간행하여 배포하였다. 이로써 어리석은 백성들도 눈을 떠 쉽게 자연히 쉽게 알게 되었으니, 그 교화의 공이 어찌 성대하지 않겠는가?[45]

---

44) 余近日巡檢兵丁市井商賈之民以至婦人女子及隸役之屬, 無不能讀帝國新聞者, 每過而聽之, 未嘗不喜文化之有進機也. 若無此國文之新聞, 則世界之形便, 朝庭之得失, 實業之發明, 豈若輩之所蒙想者也信乎? 其有益於開發民智也. 「논국문지교」 469쪽 참조.

김안국은 1517년 경상도관찰사로 파견되어 각 향교에 『소학』을 권하고, 『이륜행실도언해二倫行實圖諺解』· 『여씨향약언해呂氏鄕約諺解』· 『정속언해定俗諺解』 등의 유교 관련 서적과 『농서언(農書諺解)·『잠서언해簪書諺解』의 한글 농서, 전염병 예방서인 『벽온방辟瘟方』, 피부병 치료서인 『창진방瘡疹方』 등의 한글 의서를 간행하여 널리 보급하였다고 한다. 그는 조광조의 개혁 정치에 동참하였는데, 조광조가 죽임을 당한 기묘사화(1519) 때에는 가까스로 목숨을 건졌다. 그는 1532년에 다시 등용되어 중국의 선진문화를 수용하여 천문·역법·병법 등에 관한 신서적 구입을 상소하였다. 또한 그 스스로도 실무 기술을 익혀, 기존 닥나무에 물이끼 섞어 질긴 종이 즉 태지苔紙를 제작·보급시켰다고 한다.

그가 김안국을 한글 보급의 예로 든 것은 한글을 통해 각종 유익한 정보를 국민에게 제공하여 민생을 살필 수 있다고 판단했기 때문이다. 하지만 이 배경에는 더 중요한 사고의 전환이 있었다. 김안국, 김정국 형제는 조광조와 함께 국가 개혁을 추진한 인사였다. 당시 개혁적 유교지식인들이 참여한 《황성신문》에는 조광조, 김육, 유형원, 박지원, 이익, 정약용 등 이른바 조선의 개혁가들을 긍정적으로 평가했다. 김안국 역시 이러한 차원에서 제시되었다. 그는 사대부이면서도 (박은식 당시) 양반들이 천대했던 실무 지식을 중시했다. 그것은 그의

---

45) 思齋金公有口訣小學, 有諺解三剛二倫行實, 有諺解正俗, 有諺解鄕約, 有諺解農書蠶書, 有諺解瘡疹方辟溫方等書之刊布者, 使愚夫愚婦豈得曉然易知其爲敎化之助不易盛乎? 「논국문지교」, 469쪽 참조. 원문에는 '思齋金公'으로 되어 있는데, 思齋는 金安國의 동생인 김정국(金正國)의 호이다. 하지만 실제 제언해서를 발간 배포한 사람은 모재(慕齋) 김안국으로 박은식의 착오이다.

정치관이 개인의 정치적 욕망보다는 민본이라는 유교적 대의가 우선했기 때문이다. 더 나아가 그의 사고의 연장선에는 국민을 수동적인 통치 대상으로만 보지 않고 능동적으로 삶을 영위할 수 있는 존재로까지 볼 수 있었다. 특히 그가 농서, 잠서 및 의서 등 각종 실무 지식의 보급 이외도『성리대전언해』,『여씨향약언해』등 유교 서적 보급,『소학언해』,『동몽선습』등 어린이 교육 서적 보급 등에 관심을 가진 것은 그가 당시 박은식이 추구하는 유교지식인 표상이라는 점을 알려주고 있다.

박은식은 당시 조선의 쇠락이 김안국 같은 개혁가들을 계승하지 못한데 있다고 한탄하면서 '애석하지만 어쩔 수 없이 서구를 배우지 않을 수 없다.'고 강변하고 있다.[46] 그가 본 민지는 세계 정세에 대한 올바른 이해와 더불어 실무 기술 교육의 발전도 의미한다. 전자는 국민의 계몽을 의미하고 후자는 국가 산업의 발전을 도모한다. 전자는 전통의 가치관 즉 유교가 수행해야 하지만, 후자는 반드시 서구의 학문을 수용해야만 한다. 때문에 이 책에서 한글을 통한 민지의 확충은 서구 수용의 필요성으로 전환되어 기술되고 있다.

당시에는 위정척사가 주를 이루어 유림들에게는 서구 학문에 대한 강한 반감이 있었다. 하지만 서구 학문은 근대국가에 반드시 필요한 것이었다. 근대 개혁적 유교지식인들은 서구와 조선의 차이가 바로 이 과학기술의 차이라고 보았다. 그러므로 조선의 자립은 과학기술의

---

46) 自是而有繼而昌之者則風化之頹敗, 豈至於此而哀, 我元元胥入於異敎也, 吁可慨也已.「논국문지교」469쪽 참조.

도입과 운용에 달려 있다고 보아도 과언이 아닌 것이었다. 더불어 이들은 점차 서구 과학과 더불어 법학, 정치학, 경제학 및 교육학에서도 서구의 제도를 높게 평가했다. 이 점에서 이들의 서구관은 점차 '서구는 단순히 과학기술만의 우위'라는 동도서기東道西器식 인식에서 탈피하여 점차 근대와 전근대의 문제로 변화하고 있었다.

제**6**장

근대 유교의 출발

1 유교의 재정립

1) 유교구신과 양명학

을사늑약이 체결된 이후 개혁적 유교지식인들은 한국 유교의 정체성을 통해 자강정신을 펼치면서 통감부 체제에서 벗어나기를 희망했지만 오히려 조선의 상황은 악화되는 상황이었다. 이에 대안으로 나온 것이 바로 조선의 유교를 근본적으로 개혁하자는 요구였다. 이 사고는 기독교의 한 갈래인 개신교 유입과 더불어 유교의 종교화로도 이어졌다.

1909년 유교구신은 박은식, 박헌용 등 일부 개혁적 유교지식인들의 개혁과정에서 나왔다. 특히 1909년 3월 《서북학회월보》에 박은식이 게재한 「유교구신론」은 신유교의 방향을 위민주의·구세주의·현실주의로 설정하였다.

① 위민주의 : 유교가 오로지 지배층편에 서서 보통 국민에게 필요한 사상을 제공하지 못함.

② 구세주의 : 유교 지식인들은 공자나 맹자처럼 천하를 돌아다
니며 구세하려는 정신이 없음
③ 현실주의 : 현실에서 벗어난 이론에만 집중하고 서구 과학기
술을 멸시하여 시대에 뒤떨어짐

그리고 이에 대해 그는 변통론적 사고에서 유교구신의 정당성을
지적하고 있다.

> 하물며 현재는 민지가 개발되고 민권도 신장하는 시대라. 이 문
> 제에 대하여 개량구신하지 않고서는 발전은 물론 보수도 얻지 못할
> 것이니, 유림 제군들은 구습만을 따라 변통을 생각하지 않을 것인
> 가? 만일 공문의 진정한 충신이 되어 사문의 공덕을 발휘하고 민생
> 의 행복을 나눠주려고 한다면 이것을 개량하여 맹자의 학을 추구하
> 여 인류 사회에 보급함을 힘쓸 것이다.[1]

이 논문에서 말하는 구신求新이란 바로 변화와 수용이다. 박은식은
과거 통치자 편에 선 유교가 이제는 보통 국민의 유교로 전환되어야
한다고 보고, 이를 위해 그는 양명학을 들고 나왔다. 그는 양명학의
양지를 통해 개인의 평등을 확보하였던 것으로 이전 개혁적 유교 지
식인의 권위주의적 태도를 명확히 지적하고 과거 현실주의적 유학파

---

1) 況 現今은 民智가 將次 開發되고 民權이 從而伸張홀 時代라. 此 問題에 對
ᄒ야 改良求新치 안코난 發達은 尙矣라 保守를 不得홀지니 儒林諸君은 踏
常習故ᄒ야 變通을 不思홈이 可乎아 否乎아? 萬一 孔門의 眞個忠臣이 되야
斯文의 功德을 發揮ᄒ고 生民의 幸福을 쩌予코져 홀진딕 此를 改良ᄒ야
孟子의 學을 推廣ᄒ야 人民社會에 普及을 懋圖홀 것이오. 박은식, 「유교구
신론」, 1909.3.

들의 연장선에 있음을 보여 준다.

한편 양명학으로의 구신과정에는 기독교의 내재신 교리인 성령론도 수용하였다. 「고아학생제군告我學生諸君」에서 그는 맹자孟子의 양지良知를 기독교基督敎의 영혼靈魂과 대등한 것으로 설명하였다.

대기 이 신성한 주인은 순임금의 도심道心이오, 탕임금의 상제강충上帝降衷이오, 공자의 인仁이오, 맹자의 양지오, 석가의 화두요 예수의 영론이라.[2]

이 글은 원래 과거의 얽매이지 않고 서구 문명을 수용하면서 자기의 주체성을 확립하라는 내용이었다. 그는 타성에 젖어 있는 기성 유학자들보다 신진 세대에 많은 관심을 가졌다. 그리고 그는 양지를 통해 개인의 주체성을 확보하였다. 그러므로 이 구신유교는 양명학의 양지를 중심으로 재편한 근대 유교였다. 또한 이 주장에는 민본사상에서 한차원 더 나가는 것이었다. 당시에 회자되는 말 중에는 "국력은 민력의 총합"이라는 말이 있었다. 중국 양계초 등의 언급에서 파생되어 나온 이 주장은 민의 중요성을 말하는 동시에 민은 여전히 국가에 종속된 존재라는 의미도 있었다. 즉 국민을 주체적 존재로 보는 데에는 이르지 못한 것이다. 하지만 박은식의 양명학에서는 양지良知를 근거로 하여 국민을 근대적 개인 개념으로 인식하였다.

하지만 이 「유교구신론」과 대동교에도 일정한 한계가 있는데, "과

---

2) 蓋 此神聖흔 主人은 帝舜, 所謂 道心이오. 成湯, 所謂 上帝降衷이오. 孔子 所謂仁이오, 孟子 所謂 良知오. 釋迦 所謂 話頭오. 耶蘇 所謂 靈魂이라. 「告我學生諸君」《서북학회월보》10, 1909.3.1.

연 종교라는 비이성적 체계를 통해 근대를 확인하는 작업이 과연 타당한가?"라는 의문이 그것이다. 박은식이 종교를 중시여긴 이유에는 "서구 발전이 기독교에서 비롯되었다."는 당대 인식이 있었다. 때문에 그는 유교의 종교화를 도모했던 것이다.

당시 기독교를 지칭하는 종교宗敎라는 개념은 religion의 번역어였다. 하지만 유교지식인들은 이 종교宗敎를 글자 그대로 종宗 + 교敎 즉 으뜸 가르침 또는『중용中庸』의 수도지위교修道之謂敎의 교敎로 인식하였다. 이런 근거로 시작한 유교의 종교화는 기독교처럼 되기 어려웠다. 이러한 유교의 종교화 운동은 그를 비롯해서 다양한 운동으로 등장하였는데 기대했던 평등적 사회 구현과는 거리가 멀었다.

현실을 개선하기 위한 개혁이라는 근대 전환기 개혁 사고는 여전히 잔존해 있는 전통 유교 가치관과 충돌하였다. 이들 개혁적 유교지식인들은 보수적 유학자들과 대립하면서 1898년《황성신문》을 창간한 이후부터 실학자들의 발견, 서구문명의 수용, 유교의 구신 등으로 실의 철학을 제창하였다. 하지만 지식인 중심의 유교체제에는 여러 가지 근본적 문제가 있었다. 특히 근대 전환기에도 자신들의 우월적 지위를 유지하기 위해 여전히 국가체제로 남아 있기를 바랬고, 이런 과정에서 그들의 현실 대응은 실패의 길로 들어섰다.

이들 개혁적 유교지식인들이 주창한 변통론은 고정된 진리를 추구하기 보다는 시대의 변화를 인식하고 그 변화에 적응하는 삶을 추구하는 사유지만 여전히 그들에게 남아있는 잔존 유교로 인해 이 변통론은 해체되기에 이르렀다. 또한 문명개화에 치중한 나머지 주체성을 포기한 것 역시 그들의 한계라 할 것이다.

2) 근대전환기 유교

우리나라 근대전환기의 특징은 종교의 발흥이다. 유교 역시 종교로써 그 역할이 중요하게 여겨졌다. 하지만 여기서 종교란 엄밀히 말하자면 오늘날의 종교 즉 'religion'은 아니다. 앞에서 말한 바와 같이 '종교'란 원래 'religion'의 번역어이지만, 당시 한국의 유교지식인들은 종교宗敎를 한자 그대로 해석하였다. 그리고 박은식도 초기에는 이와 같은 개념으로 종교를 이해하였다. 특히 그는 모든 국가에는 자국의 질서를 유지하는 종교가 있는데 한국의 종교는 유교라고 명시하였다.

> 세계 각국의 사람들은 그 종교의 교리를 따르니, 모두 효자가 그 부모를 모시고 충신이 그 임금을 섬기는 것이 같다. 아, 이것은 숭신崇信이 지극한 것이라 말할 것이다. 우리 대한의 종교는 유교이니, 대저 천하의 큰 틀(大中)을 지극히 하고 천하의 올바른 이치(正理)를 다하는 것이니 (한국인이라면) 어떤 것이 공부자의 가르침보다 더 숭상하겠는가?[3]

즉 이 때 종교란 '국가 또는 사회를 유지를 위한 최고의 가치관'이다. 그는 이러한 가치관은 사회의 중추로써 이것이 올바를 때에만 향후 국가발전이 가능하다고 생각을 전제로 한 것이다. 또한 유교는 서구의 기독교와 비견될 정도로 실사구시의 정신이 강하여 이 전통 유

---

3) 宇內各國之人服於其宗敎, 皆如孝子之於其親也, 忠臣之於其君也. 噫可謂崇信之至者矣. 韓之宗敎夫子之敎也. 夫極天下之大中, 盡天下之正理, 孰有尙於夫子之敎者哉?「論維持宗敎」480쪽 참조.

교를 기반으로 서구와 같은 강성함을 이룩할 수 있다고 확신하였다. 동시에 이러한 조선중화론적 인식도 엿볼 수 있다.

지금 서구인들이 중국인을 비웃으며 말하길 "중국인은 말로는 공맹을 추존한다 하지만 실제로는 불교를 숭상한다."고 한다. 이 말이 또한 왜곡된 것은 아니다.[4]

조선 유교 즉 성리학에서 불교는 매번 공허한 학문(虛學)으로 평가되었다. 이것은 조선 초기 유교 즉 성리학을 실학이라고 규정한 것과 대조적이다. 때문에 실제로 불교를 숭상한 중국이 쇠퇴한 것은 당연한 이치였다고 말하고 있다. 비단 중국뿐이 아니다. 식민지로 전락한 인도, 페르시아波斯, 아라비아亞剌伯 등도 모두 종교에 문제가 있었다고 적고 있다. 또한 스페인은 초기에는 강성했지만, 가치관이 새롭게 정립되지 않아서 후퇴하였고, 포르투갈은 국민의 90%가 문맹이므로 더 발전하지 못했다고 한다.

반면 국민들을 올바른 가치관으로 교육한 국가들은 모두 당대의 강성했다. 그에 의하면, 과거 그리스는 교육으로 무장한 수천의 군사들을 통해 페르시아의 문맹 군사 수만을 이겼다. 당대의 프랑스, 영국, 미국 등과 심지어 일본까지도 국민을 교화시켜 단결된 힘으로 국가를 강성하게 만들었다. 이러한 일이 당시 조선에도 일어나려면 분명 국민의 의지를 집중시킬 하나의 교리가 필요하다고 그는 역설하고 있다. 물론 그 중심 교리는 유교이다.

─────────────

4) 今西人之譏華人曰 "華人名尊孔孟, 實則崇佛." 云者亦非誣也.「논유지종교」 480쪽 참조.

하지만 그가 주목한 유교는 보편적 우주질서라기 보다는 일본양명학의 국체론과 유사한 전체국가적 사유이었다. 이는 다음《대한매일신보》의 논설을 통해서 보다 명확히 알 수 있다.

> 우리나라가 예전에는 불교가 국교가 되었으나 본조이래로는 유교가 성하고 불교가 쇠하니 유교는 입세의 교리요 불교는 출가의 종교인즉 유교시대의 국가주의가 마땅하다. (중략) 이항로는 말하길 "우리 유림의 책임은 유교의 성쇠에 있고 국가존망은 그 다음의 일이다."라고 하고 야마자키는 말하길 "만약 우리나라(일본)를 침략하는 자가 있는데 비록 공자가 장수되고 안회가 선봉이라 할지라도 나는 마땅히 그들을 원수로써 대적할 것이다."라고 하였으니 오호라 한국과 일본의 강약을 즉 양국 유교도의 정신을 보아도 판단할 수 있도다.[5]

박은식을 포함한 개혁적 유교지식인들에게 유교는 서구식 국가주의를 이식하기 위한 수단이었다. 중국과는 달리 한국의 유교는 이러한 요소를 갖추고 있었다. 다만, 조선 후기 이후 호락논쟁같은 이기심성론에 매진하여 경세적 측면이 등한시 되었던 것이다. 그러므로 그에게 있어 유교는 국민으로 하여금 국가의 중요성을 인식하게 하는 종지였고 또 이것은 그의 초기 저작인 『학규신론』의 결론이기도 했다.

---

5) 東國이 已往에ᄂᆞᆫ 佛敎가 國敎되엿다가 本朝以來로ᄂᆞᆫ 儒가 盛ᄒᆞ고 佛이 衰ᄒᆞ니 儒ᄂᆞᆫ 入世의 敎오 佛은 出世의 敎인즉 儒敎時代의 國家主義가 宜乎 (중략) 華西ᄂᆞᆫ 曰(今日吾輩之責在儒敎盛衰 至於國家存亡猶屬第二件事)라 ᄒᆞ고 山崎ᄂᆞᆫ 曰(有來侵吾國者 雖孔子爲將 顔子爲先鋒 吾當以讐敵視之)라 ᄒᆞ니 嗚乎라 韓日의 强弱은 卽兩國儒敎徒의 精神에 觀ᄒᆞ야도 可判ᄒᆞᆯ 비로다. 『대한매일신보』, 1909.11.28 논설.

상경이후 그는 서울에 있던 노론학자들과 교유하면서 서구수용론자로 변신하였다. 특히 그는 실학에 관심을 가졌다. 그가 정약용의 후학과 교류한 것 뿐 만아니라 이 책의 서를 쓴 이기나 김택영은 모두 정약용, 박지원의 실학사상을 이어받은 문인들이었다. 물론 그의 문인 중에는《황성신문》을 통해 정약용을 재발굴한 장지연도 있다. 이런 사실들은 그가 성리학적 배경을 가지면서도 실학의 경세학을 강조한 유교지식인으로서 당시 국가 운영에 있어서 서구의 근대적 국가관을 이식하려 한 점을 잘 보여준다.

3) 양명학의 근대성

동아시아 근대 유학 연구의 중심은 양명학이었다고 해도 과언이 아니다. 중국, 일본, 한국 그리고 대만은 전통에서 근대로 이행하는 교량 중 하나로 바로 양명학을 보다 우선시하였다. 하지만 양명학에 대한 해석은 각국이 서로 달랐는데, 표면적으로 이는 각 국가의 문화전통과 지향점의 차이로 인한 해석의 문제이기도 하였지만, 내면으로 보면 양지, 지행합일 같은 양명학 이론 간의 긴장과 충돌에서 나온 것이기도 하였다.

특히 근대 일본 양명학은 메이지유신과 맞물리면서 "메이지유신을 선도하였다."는 수식어구를 갖게 되었다.[6] 하지만 일본의 오규 시게히로荻生茂博은 이 같은 평가가 주로 한국이나 중국의 유학연구자 또는 유학을 전공하지 않은 일본인들의 논리라고 비판하고 있다. 그는

---

6) 최재목 등, 『이미지로서의 동아시아 문화공동체』, 인문사, 2013, 99~106쪽 참조.

과거 한국과 중국에서 양명학을 통해 동아시아의 근대성을 찾고자한 것은 모두 자국의 사회적 동기에 의한 것이라고 적시하였다. 그리고 이러한 동기에 의해 근대 일본 양명학을 메이지유신의 성공 배경으로 여기게 되었지만, 그 연장에서 보면 아시아 침략의 이데올로기가 바로 양명학이었다는 점까지도 눈을 감고 있는 것이라고 비판하고있다.[7]

그렇다면 근대 양명학 특히 일본의 양명학은 실제 어떤 모습일까? 여기서는 이를 주체와 실천의 함수관계로 보았다. 주체와 실천은 근대 한중일 양명학의 핵심이었다. 주체란 서구와의 대응할 수 있는 국가 또는 민족 정체성을, 실천이란 서구 과학기술의 습득과 활용을 의미한다. 이는 근대부터 현재까지 이어지는 동아시아의 국가 전략과 맥을 같이 한다.

주체와 실천이라는 두 가지 서구 대응관에 있어서 일본은 수시로 그 함수관계가 변화되었다. 그래서 여기서는 타카세 타케지로高瀬武次郎(1868~1950)의 『왕양명상전王陽明詳傳』을 주자학과 양명학의 핵심 쟁점과 비교하여 비판적으로 검토하였다.

타카세는 일본 카가와香川 출신으로 1898년 동경제국대학 한문학과를 졸업하고 1903년에는 중국철학으로 박사학위를 받는다. 그는 1905년에 동경제국대학京都帝國大學에서 강사로 동양철학東洋哲學을 가르쳤으며, 1907년부터 이 대학大學의 교수를 지냈다. 그는 양명학은 당시 동경제국대학東京帝國大學 교수였던 이노우에 테츠지로井上哲次

---

7) 荻生茂博, 「일본의 근대와 양명학」, 『남명학연구』8, 경상대학교 남명학연구소, 1998, 109~119쪽 참조.

郎의 양명학 사조를 이어받아 『일본지양명학日本之陽明學』(1898), 『양명학계제陽明學階梯』(1900), 『왕양명상전陽明詳傳』(1904), 『양명학신론陽明學新論』(1906), 『양명주의의 수양陽明主義の修養』(1918), 『전습록강의傳習錄講義』(1919), 『양명학강화陽明學講話』(1928) 등을 저술하였다.

한편, 그의 스승격인 이노우에는 독일 유학파로 근대 일본의 철학이 독일관념철학을 중심의 학풍을 형성하는데 핵심적인 역할을 한 인물이다. 그는 여기에 머무르지 않고 이를 양명학으로 재구성하였다. 그것은 그가 서구철학과 대등한 동아시아 나아가 일본만의 철학을 찾으려 했기 때문이다.[8] 이러한 학술 배경으로 탄생한 『왕양명상전』은 양명학이라는 당대 일본에 부합하는 특징을 지니게 되었다. 통상 양명학은 주자학과 대비하여 본체론, 인식론, 윤리실천론, 정치론에서 분명한 차이가 있다. 본체론은 성즉리性卽理와 심즉리心卽理로 구분되며 이는 사물에 대한 인식론과 지知와 행行의 윤리실천론으로 확장된다. 정치론에서는 『대학大學』 친민親民의 해석 차이로 근대시기 국민에 대한 관점이 포함되어 있다. 이에 대해 이 절에서는 먼저 근대 일본 양명학에 대한 학자들의 입장을 정리하고, 이후에 양명학 본체론과 인식론의 핵심인 양지良知, 윤리실천론인 지행합일知行合一, 그리고 마지막으로 메이지시대 국가주의의 연장선에서 친민설을 『왕양명상전』에서 고찰할 것이다.

동아시아의 근대 학술의 핵심은 양명학의 재발견이라고 해도 과언이 아니다. 한국과 일본은 물론, 중국과 대만에서도 양명학은 강조되

---

8) 李惠京, 「陽明學과 近代日本의 權威主義」, 『哲學思想』30, 서울대 哲學思想研究所, 2008. 17쪽 참조.

었다. 박은식朴殷植은 1909년「유교구신론儒敎求新論」을 발표하고 양명학자로 전환하였다. 양계초梁啓超도 금문학파今文學派라는 말대신 스스로를 양명학자陽明學者로 지칭했고, 대만신유학의 모종삼牟宗三 역시 양명학을 정론으로 삼았다. 근대 시기 인식의 변화는 현대에도 이어진다.

한편, 그동안 많은 한중의 연구자들이 근대 일본의 양명학을 메이지 유신과 연결시켜 논의하였다. 하지만 그 근저에는 양명학에 내재한 근대성에 대한 논의였다. 양명학은 어떻게 동아시아의 근대를 대변하는 학문으로 재탄생하였는가? 원래 "양명학이 근대성을 지니고 있다."는 주장은 전후 중국에서 심화되었다. 공산화한 중국은 마르크스 철학과 전통철학을 연결시킬 교량을 찾고 있었고 그 과정에서 이지李贄의 양명학은 좌파라는 명예와 함께 전통과 현대를 이어주는 철학적 교량으로 재탄생하였다.

하지만 양명학은 도덕심성을 위주로 하는 전통철학의 계승을 출발로 하고 있어서, 주다노프 정풍운동으로 평가한다면 양명학은 불교와 같은 주관유심론 계열의 보수반동적 학문이었다. 이런 보수반동의 철학이 어떻게 중국 현대화(공산화)의 교량이 될 수 있겠는가? 그래서 중국에서는 양명학을 우파와 좌파로 구분하는 방식을 따랐다. 대표적으로 주겸지朱謙之는 양명우파를 자본주의 맹아기(명청대) 지주계급의 봉건반동적 철학으로, 반대로 이지로 대표되는 양명좌파는 반봉건적 철학으로 분류하였다.[9] 특히 이런 평가는 문화혁명기에 활발히 이루어졌다.

---

9) 朱謙之,『日本的古學及陽明學』, 1962. 荻生茂博(1998), 114~115에서 재인용.

대만에서는 장군려張君勵의『비교중일양명학比較中日陽明學』(『장군려선생유저총서張君勵先生遺著叢書』1, 대만상무원서관, 1970), 채인후蔡仁厚의「일본적양명학과 그 특색日本的陽明學及其特色」(『왕양명철학王陽明哲學』, 삼민서국三民書國, 1974), 재서곤載瑞坤의『양명학설대일본지영향陽明學說對日本之影響』(중국문화대학출판사中國文化大學出版部, 1981) 등에서 양명학과 근대성을 연관시켜 논의하였다.

한국의 입장은 보다 오래되었다. 박은식朴殷植은 1904년『학규신론』에서 다음과 같이 근대 일본을 평가하였다.

> 일본에서도 30년 전에는 존양론尊攘論과 쇄항론鎖港論이 성행하였다. 그러나 서구의 학문이 자기보다 우수함을 깨닫고 그것을 배워 익히고, 모방하고 시행하여 현재는 융성하게 되었다.[10)

『몽배금태조』에서도 "50년 전에 일본에서는 막부의 탄압이 강력했지만, 요시다쇼인吉田松陰이 온몸으로 대화혼을 지켜 유신의 기초를 세웠다."고 적고 있다.[11) 이런 일본양명학과 근대성에 대한 견해는 전후 한국양명학과 근대성에 대한 논의로 이어졌는데, 유승국柳承國은 조선에서 양명학의 등장을 근대성과 연결시켜 다음과 같이 간략히 설명하였다.

> 즉, 17세기 양명학의 대두가 그것이며, 국력의 배양을 의식한 실학의 흥기, 서세동점과 더불어 북학의 수용, 서학(과학과 천주교)의

---

10) 박은식,「論學要遜志」,『學規新論』, 1904.『백암박은식전집』3, 동방미디어, 2002, 464쪽.
11) 박은식,『몽배금태조』, 1911.『백암박은식전집』4, 동방미디어, 2002, 114쪽.

도입, 개항 이후 개신교를 수반한 개화사상 등 한국근대사회의 급변한 변동과 더불어 이질적 신진 외래사상이 폭넓게 밀어닥쳤다.[12]

양명학은 전래초기부터 이단시되었으므로 한국사상계에 표면으로 드러나지는 못하였지만 학자들의 의식 속에 뿌리를 내리기 시작하여 근대로 내려옴에 따라 그 세력이 지하수를 이루어 시대마다 기능적 역할을 하였던 것이다. 특히 구한말에 이르러서는 점차 표면화하기 시작하여 그 세력이 확산되었다.[13]

현대 한국의 대표적인 양명학자인 김길락金吉洛 역시 정제두가 주자학파가 교조적 경전이해를 통해 인간을 속박하였다고 지적하고 그 속박으로부터 탈피하는 과정에서 양명학파이 전승되었다고 평가하였다.[14] 여기에 1990년대 이후에는 현대 중국의 양명 좌파와 우파 개념을 한국에도 적용시켰다. 이상호는 정제두와 박은식의 양명학을 각각 우파와 좌파라고 설명하였다.

박은식은 현실과 감응하면서 이루어지는 '판단능력'이라는 측면을 중심으로 양지를 이해한다. 이것은 양명우파 철학에서 '도덕본체'로서의 양지에 무게중심을 실어 줌으로써, 수양과 공부를 강조하는 것과는 차이가 있다. '깨달음'을 통해 바로 현실성을 갖는 것으로 해석하는 양명좌파의 양지 이해와 유사한 것이다. 정제두의 양명학과 거리두기가 이루어지고 있는 대목이다.[15]

12) 유승국, 「한국근대사상사에 있어서 양명학의 역할」, 『동대논총』10, 동덕여자대학교, 1980, 1쪽 참조.
13) 유승국(1980), 15쪽 참조.
14) 김길락, 「한국양명학과 근대정신」, 『양명학』2, 한국양명학회, 1998. 62~63쪽 참조.

한국의 이러한 논의는 결국 양명학은 근대지향의 학문이며, 좀 더 나아가 일본 근대화와 양명학과의 관계처럼 한국의 근대화에서 양명학이 미친 정도를 암시하는 것이었다. 하지만 정작 일본에서의 양명학 논의는 한국과는 다소 차이가 났다.

일본의 연구자들은 근대 일본의 선택에서 양명학 역시 다른 방향으로 이해되었다고 보았다. 미조구찌 유조溝口雄三에 의하면 일본양명학은 본래 양명학의 논의에서 벗어난 것이었다.16) 반면, 오규 시게히로荻生茂博는 일본양명학도 양명학의 학적 경계 안에 있다고 주장하고 근대일본 양명학의 관점을 민民과 관官의 둘로 나누어 보았다. 그에 따르면, 일본양명학은 1893년 서구 자유주의의 영향을 받아 국민의 혁신사상으로써 성립하였지만, 이후 서구와의 대결을 위한 자기정체성 확보 차원에서 일본국민 또는 일본정신을 개발하고, 나아가 동아시아의 정치군사적 패권을 위한 제국 즉 관官 주도의 황도유학으로 변형되었다고 보았다.17)

특히 관 주도의 황도유학은 일본 양명학의 침략성을 대변하고 있는데, 이 관 주도 양명학의 대표가 바로 이노우에와 타카세였다. 이혜경은 근대 일본의 양명학이 국가 권위주의로 변질되는 원인을 네 가지로 설명하고 있다. 첫째는 서구문화와 차별되는 일본만의 특색을 추구하였는데, 그 과정에서 서구이론 - 정확히는 칸트철학 - 과 유사한

---

15) 이상호, 「한국 근대 양명학의 철학적 특징 - 박은식과 정인보를 중심으로 - 」, 『양명학』20, 한국양명학회, 2008. 172쪽 참조.

16) 荻生茂博(1998), 112~113쪽 참조.

17) 澤井啓一, 「근대일본에 있어서 양명학의 변용」, 『제6회 강화양명학 국제학술대회 자료집』, 한국양명학회, 2009, 171쪽 참조.

패턴의 양명학이 선택되었다. 둘째는 양명학이 일본의 전통질서를 보호하는 기능이 있기 때문이다. 전통적 가족구성, 조상신숭배 등은 일본의 전통질서이자 서구와는 다른 것이었다. 이러한 가치와 상충되지 않는 철학으로 양명학이 주목되었다. 셋째는 간이직절함이다. 이노우에에 의하면 일본인은 단순함을 좋아하기 때문에 양명학이 쉽게 수용될 수 있었다. 넷째는 지행합일의 정신이다. 지행합일은 적극적인 실천론으로 메이지 유신부터 실천을 강조한 정책에서 양명학의 공간은 이미 마련되었다.[18]

오규와 이혜경의 논의는 근대일본양명학의 근대성에 대한 의심을 갖게 한다. 과연 일본양명학에는 근대성이 있는가? 아니면 일본양명학은 역사발전에 의한 시대의 산물인가?

② 양명학과 주체성

1) 양지론良知論과 주체성

황종희黃宗羲는 『명유학안明儒學案』에서, 양명학陽明學에서 양지良知의 왕수인 학문의 핵심은 양지良知라고 하였다.[19] 이는 양지良知가 바로 양명학의 출발점이자 주자학朱子學과 다른 가장 큰 정체성이다. 먼저 『왕양명실기』에서는 양지를 다음과 같이 설명하고 있다.

---

18) 이혜경(2008) 12~16쪽 참조.
19) 先生(王陽明)承絶學於詞章訓詁之後, 一反求諸心, 而得其所性之覺, 曰良知.
　　黃宗羲, 「師說·王陽明守仁」, 『名儒學案』, 台北 : 華世出版社, 1987, 6쪽 참조.

생각건대, 선생은 초년에 노장老莊과 불교佛敎에 빠져 있었는데 또한 심하였지만 부모父母를 섬기는 마음이 전기轉機가 되어 뭇 성현의 학문으로 돌아온 것도 실제의 일이다. 또 선생先生의 학學이 본심本心의 지知를 제출하여 세상의 유자들이 혹 그것이 선禪에 가깝다고 기롱했다. 그러나 유달리 그들은 선禪은 오로지 본심本心만을 구하고 선생은 본심本心과 물리物理를 합合하여 하나로 삼은 것을 모르니 이것으로 그 경계의 구분이 확고하게 분명하다. 또 가령 위에 한 구절만 끊어 말할지라도 양명학陽明學의 양지良知는 선교禪敎의 정지淨智와 유사하나 양지良知는 천리天理로써 본체本體를 삼고 정지淨智는 공적空寂으로써 본체本體를 삼으니 그 대본大本이 이미 저절로 같지 않은즉 어떻게 선에 가깝다고 의심하겠는가? 아직 양명학의 진정한 법리를 보지 않고 언제나 방자하게 비방하는 자는 문호의 편견에 불과하다. 오호라! 양지 두 글자는 선생이 석곽 3년을 통해 얻은 것이니 이것은 하늘이 깨닫게 한 것이다.[20]

이 구절에서 박은식은 석곽 삼년 즉 귀주 용장에서 귀양살이를 하면서 얻은 이치가 바로 양지라고 주장하고 있다. 왕수인의 용장대오는 양명학의 출발점이다. 그러므로 박은식의 이 주장은 양명학은 바로 양지의 발견에서 시작한다는 선언과도 같다.

그러나 박은식은 이 양지를 격물치지로 까지는 연결시키지 않고

---

20) 按, 先生初年이 溺於老佛이 盖亦深矣라. 竟由孝親一念이 爲其轉機하여 返諸聖賢之學者는 其實證야라. 又先生之學이 提出本心之知라. 故世儒ㅣ 或譏爲近禪하나 殊不知'禪은 專求本心而遺物理하고 先生은 以本心與物理로 合而爲一'하니, 此其界限之別이 固較然矣라. 且就上一截言之라도 王學之良知ㅣ 有似乎禪敎之淨智나 然良知는 以天理爲本體하고 淨智는 以空寂爲本體하니 其大本이 已自不同則又何疑於近禪乎아. 未窺王學之眞詮而輒肆譏詆者는 不過門戶之偏見矣라. 嗚呼! 良知, 二字는 先生이 從石槨三年而得來하니 是天啓之也라. 『實記』, 『백암박은식전집』Ⅲ, 동방미디어, 2002, 498쪽 참조.

있다. 이것은 타카세와는 다른 부분이다. 이 부분을 타카세는 다음과 같이 기술하고 있다.

어느 날 밤, 왕양명은 홀연히 격물치지格物致知의 신비로운 꿈을 꿨다. 이 모든 것이 마치 꿈결에 그에게 이르렀고, 자기도 모르게 환호하며 껑충껑충 뛰더니, 그를 따라와 자고 있던 종복들이 모두 놀라 깨웠고, 왕양명의 가슴에 뿌리가 박히자, 마침내 환연히 대오의 경지에 이르렀다. (중략) 왕양명이 제창한 심즉리心卽理 학설은 한마디로, '성인의 도리는 나의 본성이 자족하니 외물에서 이 도리를 구하는 큰 오류'라는 것이다. 자세히 말하면, 바로 자신의 심성은 사람의 근본적인 표준이며, 외부의 사물에 있어서 다른 리理를 찾지 말아야 한다. 그래서 왕양명은 격물格物을 보고, 듣고, 말하고, 생각하는 것의 다섯 가지 중에 있고, 치지致知는 인생에서 고유한 양지라고 인식했다.[21]

타카세도 이 시기 왕수인의 글을 인용해서 당시 그가 양지를 깨달았다고 적고 있다.[22] 그러나 왕수인이 양지와 격물을 동시에 깨달았다는 것을 그는 격물로써 통일시켰다. 그러므로 타카세는 용장대오

---

21) 一晚, 梦寐恍惚之间, 王阳明忽然梦到「格物致知」的奥秘. 这一切好似梦中有人告诉他, 他不觉欢呼跳跃起来, 跟随他来到这裡的正在熟睡的仆伴皆被惊醒, 自始王阳明胸中洒洒, 终至黯然大悟之境. (중략) 王阳明所倡导的「心即是理」的学说, 一言以蔽之, 即：圣人之道, 吾性自足, 向外物寻求理的大误. 详细说来便是自己的心性是为人的根本标准, 不应向外界的事物寻求其他的「理」. 因此王阳明认为「格物」是在视、听、言、动、思五事之中.「致知」是致向人生来固有的良知. 타카세武次郎 著, 趙海濤 · 王玉華 譯,『知行合一：王陽明詳傳』, 大地出版, 2014, 66~67쪽 참조.
22) 这都是良知和格物所带给我们的启示. 위에 책, 66쪽 참조.

는 격물格物 나아가 격물치지格物致知에 있다는 점을 분명하게 밝힌 것이다.

양지와 격물은 서로 연관된 개념이지만, 구체적으로 들어가면 이 둘은 학적 영역에서 차이가 난다. 양지良知는 심이자 리로써 인간도덕의 근원이 무엇이냐는 본체론의 영역이고, 격물은 사람이 도덕의 선함을 깨닫는 방법 즉 인식론의 영역이다. 즉 사람이 선한 근거는 사람 안에 양지가 있기 때문이고, 이 양지의 확장을 통해 사물을 인식하는 것이 곧 격물인 것이다. 그런데 박은식은 양지를 타카세는 격물을 강조하였다.

박은식이 양명학의 종지를 양지로 본 것은 양지를 통해 인간의 평등과 각성을 강조하기 위함이었다. 그는 양지의 특징을 ① 저절로 깨닫고[自然明覺知知], ② 순순하고 거짓이 없고[純一無僞], ③ 유행하되 그침이 없고[流行不息], ④ 사물에 접하되 막힘이 없고[泛應不滯], ⑤ 성현과 우인의 구분이 없고[聖愚無間], ⑥ 하늘과 인간이 하나되는[天人合一] 것의 6가지 특징을 제시했다. 이러한 구분은 양지의 설정은 크게 두 가지 측면을 강조한 것이다. 첫째는 강한 현실참여의 정신이다. 유행불식流行不息과 범응불체泛應不滯는 시대의 모순을 깨닫고 과거의 사례라는 객관에만 의존하지 않고 오로지 자신의 판단으로 시대를 극복해야 한다는 것이다. 이는 『주역周易』의 수시변역隨時變易사상과도 연결되는 것이다. 둘째는 평등의 정신이다. 양지는 누구에게나 존재한다. 이를 그는 하늘의 해가 있는 것과 같다고 말하고 있다.[23] 이는 국민은 누구나 평등하다는 것으로 사농공상士農工商의 계급으로

---

23) 人之有良知 | 如天之有日이어늘, 『實記』, 498~499쪽 참조.

점철된 전통사회에 대한 강한 비판이 포함되어 있다. 이는 누구나 양지를 통해 각성할 수 있다는 것으로도 이어졌다. 그는 다음과 같이 말하고 있다.

> 대개 사람이면 누구에겐들 이 양지良知의 발명發明이 있지 않겠는가? 단지 가리는 바가 있어 그 밝음을 잃은 것이다. 그러나 이 양지야 말로 천성에 근거하기 때문에 비록 어둡고 가려짐이 극에 달하되 아직 완전히 망하지 않았을 때에야 한 번 느낌이 있어서 다시 능히 깨닫는 것이다.[24]

이러한 그의 주장은 시대 변화에 대한 국민의 각성을 촉구하는 목적을 지녔다. 양지는 시대에 따라 올바름을 판단할 수 있는 능력이다. 즉 당시 대한제국과 일본의 합병은 되돌리기 힘든 일이었다. 이 시기에 박은식은 일본의 침탈에 분노하고 대항해야 한다는 점을 말했던 것이다. 이상호는 이를 다음과 같이 평가하고 있다.

> 박은식朴殷植은 현실現實과 감응感應하면서 이루어지는 판단능력判斷能力이라는 측면을 중심中心으로 양지良知를 이해한다. 이것은 양명좌파陽明右派 철학哲學에서 도덕본체道德本體로서의 양지良知에 무게중심을 실어 줌으로써 수양과 공부를 강조하는 것과는 차이가 있다. '깨달음'을 통해 바로 현실성現實性을 갖는 것으로 해석하는 양명좌파陽明左派의 양지良知 이해와 유사한 것이다.[25]

---

24) 盖人孰不有此良知之明乎哉아? 但有所蔽而失其明이라. 然是知也ㅣ 根於天性故로 雖昏蔽之極而未嘗全泯하야 一有觸感에 便能覺悟라. 『왕양명실기』, 499쪽 참조.

25) 이상호, 「韓國 近代 陽明學의 哲學的 特徵」, 『陽明學』20, 韓國陽明學會,

타카세의 양지론은 『왕양명상전』 본문보다는 부록을 통해서 볼 수 있다. 여기에서는 주자학과 양명학朱子學と陽明學이라는 부제가 붙어 있고, 1절에서 10절까지 구성되어 있는데, 1절은 심즉리心卽理, 2절은 지행합일知行合—이며, 양지良知는 3절에서 기술하고 있다. 또 3절은 ① 양지의 발견, ② 양지의 체용, ③ 양지의 고유성, ④ 양지의 보편성, ⑤ 양지는 백행의 표준, ⑥ 치양지의 정도, ⑦ 치양지의 공부 등의 순으로 구성되어 있다.

그는 양지良知를 천리天理로 인식하고 있다. 더 중요한 것은 천리天理와 인욕人欲을 구분하고 있다는 점이다.

> 그렇다면 심心과 양지良知는 어떻게 다른가? 가로되 대략 심의 발현發現에는 두 가지 상태인데, 하나는 천리에 따른 것이고, 다른 하나는 사욕에 따르는 것이다. 그리고 천리에 따른 것은 즉 양지로 항상 정의되어, 인욕은 즉 사악한 것이 없을 수 있고, 이렇게 되면 양지는 스스로 마음과 동일하게 지知, 정情, 의意의 세 가지 작용으로 나누어진다.[26]

타카세는 심의 발현을 천리에 따른 것과 사욕에 따른 것으로 나누었다. 그중 천리에 따른 것만을 양지의 작용으로 보았다. 그러므로 양지가 발현할 때는 인욕에는 사악한 것이 없게 된다는 것이다. 그리

2008, 172쪽 참조.

26) 然れば心と良知とは如何に異なりや? 曰く凡そ心の發現に二種の狀態あり, 一は天理に從ふもと, 一は私欲に從ふもと, 而して天理に從ふもとは則ち良知にして常に正義なれども, 人欲は則ち邪惡なきこと能はず, 斯かれば良知は自ら心と等しく知情意の三作用に分ち得べし, 高瀨武次郞, 『詳傳』, 廣文堂書店, 1915, 287~288쪽 참조.

고 이를 다시 지·정·의라는 서구 윤리로 설명하고 있다.

타카세가 양지를 천리로 한정시킨 것은 서구 개인주의를 비판했기 때문이다. 이 관점은 이노우에의 철학과 연결되는데, 그는 다음과 같이 기술하고 있다.

> (메이지)유신 이래 세상의 학자들은 공리주의 혹은 이기주의를 주창하여, 그 결과 우리 국민적 도덕심을 파괴하려고 한다. 공리주의는 국가경제의 주의로서는 가하다. 그러나 개인에 관한 유일의 도덕주의로 하는 것은 불가하다. 왜냐하면, 그 경우 도덕은 타율적이 되며 조금도 심덕을 양성하는 효가 없다. 즉 우리 군대가 이채를 띠는 것과 같은 것이 어찌 공리주의의 결과이겠는가? 공리주의는 사욕으로 이끄는 가르침이다.[27]

이노우에의 이 주장을 타카세는 양명학陽明學의 양지良知로 풀어냈다. 그러므로 이 때 양지良知는 일본이라는 공공선을 발현하기 위한 자율 도덕의 근원이라고 정의할 수 있다. 이런 관점에서 볼 때, 타카세의 양지는 개인적이라기보다는 집단적이었다. 또 이때 양명학은 개인보다는 개인의 초월을 통한 사회의 감응으로 확대되어진다. 이는 칸트 철학의 초월transcendence과 연결되는 부분이다.

그런데 심의 발현을 천리와 사욕으로 구분한 것은 양명학의 근원적 논리가 아니다. 다만 인욕에 가려서 현실에서 왜곡되는 것이다. 박은식은 이 원칙을 지켰다. 그래서 그는 항상 양지가 발현하되 현실에서

---

27) 井上哲次郎, 『日本陽明學派之哲學』, 4~5쪽. 李惠京, 「陽明學과 近代日本의 權威主義」, 『哲學思想』30, 서울(首尔)大 哲學思想研究所, 2008. 20~21쪽에서 再引用.

는 인욕의 가림이 있다고 보았다. 타카세는 심을 천리와 사욕으로 구분하고 그 중 천리의 발현만을 양지良知로 보았다. 이런 차이는 결국 국가와 국민에 대한 관점의 차이로 확대되어 갔다.

2) 지행합일과 실천론

지행합일도 양명학의 핵심적인 내용이다. 『왕양명실기』와 『왕양명상전』의 본문 중 지행합일은 모두 元山과의 대화에서 처음 나오고 있다. 박은식은 이를 다음과 같이 적고 있다.

> 귀주의 제학부사 원산이 평소 성리학에 뜻을 두었는데, 사람을 보내 선생을 맞아들여 귀양부에서 강학하게 했다. 이때 선생이 비로소 지행합일의 종지를 논하니 원산이 의문을 가졌다. 선생이 말했다. "지와 행이 본래 하나인데 도리어 두 가지로 나누었다.(중략)"[28]

타카세는 좀더 상세하게 지행합일의 출발을 기록하였다.

> 정덕 3년(1508), 왕양명 37세에 귀주제학부사는 석서원산席書元山으로, 그는 일생 동안 성리학性理學에 전념하였고, 평소 왕양명을 존경해 왔다. 다음 해에 그는 특별히 사람을 보내 왕양명을 맞이하여 귀양부 성안에서 손님으로 대적하고 주희朱熹와 육상산陸象山의 같고 다름의 강론을 구하였다. 왕양명은 주륙朱陸의 학문을 자세히 서

---

28) 貴州提學副使席元山書 │ 素有志性理之學이러니 至是遣人迎先生하야 至貴陽府講學하니 於是에 先生이 始論知行合一之旨하니 元山이 疑焉이라 先生曰 "知行合一이 本自合一인데 却分作兩事라(중략)" 『왕양명실기』, 513쪽 참조.

술하지 않고, 그가 깨달은 지행합일知行合一의 학설을 석서席書에게 알려주었다. 이것이 바로 왕양명이 지행합일知行合一을 제창한 시작이다. 원산元山은 의문을 품고 돌아가 다음 날 다시 돌아와 "지식과 실행이 같은 층의 공부입니까, 아니면 두 개의 층의 공부입니까?"라고 물었다. 왕양명은 "지행知行이 본래 스스로 합일合一하여, 두 가지로 나눌 수 없다.(중략)"29)

이렇듯 지행합일론의 시작은 양자가 일치한다. 이는 아마도 박은식이 타카세의 『왕양명상전』과 유사하다. 다만 박은식은 안按에서 지행합일에 대해 다음과 같이 부연하고 있다.

생각건대, 지행합일의 종지는 선생이 상세하게 설명하였다. 가장 옳은 앎도 행동하지 않으면 단지 아직 모르는 것이라는 두 구절이 지행합일의 요점이다. 대개 천하에 단지 알되 행동하지 않는 사람만 있고 전혀 알지 못하는 사람은 없으니 오직 그가 행동하지 않는 까닭에 알지 못할 따름이다.30)

여기에 중점은 두 가지이다. 첫째는 행동으로 이어지지 않은 앎은

---

29) 正德三年(1508), 王阳明37岁. 贵州提学副使席书, 号元山, 他一生潜心於理学, 向来敬仰王阳明. 第 二年, 他特地派人迎接王阳明到贵阳府城中做客, 求教朱陆异同之辨. 王阳明没有详细阐述朱陆之学, 而是告诉席书他所悟得的「知行合一」的学说. 这就是王阳明倡导「知行合一」的开始. 席元山怀著疑问回去了, 第二天又回来, 问道：“致知和力行, 是一层功夫, 还是两层功夫?” 王阳明说道：“知行本自合一, 不可分为两事. 就如称其人知孝知悌,(중략)” 타카세武次郎, 2014, 69쪽 참조.

30) 按知行合一之旨는 先生이 論之詳矣라 最是知而不行只是未知兩語ㅣ 爲知行合一之要點이라 盖天下에 只有知而不行之人이오 斷無純然無知之人而惟其不行故로 不得爲知耳라. 『왕양명실기』, 514쪽 참조.

앎이 아니라는 것이고 둘째는 누구나 도덕적으로 옳은 일을 안다는 것이다. 진정한 앎은 행동이 수반되어야 한다는 것은 지행합일의 요지이다. 그런데 박은식은 더 나아가 누구나 도덕적으로 옳은 일을 알고 있다고 선언하고 있다. 이것은 누구나 양지를 가지고 있기 때문에 가능하다. 그렇다면 지행합일의 문제는 단순히 실천의 문제이지 앎에 문제는 아닌 것이다.

그런데 타카세는 주희朱熹와 육상산陸象山의 학설을 비교하면서 질문을 하고 있다. 정확히는 왕수인의 지행합일이 주희의 설과 다르기 때문에 보다 상세한 설명을 요구한 것이다. 원산은 주희의 설이 이원적이라고 생각했다. 그래서 그는 지知와 행行에 별도의 공부 영역이 있다고 보았던 것이다. 이는 주희의 인식론이 즉물궁리卽物窮理에서 비롯되었기 때문이다. 즉 주희는 도덕원리를 인간 외부에서 찾았기 때문에 원리는 나와는 상관없이 존재하였다. 그러므로 객관적인 원리에 대해 아는 것과 그것을 내가 실천하도록 하는 것은 별도의 일이었다. 하지만 왕수인은 천리는 내 안에 있는 양지이기 때문에 이 양지를 통해 객체를 인식할 때 지과 행이 함께 일어날 수 있었고 또 그렇게 해야 진정한 앎이라고 주장한 것이다.

박은식의 지행합일은 양지의 발현만을 의미한다. 양지는 인간에 있는 천리이므로 천리의 발현은 언제나 옳기 때문이다. 그 발현이 가려지지 않고 올바르게 발현되는 것이 그의 지행합일이다. 또 여기에는 사회나 국가 같은 제한적 요소는 없다. 천리를 따라 행하면 그것은 결과적으로 국가나 사회, 심지어 개인에게도 유익한 것이기 때문이다.

하지만 타카세는 국가와 사회에 대한 공공의 실천을 강조하려고 노력했다. 그에게 양명학의 천리는 점차 일본이라는 정신으로 한정되어갔다. 그래서 일본에 사는 사람은 개인이라기보다는 일본 정신을 지닌 사람으로 인식되었다. 그 결과 개인의 행동은 일본 고유 정신에 대한 이행으로 점철되었다. 이를 이혜경은 다음과 같이 정리하였다.

> 이노우에와 타카세는 양명학을 통해 이기심 없는 인간과 자발적으로 타인을 배려하는 그 특성을 살려내고 싶었다. 그들은 양명학을 철학이라는 보편학의 이름으로 부르면서 그것을 서양문명을 받아들일 자세로서 확립하고자 했다. 그것은 국체보존을 만물일체의 경지와 같은 절대적 진리에 자리에 앉히는 것이며, 진리를 위해 헌신하듯 국가를 위해 자발적으로 몸 받치는 일본의 신민을 만들어 내는 것이었다. 그러한 기본 방향 하에서라면, 서양의 군사력, 서양의 산업, 어떤 것을 받아들이더라도 국체를 손상시킬 걱정이 없었다.[31]

박은식도 결과적으로 개인의 자각과 행동이 국가주의로 이어지기를 기대했다. 하지만 어디까지나 그것은 보편성을 지닌 양지가 발현한 결과였다. 즉 박은식은 개인의 도덕성과 그 실천의 결과를 긍정했다. 하지만 타카세는 개인보다는 천리 즉 개인의 초월을 강조했다. 개인의 초월은 곧 국가였다. 그러므로 타카세의 지행합일은 국가를 위한 개인의 행동으로 제한되었다.

3) 신민親民과 국체國體

신민과 국체는 근대 동아시아가 양명학을 통해 얻고자 하는 중요한 가치였다. 먼저 신민에 있어서 주희는 『대학』 삼강령의 심민親民을

---

31) 李惠京, 2008, 26쪽 참조.

친민新民으로 해석하였다. 이 해석은 "천리天理는 백성 자체에는 없고 성현 즉 통치자에게 있다."는 사고로 이해되어 왔다. 왕수인은 『古本大學』에서 주희가 新民으로 고친 부분을 다시 원래대로 親民으로 해석했다. 주희는 통치자의 입장에서 백성을 새롭게 해야 한다고 해석했다. 이 해석은 天理는 백성 자체에는 없고 성현 즉 통치자에게 있다는 인식을 전제로 한다. 그런데 왕수인은 백성에게도 천리 즉 양지가 있기 때문에 통치자는 백성이 자신이 지닌 양지를 올바르게 실천하도록 이끄는 선구자였다. 즉 양명학은 인간은 모두 양지를 가지고 있다는 점에서 근본적으로 평등했다. 현실에서의 차이는 사욕의 가림으로 인한 실천의 유무에서 나오는 것이었다.

이 『대학』에 대한 견해는 2차 강학시기에 나타나며 그 내용은 두 책이 대동소이大同小異하다. 하지만 박은식은 그 뒤에 황종희黃宗羲의 설을 붙여 주자학과 양명학의 핵심이 유사하다고 적고 있다.

> 황리주黃梨洲가 말하길 "(중략) 두 선생의 가장 긴요한 곳을 살펴보면 모두 '홀로 있을 때 삼가는 것'의 한 경계를 넘지 않으니, 이른바 '밝음을 통하여 성실함에 이르고, 성인의 도로 나아간다는 것'은 같다."고 했다.[32]

하지만 『왕양명상전』에는 이런 기록이 없다. 하지만 왕양명상전을 비롯하여 타케다의 양명학은 주자학과 대비시키거나 절충시켜 그 중

---

32) 黃梨洲曰 "朱子之解大學也는 先格致而後授之以誠意하고 先生之解大學也는 卽格致爲誠意하니 其於工夫에 似有分合之不同이나 然詳二先生所最吃緊處는 皆不越t愼獨一關하니 則所謂因明至誠하여 以進於聖人之道는 一也라.『實記』, 546쪽 참조.

요성을 강조하려 했다는 것은 사실이다. 근대 일본에서는 주자학을 서구문명으로 양명학을 일본전통으로 인식하는 경향이 있었다.[33] 타카세에 와서 양명학의 중요성을 강조한 것은 한편으로는 일본 고유의 전통을 강조하고 그 안에서 서구를 수용할 수 있다는 자신감에서였다. 이런 사고에서 일본 국민은 일본을 천리로 삼아야 했다. 즉 타카세나 이노우에가 말한 양명학은 일본 전통을 강조하여 그 안에서 서구 문명을 수용해야 한다는 논리가 들어 있었다. 이를 위해 그들은 진아眞我를 주장하였다. 진아는 초월자아로써 개인을 초월한 보다 상위의 자아이다. 그런데 개인의 자아 위에 있는 이 진아는 결국 일본이라는 공동체였고 이 과정에서 개인의 주체성은 형성되기 어려웠다.

하지만 박은식은 양명학을 통해 개인의 주체성을 찾기 원했다. 그것은 합병으로 달려가는 대한제국을 회복시키기 위한 국가조직이 더 이상 존재하지 않았기 때문에 민족 구성원들이 각각 자기의 천리를 밝혀 독립운동에 참여해야 했기 때문이다. 이 과정은 일본이라는 제국공동체로 들어가지 말고 자기 즉 개인이 스스로 옳다는 천리를 요구했다. 그러므로 박은식에게서 양명학의 양지는 개인에게 한정된 것이자 주체성의 근거였다. 특히 그는 이전까지 주목받지 못했던 계층 즉 보통이하의 계층의 자각을 기대했다. 이것은 개인의 자각이 민주주의로 이어진 서구의 경험과도 유사했고, 나아가 박은식이 참여한 상해임시정부가 국체로 공화제를 채택한 이유와도 무관하지 않다.

진아와 더불어 중요한 개념이 국체國體이다. 이 개념은 이노우에에

---

33) 李明漢,「日本의 陽明學 收容과 展開」,『人文學硏究』20, 中央大 人文科學硏究所, 1993, 310쪽 참조.

의해 성립되었는데, 제자백가서 중 하나인 『관자』 「군신편하」의 "四肢六道, 身之體也; 四正五官, 國之體也."에서 따온 용어로 주로 국가의 근원적 특징을 설명할 때 사용되었다. 그러므로 근대 일본에서 국체의 중심에는 천황이 있었고 이러한 체제에서 국민은 주변에 불과하였다.

국체는 과도한 국가주의의 핵심 개념으로 침략주의, 전체주의와 연결되었다. 또한 양명학적으로 해석하면 이 국체는 곧 국가의 양지였다. 즉 국체는 타카세와 이노우에의 양명학이 말하는 양지였다. 진아와 국체는 모두 양지라는 양명학적 개념으로 해석이 가능하였다.[34]

하지만 근대 동아시아 양명학이 국가주도의 전체주의로 흐른 것은 아니다. 일본의 양명학자들 중에는 우찌무라 간조內村鑑三(1861~1930)와 같이 양명학을 통해 루소식의 개인주의를 추구하는 경우도 있었다. 한국의 박은식도 양명학을 통해 개인의 주체성을 찾기 원했다. 그것은 일본에 의해 망국으로 치닫는 현실에서 국가 구성원 즉 국민들이 각각 양지를 밝혀 적극적인 독립운동 참여를 원했기 때문이다. 그러므로 박은식의 양지는 민족적인 측면과 더불어 개인적인 측면도 있었다.[35]

근대 한국에서 박은식은 상경초기에 일본과 같은 메이지유신이 대한제국에서 일어나야 한다고 주장했다. 1909년부터 이러한 주장은 양

---

34) 이러한 해석은 양계초에게서도 나타나고 있는데, 그의 양명학에서 양지는 中華 곧 文化였다. 김현우, 『양계초와 박은식의 신민설과 대동사상에 관한 연구』, 성대 박사학위논문, 2013, 130~135쪽 참조.

35) 박은식은 이전까지 주목받지 못했던 보통 이하의 계층을 역사의 추동자로 생각하고 그들의 자각을 기대하였다. 이것은 개인의 자각이 민주주의로 이어진 서구의 경험과도 유사했고, 나아가 박은식이 참여한 상해임시정부가 국체로 공화제를 채택한 이유와도 무관하지 않다. 김현우, 2013, 156~164쪽 참조.

명학의 수용으로 재구성되었다. 한편 전통 유학인 성리학은 서구문명의 수입을 강하게 거부하였고 중앙의 개혁자들은 문명개화를 주장하다 친일파로 빠졌다. 이 시기 그의 선택은 양명학의 양지를 통해 개인의 주체성을 각성하고 나아가 조선의 민족정체성을 확립하는 일이었다.

그가 이런 판단을 한 근거에는 일본양명학이 있었다. 타카세는 양명학을 보편학으로 산정하고 이를 통해 국민들을 신민으로 만들고자 하였다. 타카세는 정의 영향을 받았는데, 이노우에 또한 칸트의 영향을 받았다. 이 시기 일본에서도 진아眞我가 새롭게 등장하였다. 진아는 개인을 초월한 공동의 자아로써 바로 일본 정신과 연결되었다. 때문에 타카세의 양명학은 양지를 통한 자각보다는 일본 정신을 근거로 한 사회실천 즉 지행합일을 보다 강조하였다. 반면 양지는 지행합일을 유추하기 위한 제한적 전제로써 이해되었다.

근대시기 양명학은 동아시아 특히 일본에서 재구성되었다. 이것은 이전 양명학 및 주자학과도 상당한 차이가 났다. 이를 근대화의 과정이라고 말할 수는 있지만, 타카세와 이노우에의 양명학 속에 근대성이 있다고 보기에는 일정한 한계가 있다. 우승열패 약육강식의 사회진화론이 지배하던 시기에 동아시아의 양명학은 서구 수용과 자국 정체성 확립이라는 두 가지 역할을 수행해야 했다. 특히 타카세와 이노우에의 양명학은 국체 또는 국가정신과 이에 봉사하는 개인을 강조함으로써 동아시아 전체주의로 발전했기 때문이다.

한국의 근대에 있어서 박은식의 양명학은 주체적 국민을 강조하였다. 이것은 국가를 상실하고 난 이후 오로지 민족 개개인을 통해서 독립을 확립시키고자 한 박은식의 근대 기획이었다. 근대전환기 한국의 문명개화는 타자의 것만 보는 한계가 있었다. 마치 이전세대가 중화에 치중한 것처럼 서구문물에 치중하는 양상이있다. 이것은 또한 주체를 상실학 만들었다.

특히 박은식의 양명학은 주체를 상실하고 서구문물 수용에만 매진하여 동학운동, 위정척사운동, 항일무장투쟁 등을 비판한 과거를 반성하고 근대로 나가기 위해서는 한민족이라는 주체성이 꼭 필요하다는 것을 확인하는 작업이었다. 이를 통해 등장한 주체적 국민은 오늘 우리 사회가 민주국가로 서는 바탕이자 근대 유교가 가야할 길이었다.

제7장
사회주의와의 만남

1 사회주의의 도래

1) 사회주의는 어떠한 문명인가?

1920년 발행한 박은식의 『한국독립운동지혈사』는 대동사상을 기반으로 한 인도주의를 배경으로 작성되었다. 특히 이 책은 『한국통사』와는 달리 혁명이라는 표현이 많이 나오는데, 이는 이 책이 소비에트 혁명과 사회주의 영향을 깊게 받았기 때문이다. 또한 그는 사회주의를 인도주의와 연결시켜 평가하였는데, 이것은 양계초가 『선진정치사상사先秦政治思想史』에서 사회주의를 유교로 해석한 것과도 유사하다.

당시 동아시아 유교지식인들 중에는 사회주의를 자본주의나 전체주의의 다음 문명으로 인식하고 서구보다 우선 수용해야 한다고 여기는 사람들이 있었다. 이들 중 양계초는 중국은 2,500년 동안 유교를 통해 사회주의를 익혀왔기에 자본주의와는 달리 빨리 수용할 수 있을 것이라고 여겼다.

이런 사회주의는 약소국 국민에게 매력적이었다. 박은식은 생애 마지막 저작인 동아일보 「학學의 진상眞相을 의疑로 쫏차 구求하라」기사에서 사회주의를 다음과 같이 언급하였다.

묵자의 겸애와 상동하는 주의로써 그 제자들은 삼베옷과 짚신으로 노역을 다함과 약국을 원조하여 강국의 침략을 제지하는 것이 근일의 성행하는 사회주의자와 유사하나 그 정치방법을 논한 것은 극단전제로 간섭정책이다. 현재 레닌씨 행정사를 볼지라도 극단공화로써 극단전제를 행한다는 것이 이상과 현실이 상반함이인가? 진행의 단계를 따라 그러한가? 이것은 내가 묵학으로부터 임의로 해석하여 판단하지 못한 것이다. 오직 묵자의 철저한 정신은 구세자의 모범이라 하노라.[1]

근대 한국 사회주의자 중에는 해방이후 북한으로 간 최익한崔益翰 (1897 ~?)이 있다. 그는 20대 초반 당시 기호학파의 총수격인 전우田愚 (1841~1922)와의 심설에 대한 논쟁을 한 한주학파의 전통 유학자이기도 하였다. 그는 일본으로 유학한 이후 정약용을 연구하여 이를 실학이라 명명하고 나아가 사회주의와 연결시킨 지식인이었다. 이처럼 1920년대 이후 사회주의는 동아시아에 나타난 새로운 문명이었다. 이 같은 사상적 흐름의 연장선에서 1920년 초 소련은 대한민국 임

---

[1] 묵자의 겸애와 상동하는 주의로써 그 문도는 갈의초리褐衣草履로 勞役을 窮執함과 弱國을 원조하야 强國을 侵略을 抵制하는 것이 近日에 盛行하는 社會共産主義者와 近似하나 그 政治方法을 論한 것은 極端專制로 干涉政策이다. 현재 레닌씨 行政史로 볼지라도 極端共和로써 極端專制를 행한다는 것이 理想과 現實이 相反함인가 進行의 階段을 따라 그러한가? 此는 余가 墨學으로부터 임의 解釋判斷치 못한 것이라. 오즉 墨子의 徹底的 精神은 救世者의 模範이라 하노라. 박은식, 「학의 진상은 의로 쫓아 구하라」, 《동아일보》, 1925.4.6. 『백암박은식전집 V』, 동방미디어, 2002, 573쪽.

시정부에게 많은 관심을 보였는데, 대일투쟁을 후원하기 위하여 독립자금을 보내고자 하였다. 이를 받기 위해 한형권은 1920년대 초 몽골을 통과하여 모스크바로 갔으며 1년 뒤 여운형도 극동대표자회의에 참석차 역시 몽골을 거쳐 모스크바로 갔다. 이 과정에서 독립운동가들은 식민지 한국인의 입장에서 몽골, 시베리아, 소련 그리고 사회주의 등을 해석하였다.

그중 시베리아와 몽골에 대한 관심이 컸는데, 그 이유는 크게 두 가지였다. 첫째는 동질감이다. 인종적 동질감은 물론이고 주변 열강들에 의해 핍박받는 현실에서 자신들의 모습을 보기 충분했다. 둘째는 문명에 대한 우월성이다. 시베리아는 아직 개발이 안된 지역이었고 몽골은 1900년대 초까지 복드항이라는 활불活佛이 통치하는 제정일치의 사회였다. 특히 당대 몽골의 문화배경으로는 근대 수용은 물론 전통국가를 이루기도 어려웠다. 이태준李泰俊(1904~?)의 의료 활동에서 알 수 있듯이 전근대적인 질병이 만연하였다. 이러한 현실에서도 몽골이 신생 독립국가로 유지되고 있는 점에 의문을 가졌다. 즉 중국, 소련, 일본은 물론 심지어 과거 조선보다도 문명 수준이 낮았던 몽골이지만 여전히 독립국이라는 점은 이들의 이목을 끌기 충분하였다.

독립운동은 크게 보면 근대에 대한 한국인들의 인식 확장과 연결되는데, 주체성의 확장으로 설명할 수 있을 것이다. 사회주의 독립운동과 연결되어있는 몽골 통과는 소련의 임정 접근, 극동대표자회의 참가, 레닌의 임정 인식 및 소련지원 독립자금의 분실과 김립의 처단, 그리고 국민대표회의(1923)까지 이어지는 혼란의 시발점이자 독립에 대한 새로운 인식이 나오는 시기였다.

2) 한국독립운동 그리고 소련과 몽골

김규식金奎植(1881~1950)은 1914년 이태준, 서왈보와 함께 비밀군사학교를 건설할 목적으로 몽골의 고륜庫倫(현 울란바타르)으로 갔다. 이 계획은 불발로 그쳤는데, 이후 김규식은 서양인을 상대로 피혁 장사를 하였고 이태준은 동의의국이라는 병원을 개업하였다. 이후 김규식은 장가구張家口로 돌아아 엔더슨 마이어 회사에 입사했고 2년 뒤인 1918년 회사의 확장을 위해 다시 고륜으로 들어갔다. 김규식은 1921년 여운형과 함께 극동인민대표회의 참석차 다시 고륜을 방문하였다. 이때 고륜은 혁명정부에 의해 현재의 명칭인 울란바타르 즉 "붉은 전사"라고 명칭을 바꾸었다. 김규식의 이 루트는 이후 한형권과 여운형이 모두 이용한 루트이다. 그러므로 김규식은 몽골통과기의 실질적인 출발점이라고 할 수 있다.

이태준은 몽골에서 의술을 펼친 인물로 잘 알려져 있다. 당시 몽골에는 화류병 즉 매독 같은 성병이 유행하였다. 동시에 그는 한인사회당의 연락을 담당한 비밀당원으로 몽골을 통과한 한형권韓馨權(?~?)과도 만났을 것이다. 이외에도 이태준은 장가구에서 고륜까지의 독립운동가들의 이동을 직간접적으로 지원하였다. 한형권이 박진순과 함께 울란우데까지 운송한 40만 루블의 금화 중 8만 루블은 이태준을 거쳐 김립에게 전달되었다.[2] 하지만 이태준은 1922년 러시아 남군의 웅게른 스테른베르크Ungern Sternberg에게 체포되어 처형당했다. 이로써 몽골지역은 독립운동에서 점차 멀어지게 되었다.

---

[2] 반병률, 「의사 이태준(1883~1921)의 독립운동과 몽골」, 『한국근현대사연구』13, 한국근현대사학회, 2000, 170~171쪽.

당시 몽골도 역사적 변곡점에 있었다. 1917년 2월 볼셰비키 혁명은 제정 러시아를 대신하여 소련을 탄생시켰다. 하지만 러시아에는 여전히 제정러시아를 재건하려는 많은 움직임이 있었다. 웅게른의 백군 역시 그러한 세력이었다. 웅게른은 소련의 붉은 군대를 피해 몽골 고륜에 들어 왔고 1921년 2월에서 9월 사이 5개월간 공포와 폭력으로 통치하였다. 그는 1921년 6월, 동시베리아의 반공 반란을 지원하기 위해 원정을 갔으나 패배하였고 2개월 뒤 노농적군에게 포로가 되어 처형되었다. 동년 7월 10일 몽골의 정치지도자인 수흐바타르Sukhbaatar 는 소련의 붉은 군대와 함께 백군과 중국군을 동시에 물리치고 몽골 공화국 인민정부를 수립하였다. 수흐바타르는 근대 몽골의 아버지로 서 레닌과도 회담을 통해 몽골의 독립을 추구했으나 1923년에 피살되었다.

한편 식민지 한국에서는 1919년 3.1일에 거국적 독립운동 즉 3·1운 동이 일어났다. 이 운동은 1차세계대전 종전이후 윌슨의 민족자결주 의, 소비에트혁명, 국제연맹 결성, 파리강회회의 등 세계적 평화움직 임을 배경으로 하였다. 그러나 이들 패권국의 주장은 1920년에 들면 서 돌변하였다. 미국, 영국, 프랑스 그리고 일본은 승전국의 지위로 1921년 4개국조약Four Power Pacific Treaty을 체결하였다. 이 조약의 핵심 내용은 "태평양상의 각국 영토에 대하여 현상 유지를 존중한다."는 것이다. 이는 한국인의 독립의지와는 반대의 흐름이었다. 한편 제1차 세계 대전 말기 새로 집권한 볼셰비키 정권은 브레스트 - 리토프스크 조약으로 독일 제국과 단독 강화를 맺으려 하자 미국, 영국을 비롯한 연합국은 이를 저지하기 위해 구재정러시아지역으로 파병하였고, 그 중 일본은 이때 시베리아에 파병하여 제정러시아 잔존세력인 웅게른,

콜차크Aleksandr Kolchak등과 연합하여 붉은 군대와 맞섰다. 소련은 이러한 일본의 침공에 대항하는 방안으로 상해 임시정부를 지원하였던 것이다. 이후 소련은 1925년 일본과 외교관계를 수립하자 소련 지역에서 한국인의 항일투쟁을 금지시켰다.

근대시기 극동 러시아령인 연해주에는 한인들이 이주하여 살고 있었다. 특히 여기서 태어난 후손들 중에는 러시아 교육을 받아 한국어와 러시아어가 가능한 사람들이 많았다. 이들 중에는 한인공산당과 관련된 인물들이 많았다. 한형권 역시 이러한 사람이었다. 또한 여운형의 글에는 "얼화우제"라는 말이 나오는데 이는 한국계 러시아인을 의미한다. 이들 한국계 러시아인들은 1920년대 초 소련의 친임시정부적 정책을 이끈 또 하나의 배경이었다.

2 사회주의와의 조우

1) 한형권과 소련차관

한형권韓馨權(?~?)은 함경북도에서 태어나 러시아령이었던 연해주에서 자라면서 어린 시절부터 러시아식 교육을 받았다. 이런 이유로 한형권은 자연스럽게 임시정부와 소련을 연결하게 되었다. 세계 제1차 대전의 종전 이후에 세계는 사회주의 국가 소련을 두려워하였다. 자국에서의 사회주의 혁명을 두려워하던 승전국 미국·영국·프랑스 그리고 일본 등은 소련을 압박하게 되었고, 소련도 외교적 고립탈피와 혁명의 확장을 위해 대응하기 시작하였다.

그때 소련의 중장中將 포타포프Aleksei Potapov가 상해에서 당시 임시정부 인사들과 접촉하였다. 한형권은 이 포타포프와의 만남을 다음과 같이 적고 있다.

마침 러시아사람 포타포프 장군은 제정시대의 중장으로 혁명 전부터 공산당에 가입하여 비밀리에서 적과 내통하는 공작을 맡았던 자로 혁명 촉발시에 선전책임을 가지고 일본에 와서 있었는데, 마침내 일본 정부의 혐의로서, 그 자는 해외로 송출한 바 되어, 상해법조계 프랑스국가 여관에 있었던 것이다. 그때에 포타포프 장군을 방문한 이는 안도산安島山, 여운형呂運亨(1886~1947), 이광수李光洙 등 여럿이었으며 나도 수차 방문한 일이 있었다. 나는 포타포프 장군으로 더불어 러시아의 혁명성공에 관함과 한국독립운동 전도에 대한 소견을 서로 교환하여 본 결과 마침내 기미상합氣味相合하게 되었다. 하루는 나는 포타포프 장군에게 요구한 일이 있었는데 즉, 한국 임시정부는 노동 러시아와 연락하여 유기적 관계를 맺어야 한다는 구체적 조건을 들어 우리 임시정부에게 장서를 제출하여 달라는 것이었다. 그는 개연히 승락하고 곧 한·러 연락의 필요조건을 열거하여 문서로 만든 후에 나는 그것을 번역하여 국무총리 이동휘李東輝씨에게 전달한 바, 그 익일 정부회의에서 그 제의에 대하여 토의가 있은 결과 전수로 가결되어 마침내 밀사 3인을 모스크바로 파견하게 되었는데 파견자는 한형권韓馨權, 여운형呂運亨, 안공근安恭根 3인이었다.[3]

소련은 1919년 3·1운동을 전후하여 한인사회당 인사를 중심으로 한국의 상황을 파악하고 있었다. 그 후 한인사회당의 핵심인사인 이

---

3) 171) 臨時政府의 對俄 외교와 國民代表會議의 전말, 『대한민국임시정부자료집』별책5. 이하 원문은 원의에서 벗어나지 않는 범위에서 현대 용어와 맞춤법으로 적었다.

동휘와 김립金立(?~1922)이 상해 임시정부의 국무총리와 국무원비서장으로 취임하면서부터 소련은 임시정부와 직접 접촉하게 되었다. 김립은 이후 한형권이 마련한 소련차관을 임시정부 승인없이 사용하였다는 이유로 김구에 의해 암살당하였다.

당시 소련은 재정러시아의 전 지역을 완전히 장악하지 못하였다. 그중 시베리아에는 출병한 일본군과 운게른이 이끄는 구재정러시아 백군의 군사적 연합이 당면한 문제였는데, 소련의 임시정부 접촉은 일본에 대한 견제의 의미도 있었다.[4]

한형권은 당시 국무원비서장인 김립의 통지를 받아 여운형과 함께 임시정부 국무원으로 갔다. 한형권은 사회주의야 말로 새로운 문명이라고 생각하였다. 그는 한국이 비록 자유주의나 강권주의에 적응하지 못했지만, 사회주의에는 빨리 적응할 수 있다고 생각했다.

소련에서 차관을 받으면 어떻게 운용해야 하는지도 대략 가지고 있었다. 첫째는 인재를 모으고 둘째는 산업을 육성하는 것이다. 그리고 마지막으로 군대를 개편하고 일본과 전쟁을 벌여 독립을 쟁취하는 것으로 상당히 구체적이었다. 그런데 당시 인사들은 한국 단독의 군사적 대결보다는 소련이나 중국이 대일전쟁을 벌일 때 참여하여 독립을 쟁취한다거나 미국, 영국, 프랑스 등 국제사회에 호소하여 외교적으로 독립을 쟁취한다는 전략을 가졌다. 그러므로 한형권과는 달리 임시정부 인사들은 소련과의 협력이나 차관 획득에 적극적이지 않았다.

---

4) 반병률, 「러시아(소련)의 대한민국임시정부 인식」, 『역사문화연구』35, 한국외국어대학교 역사문화연구소, 2010. 491~494쪽 참조.

반면, 한형권은 소련의 차관이 진정한 독립의 기회라고 생각하였다. 그는 영국과 미국을 위주로 하는 외교도 필요하지만, 동시에 우리가 독립국이 될 수 있다는 능력을 승전국들에게 보여주어야 한다고 밝히고 병력을 키우고 정치, 산업, 문화, 외교, 군사 등의 각 방면에서 전 민족의 독립운동이 전개되어야 한다고도 강조하였다. 이를 위해서 그는 반드시 소련의 차관이 필요하다고 생각하였다.

　하지만 당시 임시정부 주류인사들은 이러한 주장에 미적거렸다. 한형권과 함께 특사로 임명된 여운형은 "지금 구주 각국 측으로 러시아를 봉쇄하고 있으며 동으로서는 일본군이 치타(Чита)까지 진출하고 있으므로 러시아로 갈만한 노선이 없으니 동 서간에 어느 편으로든지 개통된 시기를 기다려 출발하는 수밖에 다른 방도가 없다."고 하여 모스크바행에서 스스로 빠졌던 것이다.

　한형권은 이처럼 소극적인 여운형에게 "만리장성을 넘어 고비대사막을 횡단하여 몽골의 수도인 고륜庫倫과 매매성買賣城을 경유하여 러시아 국경 트로이츠코샵스키에 도달할 수 있으니 어찌 막연한 동서의 봉쇄가 열리기를 앉아서 기다리겠소. 그뿐 아니라 국경교섭도 적절한 시기를 놓치면 성공할 수 없으니 아무리 험로라 할지라도 모험이라도 하여야 하겠다."라고 말하였다.

　사실 당시 여운형과 한형권은 살아온 이력이 달랐다. 한형권은 러시아령에서 자랐으며 우리나라 최초의 사회주의 정당인 한인사회당에 입당하여 활동하였다. 그는 어린 시절 러시아 교육을 받아 러시아어와 문화에 익숙하였다. 여운형은 청년시절 기독교에 입교하였고 초기에는 서구식 계몽운동에 매진하였다. 그는 중국으로 망명하여 신한청년당新韓靑年黨 발기에 참여하였으며, 이후 고려공산당에 가입하였다. 그는 청년시절 미국 선교사들에게 수학하면서 영어에 능통하였다. 이런 배경의 차이는 소련 차관에 대한 인식 차이로까지 이어졌다.

한형권은 소련 차관획득을 위해 특사의 임무를 수행하고자 마음먹고 이동휘, 김립 두 사람의 동의를 얻은후, 국서와 여비를 받아 1920년 1월 초순에 밤차로 북경으로 향하였다.[5] 당시 중국에서 모스크바로 가는 방법은 세 가지였다. 첫째는 동쪽의 길로 연해주와 시베리아를 거쳐 가는 길이었다. 하지만 시베리아에 진출한 일본은 이 길을 막고 있었다. 둘째는 서쪽의 길로 터키와 흑해를 거쳐 모스크바로 가는 길이다. 하지만 이 길 역시 프랑스의 대륙봉쇄령으로 막혀 있었다. 마지막 길은 몽골을 거쳐 가는 길이다. 하지만 이 길은 실제 도로나 철도 같은 길이 아니라 사람의 감각을 가지고 찾아가야 하는 보이지 않는 길이다. 고비사막이라는 자연 장애물, 도적이라는 인적 장애물 그리고 구재정 러시아 백군들이라는 정치군사적 장애물이 혼재한 길이기도 하였다.

하지만 한형권은 망설이지 않고 몽골-시베리아-모스크바의 길로 접어들었다. 상해에서 철도로 북경에 도착한 그는 다시 북경 옆에 있는 장가구張家口로 이동하였다. 그는 여기서 몽골로 가고자 했으나 겨울철에 이동하는 경우가 없어 4월 중순까지 머물게 되었다. 북경으로부터 장가구張家口에 도착하여 탐문한 결과 장가구에서 고륜까지 통행하는 자동차는 사막의 적설 때문에 길이 끊긴 상황이었고 약 3개월이 지나야 개통된다고 하였다. 그는 어쩔 수 없이 4월 중순에야 비로소 자동차를 타고 7일 밤을 꼬박 샌 채 외몽골의 수도

---

5) 171) 臨時政府의 對俄 외교와 國民代表會議의 전말

고륜시에 도착하였다. 그리고 또 마차를 타고 5일 만에 트로이츠코삽
스크Troitskosavsk(현 Kyakhta) 시에 도달하였다.6)

　　북경서 장가구로 거기서 자동차편을 겨우 얻어서 7일 만에 온갖
　　고상을 격은 뒤 고륜庫倫에 도착하였다. 거기서 하루 쉬고 다시 마
　　차로 5일 만에 다다른 곳이 러시아 땅 트로이츠코삽스크買買城이
　　라.7)

이후 그는 울란우데Ulan-Ude와 이르쿠츠크Irkutsk를 거쳐 모스크바
Moscow에 도착한다. 그런데 그는 그 과정에서 한국인 붉은 군대를 만
나게 된다. 그 장소가 울란우데인지 이르쿠츠크인지는 약간의 차이가
있다.

　　그날(캬흐타에 도착한 날)로부터 나는 국빈의 대우를 받아서 특
　　별차와 적위군 수명의 호위를 입으면서 이르쿠츠크 등을 경유하여
　　모스크바로 향하는데 한인으로 편성된 군대가 수처에 있었는데 그
　　들은 태극기를 들고 역전에서 환영한 일도 있었다. 이르쿠츠크에서
　　떠난 17일 만에 모스크바에 도착하니 때는 1920년 5월 말이었다.8)

6) 171) 臨時政府의 對俄 외교와 國民代表會議의 전말
7) 170) 革命家의 回想錄 : 레닌과 담판－독립자금 20억원 획득－. 트로이츠코삽
　　스크는 현재 러시아의 캬흐타(Kyakhta)시를 말하고, 마이마이청(賣買城)은 현
　　재 몽골의 알탄불라크(Altanbulag)로 이 두 도시는 현재 서로 마주 보는 국경도
　　시이다.
8) 그날로부터 나는 국빈의 대우를 받아서 특별차와 赤衛軍 수명의 호위를 입으
　　면서 일군스크 등 市를 經하여 모스크바로 향하는데 한인으로 편성된 군대가
　　수처에 있었는데 그들은 태극기를 들고 역전에서 환영한 일도 있었다. 일군스
　　크 시에서 떠난 17일 만에 모스크와에 도착하니 때는 1920년 5월 말이었다.

다시 떠나 베르네후진스크Vernehujisk(현 울란우데)에 다다르니 반갑
게도 조선 사람만으로 조직된 한국군대 200명이 태극기를 선두로
북을 울리며 나를 영접하여 주는 것이 아니랴. 어떻게 여기서 한국
군대를 맞을 줄을 꿈에나 뜻하였으랴! 러시아식으로 군장을 날씬하
게 한 200명의 이 군대! 고국을 수천 리 멀리 떨어진 이방 3국 국경
에서 같은 단군의 피를 받은 이 형제를 만나게 됨은 실로 꿈이요.
현실 같이 생각되지를 않았다.9)

그는 스스로를 중대 사명을 지니고 외국으로 가는 사신이라 여겼
다. 그는 여전히 차관을 받아 인재를 모으고 산업을 일으키며 군대를
양성하는 꿈에 부풀었다. 그리고 한국 군대를 보면 그 일이 이루어질
것이라는 확신을 하게 된 것이다.

반갑게 그러나 위풍당당하게 공식으로 마저 주는 이 광경에서 나
는 45일 가진 말 못할 여행 중 노고를 물로 씻은 듯 다 닦아버리고
이 형제를 위하여 기어이 내 사명을 다하고야 말리라. 나의 사명이
다하지 못할진대 돌아가는 길에 이 형제들 얼굴을 무슨 면목으로
다시 대하랴. 오직 그때는 모스크바 궁전들 기둥에 머리를 쪼아 죽
어서 속죄하리라고 심중 깊이 맹세하였다. 200명 동포 군인과 조국
의 장래와 또 우리 한국의 민족해방을 위하여 비분의 눈물과 설계
와 맹세로 하룻밤을 함께 밝히고 이튿날 떠나서 다다른 곳이 이르
쿠츠크 정거장이었다.10)

그는 이르쿠츠크에서부터 모스크바까지 국빈대우를 받았다. 지방

----

171) 臨時政府의 對俄 외교와 國民代表會議의 전말.
9) 170) 革命家의 回想錄 : 레닌과 담판 - 독립자금 20억원 획득 -
10) 170) 革命家의 回想錄 : 레닌과 담판 - 독립자금 20억 원 획득 -

장관들이 공식으로 환영하여 주고 적위군대의 열병도 보았다. 또 이르쿠츠크 정거장으로부터 모스크바로 가는 철도에는 특히 전영 열차를 제공받았다. 그의 신변을 보호하기 위한 것이었다. 사실 당시 소련은 전 러시아를 장악하지 못하였다. 러시아 백군은 지방에서 레닌에 반기를 들었기에 이러한 열차를 제공받은 것이다.

한형권이 보았다는 러시아식 한인 군대는 러시아가 시베리아 지역의 일본군과 백군에 대응하기 위해 한인들을 참여시킨 군대 중 일부로 이위종李瑋鍾의 군대로 여겨진다. 이위종은 우파(Уфа)시 점령 당시 무공武功을 세웠던 한인 출신 러시아군 장교이다.[11]

한형권의 몽골통과기는 상해 - 북경 - 장가구 - 고륜(울란바타르) - 매매성(알탄부르크) - 캬흐타(트로이츠코삽스크) - 이르쿠츠크 - 모스크바로 이어지는 장장 5개월간의 여정 중 일부이다.

그는 몽골통과에 대해서는 몇 글자 남기지 않았지만, 진야, 고상, 중대사명, 말 못할 여행, 속죄, 비분 등의 표현이 있는데, 이를 통해 보면 몽골에 대한 그의 두 가지 인식이 숨겨져 있다. 첫째, 몽골은 야만, 러시아는 문명이라는 인식이 있다. 그리고 그는 이 둘 사이를 통과하는 순례자와 같았다. 둘째는 한국과의 비교이다. 양계초가 중국 스스로를 야만과 문명의 중간에 두었듯이 한형권 역시 한국을 몽골과 소련 즉 야만과 문명의 중간에 두었다. 그리고 그는 한국도 독립을 위하여 사회주의라는 새로운 문명을 향해 나가야 한다고 생각하였다.

그에게 몽골은 독립을 향해 가는 어려운 고난이자 반드시 극복해야

---

11) 반병률(2010), 492~493 참조.

하는 인고의 장소였다. 그래서 짧은 구절의 기록으로 남았다. 하지만 몽골을 벗어나 러시아로 들어서면서부터 그는 독립의 방향을 찾았다. 그가 러시아 땅에서 만난 한인군대는 바로 국가독립의 실천적 모델이었다.

한형권의 이 고난과 희망의 여정은 결과적으로 실패하였다. 그가 상해를 떠난 뒤에 임시정부의 상황은 너무도 급박하게 돌아갔다. 그를 모스크바로 보낸 이동휘와 김립 등 한인사회당은 더 이상 임시정부 핵심에 있지 않았다. 그가 레닌과의 담판으로 200만 루블의 지원을 약속받고 그중 1차로 약 40만 루블을 금으로 받아 김립 등에 넘겨주고 자신은 다시 모스크바로 돌아갔지만, 이 자금은 임시정부에 전달되지 않았다.[12]

전달과정에서도 안타까운 일들이 전개되었다. 이 자금 중 일부는 몽골에서 독립운동과 의술활동을 하던 이태준에게 전달되었는데 이태준이 러시아 백군 운게르에게 피살됨에 따라 그에게 전달한 자금이 행방불명되었다. 이 자금의 운용 주체 문제로 인해 김립은 김구에 의해 살해당하였다. 이러한 일련의 사건으로 인해 그는 오히려 독립운동의 방해자로 낙인찍히게 되었다. 그래서 그는 자신의 활동을 이렇게 한탄하였다. 그는 이것을 희극이자 비극이라고 평가하였다.[13] 그

---

12) 170) 革命家의 回想錄 : 레닌과 담판 – 독립자금 20억원 획득 – 에서 한형권은 금의 양을 "20부대(40斤重 – 즉 다섯 사람 무게에 해당)씩을 7箱"라고 적고 있다. 20부대는 40근 즉 20kg이고, 7상자이므로 총 140kg로 현시세로는 한화 65억 4천만 원 이상의 가치가 있다.
13) 이것은 연극 중의 한 희극이 아니면 비극일 것이다. 하여간 외국차관도 하여보

240

리고 그는 독립운동을 단념하고 독립운동가들과 일제군경을 피해 해방까지 중국 간도에서 지냈다.

> 나는 이 광경을 보고 모든 것을 단념하였다. 그래서 중동선 '몰산'이란 산수 좋은 조그마한 산촌에 파묻혀 농사짓다가 다시 동삼성東三省 각 당 대표회 등 여러 가지 일이 있었으나 모두 생략하고 그 뒤 8.15 해방을 장춘에서 맞이하고 약 40년 만에 고국을 나왔다.[14]

한형권은 사회주의계열의 민족주의자였다. 그래서 그는 민족대표 자회의에 참가한 민족주의자 여운형과 김규식 등을 비판하였다. 그들은 진정한 사회주의자가 아니며 결국 사회주의라는 대의에 반기를 들 것이라는 생각에서였다. 동시에 교조주의적 사회주의에도 반대하였다. 레닌 앞에서 당시 식민지 한국에 필요한 것은 노동자 해방이 아니라, 민족 해방이라고 강변하였다는 그의 주장이 이를 대변한다. 그러다보니 그는 해방이후 남한으로도 북한으로도 갈 수 없었다.

낭중지추囊中之錐라는 말이 있다. 흔히들 이를 '능력과 재주가 뛰어난 사람은 저절로 두각이 나타난다.'고 해석하지만, 그 속에는 '그 재능으로 인해 화를 당할 수밖에 없다.'는 의미가 숨어 있다. 한형권은 당시에 바로 이런 인물이었다. 뛰어난 외교력과 시대에 부합하는 민족적 사회주의를 지녔지만, 그는 어느 순간 변절자이자 어느 편에도 설 수 없었던 회색분자가 되고 말았다. 그의 독립을 위한 고민과 노력

고 국민대표회의도 하여 본 것만은 일종 경험력을 얻었다고 할는지. 171) 臨時政府의 對俄 외교와 國民代表會議의 전말

14) 나170) 革命家의 回想錄 : 레닌과 담판 -독립자금 20억원 획득-.

그리고 인간적 비운을 이 작은 글에 담아 후대에 새로운 평가로 이어지길 소망한다.

2) 여운형과 이르쿠츠크 민족대표자회의

여운형呂運亨(1886~1947)은 1920년 소련의 차관을 수령하러 모스크바로 가라는 명을 받았지만 가지 않았다. 그런데 다음해인 1921년에 다시 극독인민대표회의에 참석하기 위해 이르쿠츠크로 가라는 명을 받았다. 그는 1921년 11월 초 김규식, 라용균과 함께 이르쿠츠크를 향해 출발하였다.[15] 그런데 이르쿠츠크에 있을 동안 회의 장소가 변경되어 모스크바로 가게 되었다. 이를 그는 다음과 같이 회고하였다.

> 1921년 늦은 가을 나는 상해에서 머지않아 붉은 러시아의 수도 모스크바에서 열리게 된 원동피압박민족대표자대회遠東被壓迫民族代表者大會의 준비에 여념이 없었다. 이 대회는 프롤레타리아트의 운동과 약소민족의 운동을 유기적으로 결합시키기 위한 제3인터내셔널의 실천적 사업의 하나로써 이미 개최되었던 근동피압박민족대회의 계속이며 후계이었을 뿐만 아니라, 때를 같이하여 아메리카의 수도에서 열리게 된 저 소위 워싱턴 회의 곧 세계대전을 통하여 강탈한 수확의 분할을 중심으로 하여, 제국주의 국가 간에 이러난 알력과 모순을 조정하고 전리품의 분배를 다시 한 번 고찰해보려는, 자본주의 국가의 회합에 대항하는 새로운 의미와 사명을 띠게 된 극동의 피압박 약소민족의 소임이었다.[16]

---

15) 윤대원, 「고비사막을 뚫고 모스크바를 향해 떠난 독립의 열정」, 『조선사람의 세계여행』, 글항아리, 201, 260쪽.
16) 김대중 등, 『여운형을 말한다』, 아름다운책, 2007, 226쪽.(이하 책명과 쪽수만)

그는 탁월한 영어실력으로 일본, 중국, 몽골, 인도네시아(자바) 등의 극동 피압박 각국 대표들을 위하여 여권의 수속 기타의 모든 주선의 사명을 맡고 있었다. 그리하여 이들의 그는 먼저 여러 동지들을 보내고 마지막으로 출발하였다.

이 회의는 1920년에 열렸던 제2차 코민테른 국제대회에서의 논의를 연속하고 원동지역에서 본격적인 활동을 개시하려는 소련 정부의 의도에 의해 마련되었다. 동시에 이 회의에 참가한 민족들은 미국, 영국, 프랑스. 일본 등 제국주의국가들의 회합인 워싱톤 회의에 맞서려는 목적을 가졌다. 본래 명칭은 극동피압박인민대회였으나 일본은 피압박국이 아니라는 주장에 의해 극동인민대표대회로 변경되었고, 장소도 최초 이르쿠츠크에서 모스크바로 변경되었다. 그러므로 이 회의는 초기와는 달리 점차 소련 공산당의 의도에 따라 민족투쟁보다는 계급투쟁을 강조하게 되었다.

이 회의에 여운형 등의 한국대표들은 중국, 몽골, 인도네시아 그리고 일본의 대표들과 함께 참가하였다. 그중 한국대표단은 52명으로 구성되었는데, 이는 전체 총수 144명 중 3분의 1을 넘는 숫자였다. 주요 참가 인물은 이동휘, 박진순, 여운형, 장건상, 박헌영, 임원근, 김단야, 김규식, 나용균, 김시현, 김원경, 권애라, 여운형 등이었으며, 여운형은 대회의장단에 선출되었다.[17]

최초 계획은 철도로 이용해서 만주와 시베리아를 거쳐 이르쿠츠크로 가는 것이었다. 그는 대략 11월 초에 천진에 도착하였다. 다만 도착

---

17) 반병률, 「원동민족혁명단체대표회와 한국독립운동 (1)」, 『역사문화연구』65, 한국외국어대학교 역사문제연구소, 2018 참조.

장소가 북경이 아니라 천진이라는 점에서 아마도 천진까지는 선박편으로 이동하였을 것이다. 그런데 열차를 타보니, 그를 정탐하는 일본의 밀정이 있었다. 그래서 그는 다른 길을 모색하였는데, 어쩔 수 없이 한형권이 간 몽골루트를 선택하였다. 사실 이 루트는 동행한 김규식이 이미 1916년에 몽골로 가기위해 이용했던 길이기도 하였다. 여운형과 일행은 철도편으로 북경으로 가서 다시 장가구에 이르렀다. 그 후 그는 5일 동안 사막여정을 준비하였다.

당시 몽골은 레닌의 붉은 군대에 쫓긴 시아 제정파의 거두 웅겐 남작의 2만여 반혁명군이 최근까지 주둔하였다. 거기에 이들은 시베리아로 출정한 일본군과 협력하고 있었다. 때문에 그들은 신분을 보장할 서류는 물론 식량 그리고 일정의 자위력까지 지녀야 했다. 몽골은 또 청조와 앙숙의 관계였다. 몽골은 청조에 독립을 선포한 후, 지배관료를 변방으로 추방하였다. 그래서 몽골은 무정부상태와 같은 혼란이 있었다. 이런 혼란에 몽골로 가는 것은 매우 큰 결단이 있어야 했다.

한형권이 사막이라는 자연환경에 고생했다면, 여운형은 적군과 백군의 내전에 조심해야 했다.[18] 하지만 자연환경도 녹녹치 않았다. 여운형이 출발한 11월에 고비사막은 영하 20도까지 떨어졌다. 동시에 식량도 스스로 해결해야 하였고 마적대의 습격에도 대비하고 있었다. 이런 여정을 거쳐 출발 5일 만에 고륜 즉 울란바타르에 도착하였다. 그는 울란바타르의 도착을 다음과 같이 기록하였다.

---

18) 『여운형을 말한다』, 230쪽.

장가구를 떠나서 다섯째의 석양, 사막에 지는 해가 그 최후를 화려한 색채로 온 하늘을 물들이기 시작할 즈음에 우리 일행을 태운 자동차는 멀리 울란바타르, 곧 혁명정부에 의하야 "적색거인의 도시"라는 새 이름을 얻은 고륜의 시가를 바라보면서 탄탄한 경사傾斜를 시원스럽게 한숨에 달음질쳐 내렸다. 사방을 산에 에워싸인 분지의 한복판을 흐르고 있는 넓은 냇가의 그 침울하고 전아典雅한 자태를 고요히 가로누이고 있는 이 아시아식 도시는 위선 구릉 사이에 뾰족 솟아 때마침 황혼의 장미색에 곱게 물들인 하늘에 그 금색찬연한 광채를 마음대로 자랑하고 있는 라마사원의 고탑으로서 우리에게 환영의 인사를 보내었다. 낡은 세력과 새 세력의 교대交代, 파괴와 건설의 교착交錯이 필연적으로 요구하는 일시적 황량과 문란이 이 도시를 점령하고 있었음에도 불구하고, 또 하얀 눈이 다양한 변화를 모조리 그 단조한 흰 보 아래 쓸어 덮고 말았음에도 불구하고 눈앞에 나타난 옛 도시의 아름답고 불가사의한 매력은 결코 상상한 바에 떨어지지 않는 것이었다.[19]

울란바타르의 "울란"은 "붉은"이고 "바타르"는 "전사"로 연결하면, "붉은 전사"로 해석된다. 하지만 그에게는 몽골에서 만난 한국인이 더욱 반가웠다. 소련 정부에서 법률을 전공한 에린치노프라는 몽골 혁명정부의 최고 고문이 있었다. 그의 부인은 블라디보스톡 출신의 한국인 마류사남으로 모스크바에서 미술을 공부하다 에린치노프와 결혼하여 울란바타르에 오게 되었다고 한다. 여운형은 비록 마류사남이 한국 문화와 이격된 채 살았음에도 불구하고 마류사남과 같은 민족으로서 공감하게 되었다.

여운형은 몽골 혁명정부의 외교부를 방문하여 비자를 발급받았는

---

19) 『여운형을 말한다』, 241~242쪽.

데 이 과정에서 최고고문이자 몽골의회 의장인 단잔Ajvain Danzan, 丹增과 면담을 하게 되었다. 단잔은 "종교는 아편"이라는 마르크스주의에 한 발만 담근 계몽가였다. 그래서 당시 몽골의 종교 라마교를 대처하는 그만의 방법이 있었다.

> 민중을 지도하려는 자는 그렇습니다. 무엇보다도 참을 줄을 알아야 합니다. 그들은 더욱이나 그들의 정신생활의 낡은 습관에 대하여서는 무섭게 보수적입니다. 십 수세기를 통하여 그들의 정신생활을 지배하여 온 복드항活佛의 영향을 일조일석에 뿌리 뽑으려고 하는 것은 도저히 불가능한 공상입니다. 민중을 항상 벗으로 삼으면서 그러면서도 그들이 가지고 있는 낡은 편견과 미신은 도무지 온갖 그들의 정신적 질병을 깨끗이 씻어내리면 끈기 있게 서서히 꾸준하게 그들을 가리키고 계몽하는 길밖에 없습니다. 이리하여 혁명정부가 취한 종교적 정책은 라마교사원의 파괴도 아니고 그 재산의 몰수나 승려의 추방도 아닙니다. 오직 순결무후한 원시적 불교로 돌아가라! 는 슬로건 뿐이었습니다.[20]

여운형은 교조적 사회주의에 매몰되지 않은 단잔이 맘에 들었다. 그는 다시 단잔의 소개로 이른바 비자 발급 현장으로 이동하였다. 그런데 그 뒤에 상황은 그에게는 다소 생소한 광경이었다. 외교부에 들어간 그들은 여권을 만들기 시작했는데, 몽골 비칙 글자로 두서너 자를 적는 것이 고작이었지만, 그 쓰는 시간만 20분이 넘었던 것이다. 여운형은 이를 보고 몽골의 문명수준을 헤아렸다.

---

20) 『여운형을 말한다』, 243쪽.

이 기묘한 글자를 다 그리고 나자 그는 커다란 말 만큼이나 한 도장을 그 위에 번듯이 찍고서 만연의 웃음과 함께 그것을 나에게 주었다.[21]

당시 몽골의 문자였던 비칙 글자는 위에서 아래로 우에서 좌로 쓰는 글자로 실생활보다는 주로 국가 기록과 의례 등에 쓰였다. 이런 이유로 몽골에서는 1949년 이 글자를 러시아의 끼릴 문자로 대체하였다. 이러한 구절은 그의 몽골인식과 연결되었다. 즉 "몽골의 문명수준은 조선보다 낮았지만 어떻게 중국의 식민지에서 벗어났고 한국은 여전히 일본의 식민지로 남아 있는가?", 더 나아가 "식민지에서 벗어난 독립 국가는 어떠한 정책을 취해야 하는가?"라는 논의가 숨겨져 있는 것이다.

여운형은 이후 우딘스크 즉 울란우데를 거쳐 철도로 이르쿠츠크로 들어갔다. 지금도 이 철도는 운행하고 있는데, 울란우데에서 이르쿠츠크로 가는 동안 바이칼 호수가 우측에 펼쳐진다. 여운형은 이르쿠츠크에 대해서는 거의 언급하지 않고 대신 광활한 바이칼 호수와 시내를 흐르는 앙가라 강에 대해서만 언급하였다. 이르쿠츠크에는 이미 도착한 동지들이 그들을 환영하였다. 그 후 그와 일행은 회의 장소의 변경으로 모스크바로 이동하였다.

이 글은 그가 모스크바에서 다시 울란우데로 돌아오는 과정에서 끝난다. 그는 이런 글로 이 여정을 마무리하고 있다.

내가 왔다는 소식을 어디서 듣고 왔는지 나는 이곳에 도착한 바

---

21) 『여운형을 말한다』, 249쪽.

로 그날 밤 두 사람의 조선청년의 심방을 받았다. 그들은 러시아 태생의 소위 "얼화우제"였다. 그리하여 러시아 과부의 양아들이 되어 있어 러시아 사람들 사이에 상당히 넓은 교제를 가졌으므로 나는 이곳에 있는 이틀 동안의 밤을 이들의 안내로 러시아 사람들의 가정구경에 보내었다. 우딘스크 뿐만 아니라 시베리아의 소읍은 모두 다 사상 외로 높은 문화수준을 누리고 있어 나를 놀라게 하였다. 제정시대의 전제정치는 모든 진보적 정신을 유형流刑 또는 기타의 박해로 이곳 시베리아로 쫓아 보냈는데, 이 추방당한 망명가 유형수들의 교양과 문화가 어느새 이곳에 씨를 떨어뜨려 이양異壤하게 높은 문화수준과 놀랍게 세련된 교양과 취미가 말하자면 일반적인 몽매의 광범한 초원의 이곳저곳에 화려한 꽃과 같이 점철되어 지나가는 나그네에게 높은 향기로 뜻하지 않은 기쁨을 선사하는 것이었다.[22]

여운형은 시베리아에도 소련의 선진 문명이 있음을 목도하였다. 이것은 같은 자연환경의 몽골과는 다른 것이었다. 그럼에도 그는 선진 문명보다는 몽골 그리고 그 속에 있는 "얼화우제" 즉 한국인에게 더 공감하였다. 그것은 문명civilization보다는 문화culture에 가까운 것이었다.

3·1운동을 근원으로 1919년에는 상해 임시정부가 탄생하였다. 하지만 임시정부의 구상과는 달리 한국의 독립은 더욱 어려워지는 상황이었다. 일본을 포함한 1차 세계대전 승전국들은 식민지를 포함한 서로의 영토를 그대로 유지하고자 하였기 때문이다. 이런 와중에 임시정부는 새로운 후원자로 소련과 접촉하게 되었다.

한형권과 여운형의 몽골 통과 역시 이 과정에서 이루어졌다. 한형

---

22) 『여운형을 말한다』, 281~282쪽.

권은 1920년 1월에서 5월 사이에 5개월간 몽골을 거쳐 모스크바로 갔고 그 여정은 1948년에 두 편의 글로 공개되었다. 이 글에서 그는 주로 소련에서 차관을 받게 된 동기와 과정 그리고 불행한 결론을 적었고 이동과정에서 느낀 감정에 대해서는 언급하지 않았다. 그의 이동과정에서는 분명 이태준과 만남이 있다고 보지만 이마저도 생략되었다. 그는 오로지 레닌에게서 차관을 받아 독립의 밑거름으로 삼아야겠다는 생각이 강했기 때문이다. 대신 한형권은 러시아에서 만난 러시아군의 한인부대를 회상하였다. 이러한 독립의 열정으로 그는 소련의 지도자 레닌과의 담판에서 한국 독립의 필요성을 설명하고 이를 근거로 차관을 이끌었다.

여운형은 한형권과 더불어 이미 1920년에 임시정부 특사로 모스크바행의 소임을 받았다. 그는 여기에 동참하지 않았지만, 1921년 11월 김규식 등과 더불어 극동인민대표회의에 참석차 한형권과 같은 길을 가게 되었다. 이 과정에서 그는 몽골 혁명정부의 정책을 알게 되었다. 또한 몽골의 문화와 문명에 대해서도 나름의 평가를 내렸다. 무엇보다 그의 관심은 몽골과 시베리아에 있는 "얼화우제" 즉 러시아계 한인들이었다. 이미 그들은 문화적으로 한국인이 아니었으나 그럼에도 여운형은 그들과 민족적 감정을 나누었다고 적고 있다.

한형권과 여운형의 실제 몽골 통과는 한형권이 약 1년 반 정도 빠르지만, 여정에 대한 기록은 여운형이 1936년으로 한형권의 1948년보다 앞선다. 그 속에는 양자의 몽골, 시베리아 인식이 포함되어 있다. 이를 통해 그들은 근대시기 한민족의 정체성을 확인하고 동시에 이를 근거로 신문명 즉 사회주의에 대한 이해의 폭을 확장시켰다. 한형권이 레닌과의 담판에서 계급모순보다는 민족모순을 강조하였고, 여운형 역시 문명보다 민족을 우선하였다. 즉 그들은 모두 민족성을 기반으로 사회주의라는 신문명의 수용을 촉구하였다.

1920년대 초반 소련은 임시정부를 파트너로 삼아 항일이라는 공동의 목표를 추진하고자 하였다. 하지만 1925년 소련과 일본의 외교 관계가 수립되자 한국의 항일운동에 대한 소련의 관심과 지원은 사라졌다. 그러기에 소련의 지원을 기대하면서도 사회주의 신문명에 매몰되지 않고 민족 주체성을 지키고자 했던 두 독립운동가의 인식은 현재에도 중요한 시사점을 주고 있다.

한국의 근대사상가 또는 조선말에 활동했던 독립운동가들에게 사회주의는 일본과 중국의 사상가들보다 낯선 공간이었다. 박은식은 이 소비에트 혁명을 대동세계로의 이행으로 보았다. 또 어떤 이는 양계초가 1922년에 작성한 『선진정치사상사』를 통해 사회주의를 유교의 부흥으로 보기도 하였을 것이다. 분명한 것은 이 문명에 대한 접근 역시 비판적 현실인식을 기반으로 한다는 점이다.

이들에게 있어 과거와 달리 주변국보다 빠르게 수용하여 그 지위를 얻어야 한다는 인식은 어윤중 이후 근대사상가들의 공통의 가치였다. 그런 점에서 사회주의를 새로운 문명으로 평가하고 수용하고자 한 노력도 당대 현실 인식과 근대 지향에 있어서 의미있는 부분이었다.

다시 비판적 현실 인식으로-현재 그리고 미래

우리나라의 실학 또는 실의 철학은 고유의 전통에서 비롯된 것이다. 그것은 현실과 큰 관련이 없는 사변을 지양하고 실천적이고 실제적인 것을 추구하는 것으로 나타났다. 이런 시도들은 크게 두 가지로 확장되었다. 첫째는 전통으로부터의 이행이다. 조선 후기 서학, 북학, 개혁론 등은 개화파와 이후 개혁사상가들에게 자기 정체의 틀을 제공하였다. 둘째는 주변국으로부터의 사상전이이다. 한국은 조선중화의 전통에 의해 청나라에게서 배우기를 좋아하지 않았다. 하지만 밀려오는 서구세력들을 보면서 이를 극복한 일본은 수용하려고 노력하였다. 후쿠자와 유치키부터 타카세타케지로에 이르기까지 일본의 실험은 고스란히 한국에도 이어졌다. 중국의 양계초도 한국근대기에 중요한 인물이다. 그러나 한 편으로 그를 인용할 때 1903년 보수화 이전 전적을 주로 인용했다는 점은 우리가 주목해야 할 부분이다. 동시에 근대 전환기 한중일이 전통, 국가, 국민, 교육, 문명, 계몽, 유학 그리고 사회주의라는 공통의 키워드를 가지고 있다는 점도 중요하다.

한국 근대전환기에 실의 철학 즉 현실 인식과 근대 지향은 이런 배경을 통해 다양한 시도를 하였다. 우선 실학자들을 발굴했다. 실학이란 원래 유학과 관련이 깊은 용어였다. 그런 인식들은 고려시대 최승로, 이제현을 거쳐 조선시대로 이어지면서 실천과 현실 그리고 개혁이라는 키워드를 지니게 되었다. 다만 이기심성의 도덕수양론과 관련 있는 정이程頤의 실학 개념과는 다소 차이가 있다.

이후 실학은 유교라는 의미와 동시에 실제적이고 실천적인 학문이라는 의미로 이해되었다. 그렇지만 근대전환기의 실학은 서구 문물의 수용에만 집착한 나머지 실천적이고 도덕적인 측면을 상실한 것도 역사적 사실이다.

《황성신문》의 초기 실학관은 이러한 두 가지를 어느 정도 병행하는 측면이 있었다. 그것은 과거 개화파들의 실패에서 교훈을 얻은 것이었다. 결국 그들은 서구 문물의 수용이 국민들의 동의가 없다면 그것은 구호에 그칠 수 밖에 없다는 것을 깨달았다. 그러나 을사늑약이후 일제의 보호국이라는 간섭에서 벗어나 자립된 국가 수립이라는 목표를 위해 다시 교육을 중심으로 한 서구 수용이라는 일면으로 치우치게 되었다. 이는 이후 1920년대 출현한 '실학'이라는 용어와 개념이 국민개조와 연결되고 1960~70년대는 서구 자본주의의 모방을 통한 국가 산업화의 이념으로 작용하는 계기가 되었다.

하지만 실학이라는 말에는 언제나처럼 도덕적 가치관이 있다. 즉 현실을 올바르게 판단해야 할 도덕의 측면도 중요한 것이다. 정제두나 홍대용이 말한 '실심실학實心實學' 역시 중요한 부분이지만 그동안은 잊힌 채로 있었다. 박은식은 이러한 서구 수용적 실학에서 마음의 실학 즉 실심을 강조한 철학자이다. 그의 초기 저작인 『학규신론』은 박은식의 초기 저술로 당시 개혁적 유교지식인들의 사고를 볼 수 있는 전적이다. 이 책은 양계초의 '국력은 민지의 총합'이라는 전제를 배경으로 한 신교육론으로, 교육을 '천성이 인간의 심신에 올바르게 발현시키는 것'이라고 새롭게 규정하고 있다. 또한 이를 토대로 전통교육을 '인간의 본성을 억누르고 오로지 과거시험만을 위한 습관화된 강압'라고 통렬히 비판하고 있다.

박은식은 비판뿐 만 아니라, 대안도 제시하고 있다. 그가 제시한 신교육법은 한글교육, 서구수용 그리고 국가주의적 유교관으로 요약할 수 있다. 한글은 중등 이하의 국민들의 민지를 개발하는데 용이하다. 한글로 발행한 제국신문은 세계와 국민들을 이어주는 소통의 공간이었다. 이를 통해 국민들은 세계의 정세, 정부의 국정운영 등을 비판적으로 파악할 수 있었다. 동시에 한글로 된 번역서들은 서구의 학문을 수용하는데 큰 도움이 된다고 적었다. 한문은 한국에 부합한 글이 아니므로 별도의 학습이 없다면 가독성이 떨어진다. 그렇지만 한글은 단기일내에 이해할 수 있어 근대 교육에 매우 효과적이기 때문이었다.

한글의 적극적인 활용은 서구 수용과도 연결된다. 그는 교육의 대상을 원칙적으로 전 국민으로 보았다. 당연히 문자는 한글이며 교육 내용도 주로 서구 학문이었다. 그는 서구 학문을 사설邪說이나 사학邪學으로 보지 않았다. 오히려 그것을 동아시아 유교의 이상 또는 인류 보편 이상으로 보았다. 때문에 기존 유림들의 수구적 반서양수용론은 소아병적 반발이라고 생각했다. 이미 동아시아 역사에서 서구 학문과도 유사한 학적 양상이 있었음에도 이를 부정하는 것은 이치에도 맞지 않기 때문이다.

한편, 이들 개혁적 유교지식인들은 일본을 통해 서구 수용의 효과를 확인하였다. 일본은 메이지유신을 통해 서구화의 길을 갔다. 그 결과 1900년 초에 일본은 서구 열강과 대등한 경쟁력을 지닌 국가로 성장해 있었다. 일본은 쇄국과 존양의 기세를 억누르고 서구 학문을 수용하였고, 그 결과 당시와 같이 발전하였다. 이러한 근대 일본의 성립은 당시 조선에 서구 수용의 가능성과 당위성을 제시하였다.

반대로 서구수용에 실패한 국가들도 있었다. 인도, 페르시아, 아리비아 등은 국가의 종교가 온전하지 못했고, 역시 풍속도 제각각이어서 사회 통합이 어려웠다. 혁신이 없던 스페인과 문맹율이 높은 포르투갈은 예전의 화려한 명성을 이어가지 못하였다. 특히 겉으로 유교를 외치면서 속으로는 불교에 치중하던 중국은 반식민의 나락으로 빠져 있었다. 이러한 현실은 조선에서도 단일하면서도 서구수용에 부합한 국가차원의 교지를 요구하게 되었다. 그 교지는 바로 유교였다.

하지만 일본을 통한 서구수용은 일본제국주의의 침략으로 실패하였다. 서구 수용에만 치중한 나머지 주체, 자존, 독립이라는 가치를 너무 낮게 보았기 때문이다. 이 부분에서 《황성신문》, 《대한매일신보》 등의 서구수용론자들은 전통 유학자들보다 낮은 평가를 받을 수 밖에 없다. 최소한 전통 유학자들은 의병을 조직하여 도포에 갓을 쓰고라도 일본군에 맞섰기 때문이다.

일제에 의해 나라가 빼앗긴 후에도 이들 수용론자들은 대부분 친일파가 되었다. 그러나 친일파가 되지 않은 서구수용론자들 중에서는 새로운 운동이 나타났다. 패권적 국가주의의 서구문명이 아닌 사회주의를 지향하는 움직임이 그것이었다. 그러므로 사회주의 수용은 당시 선택적 사항이라기보다는 필수적 사항에 가까웠다.

소비에트 혁명으로 탄생한 소련 정부는 두 가지 측면에서 대한민국 임시정부에 호의적이었다. 첫째는 동아시아에서 일본의 북진을 막는 공동전선의 측면이고, 둘째는 당시 식민지 한국의 상황은 사회주의 확산에 중요한 요소를 갖추었기 때문이었다. 또 어려서부터 러시아령에서 교육받은 재러시아 한인들이 소비에트 군에 참여하여 혁명에 적극적으로 가담하였고 임시정부와 모스크바를 연결하는 통로가 되기도 하였다.

소련의 등장은 사회주의 신문명의 등장이었다. 때문에 중국의 중요 지식인들은 모두 소련의 사회주의를 수용하였다. 하지만 임시정부는 아직 성숙하지도 결단력이 높지도 못하였으며, 소련 차관을 통해 독립의 꿈을 키운다는 원대한 목표를 실행할 능력도 없었다.

이런 점에서 한형권, 여운형, 김규식 등의 노력은 빛을 보지 못하였다. 또 1920년대 중후반으로 가면서 소련 역시 일본과 우호적인 외교 관계를 가지면서 소련을 통한 독립운동 역시 어렵게 되었다.

이 책은 조선의 성리학을 실학이 대신하여 근대화의 한 축이 되었다는 우리의 상식적 인식이 실제 당시와는 다르다는 것을 말하고자 한다. 문명수입에만 치우친 사조는 자기를 돌아보지 못하는 경향이 크다. 그리고 그 피해는 망국에까지 이른다는 역사를 직시해야 할 것이다. 동시에 전통을 강조하며 외국의 문명을 배척하는 태도도 당연히 비판받아야 한다. 중요한 것은 현실을 비판적으로 판단하고 그 속에서 새로운 방향으로 미래를 개척해야 한다는 점이다.

우리 민족의 사유 속에는 현실에 대한 강한 비판적 인식이 있다. 이러한 비판에는 교조가 있을 수 없다. 모든 것이 비판의 대상이기 때문이다. 이는 실의 철학이 곧 비판과 맞닿을 수 있는 부분으로, 비판을 통한 현실에 대한 냉철한 분석과 적극적 미래지향적 해석은 오늘에도 중요한 사유이다.

2020년 지금 우리는 코로나19로 인한 팬데믹 상황에 처해 있다. 많은 이들이 이후 세계는 과거와는 다를 것이고 말하고 있다. 이를 대비하고 적극적으로 나가기 위해서는 지금까지와는 다른 대응이 필요하고 그 근본에는 현실에 대한 냉철한 비판이 있어야 할 것이다.

이 연장선에서 책 제목에 있는 '비판'에 대해서 잠시 말하고자 한다. 이 비판은 고 이운구의 『중국의 비판사상』의 비판과 같은 맥락이다. 선생께서는 비판은 항상 대상을 가리지 않으며, 스스로에게도 비판은 엄정하게 적용된다고 하였다. 나아가 비판은 곧 대안이라고까지 하였다. 즉 비판이 있어야 새로운 단계로의 이행이 가능한 것이다. 이 책이 이런 선생의 뜻을 잘 드러냈는지는 잘 모르겠다.

근대전환기 우리는 새로운 시대에 적극적으로 대처하지 못하였다. 그리고 이후 현재까지 이어지는 민족적, 물질적, 개인적 피해는 이루 말할 수 없이 컸다. 이를 교훈삼는 다면, 팬데믹 이후 세계에서 우리의 진보를 위해 현실 비판과 미래 지향은 여전히 계속되어야 할 것이다. 마지막으로 팬데믹시대에 고통받는 전 세계 모든 분들에게 위로의 말씀을 전한다.

부록

박은식의 기독교 수용과 양지론[1]

개신교의 등장

근대시기 서구의 학문을 수용한 동아시아 철학은 다양한 모습으로 발전하였다. 박은식의 철학도 전통 유학의 기반으로 하여 서구 수용을 통해 전통과 구분되는 변화를 보였다. 그 변화점에는 서구 학문과 양명학이 있었다. 그는 1904년 발행한 『학규신론』에서 서구학문의 수용을 강조하였고, 1909년 대동교 창설과 함께 양명학자로 전환하였다. 그런데 이때는 한국 사회에서 기독교가 급속도로 확장하는 시기이기도 하였다. 동시에 그의 글 속에서도 기독교와 관련한 기사는 여러 차례 발견되는데, 이는 당시 지식인은 물론 현대인에게도 상식을 넘는 것들이었다. 그러므로 그는 기독교 특히 개신교Protestantism에 많은 관심이 있었다고 볼 수 있다. 특히 「유교구신론」(1909)에서 그는 스스

---

1) 이 장은 필자가 발표한 「박은식의 기독교 수용과 양지론」(『양명학』42, 한국양명학회, 2015)을 일부 수정한 글로, 본문에서 다루지 못한 근대전환기 유교의 기독교 수용에 대한 일면을 다루었다.

로 양명학자가 된 것을 마틴루터의 종교개혁으로 비유하였는데, 이는 그의 유교관 특히 양명학으로의 전환에서 기독교가 차지하는 비중을 상징적으로 보여 주는 예이다. 그렇다면 그의 철학에서 기독교는 어떤 영향을 미쳤을까?

이를 확인하기 위해서 박은식이 수용한 주요 개념은 '영성'이다. '영성'이란 'spirituality'의 번역어로써, '사람과 동물 속에 내재된 활동적 또는 필수적 원리'animating or vital principle in man and animals를 뜻한다. 이 단어는 원래 라틴어의 'spiritus'에서 온 것으로 '숨쉬다'인 'spirare'의 파생어이다. 또한 이 '숨쉬다'는 그리스어의 'pneuma', 히브리어의 'ruah' 등과 연결된다. 구약성경 창세기 2장에서 "여호와 하나님이 흙으로 사람을 지으시고 생기를 그 코에 불어 넣으시니 사람이 생령이 된지라."라고 하여 생기를 통해 인간과 신을 연결시켰다. 이때 생기가 바로 기독교 영성이다. 이 생기는 신약성경에서는 성령과도 연결된다.

이처럼 기독교에서 영성이란 인간이 신과 연결되는 속성이자 인간 생명의 근원이다. 더 나아가 영성은 육체와 구별되는 신적인 속성, 인간 내면의 인식이기도 하며 신비주의적 속성을 지니기도 한다. 또 기독교를 넘어 이슬람, 불교 심지어는 우리 전통의 무속에 이르는 인간의 보편적인 종교성이나 종교적 경향으로도 해석된다. 한편 생물학자인 리차드 도킨스는 그의 저서 『만들어진 신』(2007)에서 이 영성에 대해 "인간은 누구나 영성 즉 종교성을 가지고 있으며, 이것은 신의 존재와는 관련이 없는 것"이라고 새롭게 해석하였다. 그는 아인슈타인, 스티븐 호킹 등 현대 물리학자들의 무신론적 사고를 이어 신이 존재할 가능성은 없다고 단언하였지만 동시에 인간에는 종교성 즉 영성이 있다고 주장하였는데, 즉 그는 인간은 그 자체가 종교성 즉 영성을 지닌 존재라고 보았던 것이다.

이처럼 영성은 고대 팔레스타인 지역의 신화에서 출발해서, 예수 이후에는 기독교의 핵심적 교리가 되었으며, 나아가 모든 종교에 내재한 종교성으로까지 해석되다가, 최근에는 신 또는 신앙을 뺀 인간만의 고유한 특징으로까지 확장하였다.

그렇다면 유교와 이 영성은 어떤 관계인가? 『논어論語』「술이述而」편의 "공자는 괴력난신에 대해 언급하지 않았다.[子不語怪力亂神]"데에서 알 수 있듯이 선진 유가는 근본적으로 영성을 비판적으로 여겼다. 왜냐하면 그들은 종교에 근거한 이전 사회를 비판하고, 비현실적 종교를 대신하여 합리성이고도 현실적인 사회를 건설하려고 노력했기 때문이다.

하지만 송대 정주학을 중심으로 맹자의 "측은지심惻隱之心"이 강조되면서 유교에서도 영성과 관련한 양상들이 주요 문제로 등장하게 된다. 송원대 정주학을 계승한 조선 성리학에서도 영성과 유사한 논의들이 출현했는데, 주로 이황과 퇴계학파의 수양론이 영성과 유사하다. 이들은 리理와 기氣를 통해 성聖과 속俗을 분리하려는 사고가 강하였고 다시 도덕적 수양론으로 확장하였기 때문이다. 이런 경향을 따라 근현대 시기 유교를 종교적 관점에서의 이해가 시작되었는데, 이 역시 근본적으로는 근대전환기 서구 기독교의 수용과 대응에서 출발하였다.

그러면 박은식은 어떻게 기독교를 알게 되었을까? 또 어떤 필요에 의해 기독교를 수용하였을까? 박은식이 살던 시대 기독교는 크게 두 가지 루트로 한국에 들어왔다. 먼저 서학으로의 전래였다. 17~18세기

들어온 청나라로부터 들어온 서학은 과학기술적 특징이었지만, 19세기 서학은 주로 천주교를 중심으로 한 기독교였으며 유학자들은 이를 이단 또는 사교로 규정하였다. 또 이러한 역사적 논의 속에서 박은식 역시 기독교를 알았을 것이다. 하지만 보다 구체적으로는 개신교 수용과 확장에서이다. 박은식이 애국계몽운동에 참여했던 1900년대 중후반 대한제국에서는 북삼도를 중심으로 개신교가 급속하게 교세를 확장하였다. 그는 청년 시절에 평양에서 지방하급관리를 지냈다. 그런데 평양은 1903년 원산에서부터 시작한 기독교 확산 운동의 정점이자 종착점이었다. 때문에 그는 기독교 관련 정보를 비교적 정확히 알았고, 자연스럽게 개신교에 익숙해졌을 것이다.

그런데 박은식은 기독교의 지향이 결과적으로 유교와 일정정도 유사하다는 것을 알게 되었다. 초기 한국 개신교는 영성이나 종교성보다는 교육, 의료 등 사회기반구축 및 도박금지, 생산장려, 남녀평등 등 다양한 윤리실천운동으로 한국인에게 접근하였다. 그는 상경이전 평안도 지역의 성리학 교육사업에 참가하였다. 이런 경험과 철학을 바탕으로 그는 이후 기독교의 교화사업에 관심을 가졌다고 볼 수 있다. 때문에 그는 먼저 기독교의 사회적 성과를 본 후, 이를 분석하고 유교와 연결하는 과정에서 영성 즉 종교성을 중요시 여겼다. 그리고 그는 이 기독교의 영성을 유교 더 정확히는 양명학의 양지론과 연결하였다.

기독교의 영성과 관련하여 박은식의 양지론은 크게 네 단계로 발전하였다. 초기 모습은 『학규신론』(1904)의 기독교 인식에서 잘 나타난다. 1898년 상경 이후 그는 대한제국의 근대화를 위해 서구 수용을 적극적으로 지지하였다. 동시에 유교의 중요성도 잊지 않았는데, 그는 심지어 서구야 말로 진정한 유교라는 논조를 펴기도 하였다. 이 시기 처음으로 그는 유교를 종교로 규정하였다. 비록 이 종교 개념은 종교성을 나타내는 religion보다는 한자 그대로 으뜸이 되는[宗] 교리 [敎]로 해석되었다. 그래서 그는 당대 유교의 역할이 국가, 사회 그리고 의식을 개혁하는 것이라고 강조하였다. 그래서 이 시기 그의 관심은 "일본이 어떻게 서구와 비등한 근대국가가 되었고, 그 과정에서 전통 유학은 어떤 역할을 했는가?"였다.

다음 단계는 「고아학생제군」(1909), 「유교구신론」(1909) 등에서 볼 수 있다. 대한제국은 1905년 을사늑약을 통해 일본의 속국이 되어, 스스로의 의지를 통해 국가 개혁을 단행할 수 없었다. 이 몰락의 시기에 그는 국가 대신 국민 개개인을 개혁의 주체로 삼았다. 동시에 그는 성리학을 버리고 양명학자로 전환하였으며, 「고아학생제군」(1909)에서는 처음으로 양지를 기독교의 성령 즉 영성과 유사하다는 인식이 등장하였다.

마지막으로는 『왕양명실기』(1910)와 『몽배금태조』(1901)에서 볼 수 있다. 여기서 박은식의 양지는 크게 개인적 영역과 민족적 영역의 둘로 나누어진다. 먼저 『왕양명실기』에서 양지는 개인적이자 종교적인 영역에 가까웠다. 그러나 1년 후에 쓴 『몽배금태조』에서는 양지 대신 심心을 썼는데, 이 때 양지는 개인적인 영역이 아닌 민족적 영역이었다. 이런 사상은 이후 『한국통사』(1915) 국혼론에도 이어졌다.

박은식의 현실 인식에서 기독교가 미친 영향은 생각외로 넓고 깊다. 다음 글에서는 이 점을 좀 더 구체적으로 분석하였다.

양명학과 개신교

현재 박은식은 통상 양명학자로 알려져 있다. 하지만 그가 한중일의 어느 한 양명학을 수용하고 계승한 것은 아니라, 당대 한중일의 양명학을 한국 사회와 연결시켜 비판적으로 수용했다고 볼 수 있다. 그렇다면 그는 한중일 양명학에서 어떤 부분을 비판적으로 수용했는가?

먼저 한국양명학과의 접촉이다. 여기서 한국양명학이란 조선후기 정제두에 의해서 형성되어 일제강점기까지 약 200여 년간 지속한 강화양명학이다. 강화양명학은 성性보다 심心을 천하의 공덕보다는 개인의 도덕을 중시여겼다. 또 이론보다는 실천을 강조하여 정쟁과 사변으로 변질된 성리학을 비판하는 개혁적 학문이었다. 때문에 당시 몰락 양반이나 중인을 중심으로 양명학을 추종하는 지식인들이 늘어나 겉으로는 성리학을 표방하지만 속으로는 양명학을 지지하는 일명 양주음왕陽朱陰王의 현상이 등장하였다. 하지만 강화양명학이 비록 당대 개혁적 성향이었으나 근본적으로는 사회의 질서보다는 개인의 도덕을 중시하였다는 점에서 사회, 민족, 국가를 중시하는 박은식 철학과는 다소 거리가 있다. 유교철학적으로도 박은식은 양지를 강조한 반면, 정제두는 실심을 강조한 차이가 있다.

실제로 현재 몇몇 연구자들이 박은식과 정인보의 교유를 박은식의 강화양명학 수용으로 해석하고 있다. 실제로 박은식과 정인보는 1912년 상해에서 활동한 독립단체 동제사同濟社에서 만났고 몇 개월간 함께 하였다. 하지만 이 경우라도 오히려 박은식이 정인보에게 영향을 미친 인물로, 이를 통해 박은식이 강화양명학의 영향을 받았다고는 보기는 어렵다.

다음으로 그가 평양에서 활동한 시절 양명학을 접했을 가능성이다. 평양은 조선 후기이후 청의 선진 문물이 유입되는 관문이었다. 다수의 연행록에 볼 수 있듯이 당시 청의 학자들과의 교류는 양명학에 대한 이해를 수반하였다. 때문에 청년시절 평양에서 지방 관리를 맡았던 박은식도 어떤 형태로든 청나라로부터 유입된 양명학 또는 그 잔상과의 접촉을 추정해 볼 수 있다.

하지만 그의 철학으로 볼 때, 박은식이 기존의 한국양명학에서 양명학을 수용했다고 보기는 어렵다. 다만, 국가 개혁을 강조했고 성리학의 사변성을 비판했다는 점에서 공통의 지향점이 있다고 볼 수 있다.

대신 박은식은 한국대신 일본의 양명학에 보다 관심을 두었다. 그는 상경이후 서구의 근대적 학문 체계를 동경하고 적극적인 수용을 피력하였다. 이러한 수용에는 메이지유신을 통한 일본의 근대화가 배경이 되었다. 심지어 그는 일본 양명학에 관심을 표하고 일본학자들에게 서신을 보냈다. 또 일본 고문관의 지원으로 발행한『학규신론』에서는 일본은 메이지유신을 단행하여 국가를 개혁시켰다고 적었으며 후에 그 근원이 양명학이라고 적었다. 이 같은 기록들로 볼 때, 그는 일본 양명학에 소통하고 있었다.

하지만 그가 주목한 타카세타케지로의『왕양명상전』이 양지보다는 지행합일을 강조하고 지배층을 대상으로 한 국가주의를 지향했다면, 그의 양명학은 보통이하의 평민들을 대상으로 한 자각과 투쟁을 중시했다는 점에서 그가 일본양명학을 비판적으로 수용했음을 알 수 있다.

마지막으로 강유위康有爲, 양계초梁啓楚 등 청말의 공양학파의 수용이다. 이들은 19세기 후반 고증학적인 청대학술을 비판하고 공양학파라 자칭하면서 중국의 개혁운동을 이끌었다. 그들은 한 때 청의 무능을 비판할 목적으로 유교를 비판하기도 하였으나 전반적으로 그들은 유교를 통해 전통을 묵수하였다. 그런데 양계초는 1902년 부터《신민총보》에 연재한 『근세제일대철강덕지학술近世第一大哲康德之學術』에서 자신을 양명학자陽明學者라고 밝혔다. 당시 한국의 개혁적 유교지식인들은 양계초의 영향을 많이 받았는데, 박은식도 1907년 서북학회의 잡지인《서우西友》에 「애국론愛國論―지나애시객고支那哀時客稿」이란 번역기사를 게재하였는데, 이는 양계초의 애국론을 완역한 것이었다. 이외에도 박은식을 비롯한 당시 개혁적 지식인들은 양계초의 글들을 중요한 사회개역의 도구로 활용하였다.

그럼에도 박은식과 양계초 간에는 분명한 차이가 있다. 강유위, 양계초 등의 양명학이 주로 향신 들이나 그들의 자제들 같은 전통적 지배층의 학문이라면, 박은식의 양명학은 보통이하의 국민을 위한 것이기 때문이다. 그들은 한족중심의 공화제를 추구하는 손문과는 달리 전통적 황제를 내세워 한족과 만주족을 포함하는 중국영토내 모든 민족의 화합을 강조하는 봉건적 국가관을 지향했다. 하지만 박은식은 한일합방, 내선일체, 대동아공영 등 일본의 사상공세를 극복하기 위해 공화제를 중심으로 한 독립 국가를 지향하였다. 즉 그는 봉건국가가 아닌 서구식 근대 국가로의 이행을 바랬으므로 강유위의 공양학, 양계초의 양명학과는 분명히 달랐다.

박은식의 양명학은 위 세 가지 루트 중 어느 것에 한정된다고 볼 수는 없다. 이는 박은식의 학술적, 정치적, 사상적 배경이 그만큼 독특했기 때문이다. 그리고 박은식의 양명학과 그 특징을 정확히 이해하기 위해서는 그가 여러차례 양명학과 함께 언급한 기독교 특히 개신교에 대한 이해가 필요하다.

박은식의 개신교 이해에는 1903년부터 1907년까지 북삼도에서 일어난 급속한 개신교 운동에서 시작되었다. 이 운동은 영성을 강조한 복음주의 기독교 운동으로 한국 이전에 이미 영국, 미국, 인도, 중국 등에서도 나타났다. 한국의 운동은 바로 영국과 미국의 복음주의 부흥운동(19세기 말)과 웨일즈 부흥운동(1904)에 직접적으로 영향을 받은 선교사들로 인해 시작되었다.

출발은 1903년 8월 원산에서 캐나다 출신 선교사 로버트 하디Robert A. Hardie, 河鯉泳(한국명)(1865~1949)에서였다. 그는 의료봉사 선교사로 대한제국으로 왔다. 그는 서울과 부산을 거쳐 1892년 11월부터는 원산에서 의료 선교를 하였고, 1898년 미국 남감리회Methodist Episcopal Church South 목사가 된 후에는 의료 봉사보다는 선교 활동에 매진하였다. 초기 그의 선교는 '악한 자들이 연합하여 자신의 패배로 몰았다.'는 표현대로 실패와 좌절의 연속이었다. 1904년 미국 남감리회에 보낸 보고서를 보면 그의 심경이 매우 참담했음을 알 수 있다.

> 나는 3년 동안 강원도에 교회가 처음 세워진 지경대地境垈 지역에서 어떤 다른 지역에서보다 애써 일하였으나 그 곳에서의 선교사역의 실패는 나에게 말할 수 없는 타격을 주었고 사역을 더 할 수 없을 정도로 절망감을 안겨 주었다.[2]

2) Minutes of the Seventh Annual Meeting, Korea Mission Methodist Episcopal Church, South, 1904, 27쪽 ; 강명국, 『1907년 대부흥운동이 한국교회의 신앙양태 형성에 끼친 영향』, 성결대학교 신학전문대학원 박사논문, 2007, 49쪽에서 재인용.

하디의 선교는 그의 말대로 곤경에 빠졌다. 그런데 이후 고백에 비추어 보았을 때, 그는 선교 실패의 원인을 자신이 아닌 외부에서 찾았다. 그러던 중 중국에서 활동 중인 여선교사 메리 화이트Mary Culler White가 1903년 8월 24일부터 30일까지 방한하였고 원산에서도 그녀의 강론을 듣는 집회가 열렸다. 이 집회에서 하디는 주중에는 선교사들 앞에서 그리고 이후 30일 일요일 대예배에서는 한국 교인들 앞에서 그의 신앙적 실패가 '결국 자신의 책임'이라고 고백하였다.

하디가 이와 같이 생각하게 된 근거는 누가복음 11장 37절에 나오는 예수의 일화였다. 이 글에서 예수는 당시 유대사회의 지도층이었던 바리사이인들을 "겉으로는 경건한 척하지만 속으로는 탐욕과 악독으로 가득하다."고 비난하였다. 하디는 이 글에 나온 바리사이인이 바로 자신이라고 여겼다. 그래서 그는 자신을 '교만하고 고집이 세며 믿음이 부족한' 자로 자인하였다. 그래서 그는 "성령이 내게 오셨을 때 그의 첫 번째 요구는 나의 실패와 그 실패의 원인을 시인하게 하는 것이었다. 그것은 고통스럽고 굴욕적인 체험이었다."고 고백하였다.[3]

동시에 한국인에 대한 우월의식도 자백하고 한국 교인들의 용서를 구하였다. 이 사건은 동료 선교사는 물론 당시 한국 교인들도 감동시켰으며, 한국 교회의 성령 운동을 촉발시켜 1907년 평양에까지 이르는 개신교 확산의 도화선이 되었다.

이를 강명국은 다음과 같이 서술하고 있다.

---

3) Minutes of the Seventh Annual Meeting, Korea Mission Methodist Episcopal Church, South, 1904. 23쪽 ; 강명국(2007) 49쪽에서 재인용.

웨일즈 부흥 운동이 북한 지역에 지대하게 영향을 끼친 결과, 교회가 성장하고 많은 사람들이 회심하고 교회에 가입했다. 이것은 걷잡을 수 없이 퍼지는 불길처럼 계속된 신앙 각성운동으로 평가되는데, (중략) 1907년이 되자 부흥운동은 그 절정 을 맞이했다. 그 부흥운동의 결과로 죄 고백, 원수들 사이의 화해, 도덕의 회복, 지속적이고도 뜨거운 기도회 그리고 복음 전도의 열정이 뜨겁게 타올랐다.[4]

하지만 북삼도의 개신교 확산의 배경에는 종교적 차원만 있는 것은 아니었다. 이 지역은 서울 이남지역보다 성리학적 전통이 약한 반면, 조선 후기 이후 청나라와 접하면서 신문물을 접하는 기회는 상대적으로 많았다. 즉 이 지역이 상대적으로 개방적이었기 때문에 개신교가 확장할 수 있었다.

다른 이유로는 러일전쟁과 을사늑약 이후 일본의 국권침탈이 가속화되는 시대 상황을 들 수 있다. 러일전쟁이후 이 지역에는 일본이 사할린, 연해주, 시베리아에 한국인 근로자를 강제 노역시킨다는 소문이 돌았다. 따라서 이 지역 국민들은 무능한 정부보다는 서구 세력과 연결되어 있는 개신교에 참여해서 일신의 안정을 도모하였다. 이외에 경제적 도움, 교육, 의료 등을 무상으로 받을 수 있다는 점도 있었다.

박은식이 주목한 개신교의 장점은 도덕성 회복을 통한 사회 변화였다. 그는 젊은 시절 박문오, 박문일 등이 추진한 성리학 교화 사업에 참여하였다. 이 사업은 지역민의 도덕성 회복을 목적으로 진행되었는데, 그는 이 사업에 일정한 성과가 있었다고 평가하였다. 또 개신교

---

4) 강명국(2007) 20쪽 참조.

운동이 정점에 도달하지 않았던 1904년에 발행한 『학규신론』에서 그는 '한국의 종교는 오로지 유교'라고 적고 있는데, 인ㄴ 유교를 문명이나 근대 학술로 보지 않고 윤리, 도덕 등의 사회 가치관으로 보았음을 의미한다. 이에 따라 그는 기독교 역시 사회 공동체를 위한 윤리적 가치관으로 보았던 것이다.

그는 1907년 평양 대부흥을 보고 유교의 전유물이라고 여긴 도덕성의 회복이 개신교에서도 나타났다는데 고무되었다. 그런데 그 방법은 유교와 같이 타자에 의한 교화가 아니라 스스로의 고백 즉 자각과 감화였다. 개신교에서의 이 도덕성 회복운동은 성령에 의한 것으로 지식이 필요하지 않았고, 오로지 예수에 대한 믿음 즉 영성만 있으면 되는 아주 간단한(?) 것이었다.

박은식의 양지론은 이러한 개신교의 이론과 연결된 것이었다. 그리고 그는 기독교의 '성령'에 해당하는 개념으로 '양지'를 제시하였다.

> 대개 이 신성한 주인은 우禹임금이 말한 도심道心이오, 탕왕湯王이 말한 상제上帝의 강충降衷이오, 공자孔子가 말한 인仁이오, 맹자孟子가 말한 양지良知요, 석가釋迦가 말한 화두話頭요, 예수가 말한 영혼靈魂이라. 이 주인의 정신이 청명하 고 근본이 공고하면 천하의 시비선악과 공사사정을 명확히 판단할 수 있고, 이해利害와 화복禍福, 사행死生과 영욕榮辱이 동요하지 않아 강풍과 뇌우雷雨에도 미혹하지 않고, 천만인 중에 반드시 와서 천하의 막대한 사업을 만드는 것이 어렵지 않지만,5)

박은식은 이 글에서 양지를 맹자의 사상이라고 설명하는데, 아마도

---

5) 박은식, 「고아학생제군」, 《서북학회월보》, 1909.3.1.

당시 한국에서는 양명학에 대한 부정인식으로 인해 이처럼 쓴 것으로 보인다. 그의 양지론을 좀더 정리하면, 박은식은 "일찍부터 인간에게는 마음[靈臺]에 주인이 있음을 깨달았지만 그 때에는 양지에 대해 궁구하지 않고 있다가 많은 시행 착오를 보고서야 그 중요성을 깨달았다"라고 하였다. 그가 말한 시행착오란 당시 유교 지식인들의 구시대적 행태였다.

이미 그는 「구습개량론」(1907)에서 유교지식인들을 행세가라고 비판하였다. 그 비판의 이유는 과거 학문에 얽매여 국가중심적 사상으로 발전하지 못했다는 점이다. 나아가 그럼에도 출세에 눈이 멀러 비리를 일삼기도 하였다. 그는 이를 해결하기 위해 북삼도의 개신교 확장을 다시 보고 양지론을 세웠다.

그의 양지는 도덕심에서 출발해서 현실 개혁으로 발전하는 것이지만, 동시에 보통이하의 국민도 쉽게 실천할 수 있었다. 이를 그는 「유교구신론」(1909)에서 "오늘날 유학자가 각종 과학 이외에 본령 학문을 구하고자 하려면 양명학에 종사하는 것은 진실로 간이직절簡易直切하기 때문이다."라고 정리하였다.

박은식의 양지는 심성의 교화만이 아니라 다양한 현실 비판을 포함하였다. 때문에 일반 국민들이라도 양지를 통해 자각한다면 개인의 도덕심은 물론 사회의 변화와 발전으로 이어질 수 있다고 보았다. 박은식의 이런 논리구조는 결국 북삼도의 개신교의 확장 운동과 기독교 교리인 성령론과 유사한 것이었다.

『왕양명실기』의 양지

흔히들 주자학과 양명학을 구분하는 데 있어서 주자학은 성즉리性卽理로 양명학은 심즉리心卽理로 말한다. 이 말은 주자학에서 리는 성이고, 양명학에서 리는 심이라는 의미이다. 이때 성은 외재하는 것이고 심은 내재하는 것이다. 그러므로 주자학은 객관적이며 양명학은 주관적이라고 할 수 있다. 주자학에서는 성과 심은 리와 기와 대비를 이룰 수 있다. 리는 오로지 선하지만 기는 선과 악을 동시에 가지므로 악의 시작하는 곳은 기라고 볼 수 있다. 이런 논리를 성과 심으로 확장시키면 심은 즉 사심私心으로 악이 시작하는 곳이 된다. 반면 양명학에서는 리理 = 심心 = 성性 = 기氣의 통합적 도식을 갖는다. 이때 악은 치양지를 못한 상태에서 발한 것으로 불선의 의미이다.

박은식 양명학도 양지가 철학적 정점에 서 있다. 하지만 동시대 중국과 일본의 양계초나 타카세타케지로의 유교철학과 비교하면 서로 다르다는 것을 확인할 수 있다.

양계초에서 양지는 진아眞我라 할 수 있다. 양계초는 『근세제일대철강덕지학술』에서 진아란 칸트의 초월 또는 초월자아의 개념으로, 양계초는 고도의 추상을 통해 사물을 인식할 수 있다는 주관인식론의 근거로 설명하였다. 그는 '내 마음을 통해 만물을 알 수 있다'는 양명학의 주관인식론을 진아로 설명하였다. 그의 설명에 의하면, 현실의 주체는 현실의 객체를 직접 알 수 없으나, 현실을 초월한 자아 즉 진아는 역시 현실을 초월한 객체의 자아를 인식하고 이를 통해 현실의 객체도 알 수 있다. 즉 그는 진아 즉 초월자아를 통해 주체와 객체, 나와 너가 없는 형이상학적 공간을 만든 것이다.

이는 한편으론 한족漢族만에 의한 중국 건설을 반대하고, 한족, 만주족滿洲族은 물론 중국내 소수민족의 통합한 중국의 이론적 전제로도 사용되었다. 그래서 그의 양지론 즉 진아는 중국인민의 초월자아 즉 중화로 연결되는 개념이자 이론이었다.

다카세타케지로의 양지론은 또 다른 양상이었다. 그가 『왕양명상전王陽明詳傳』(1904)에서 가장 중시여긴 개념은 심즉리心卽理와 지행합일知行合一이었다. 그는 '왕양명이 용장대오을 통해 얻는 이치가 지행합일'이고, 이를 통해서 '양명이 적극적으로 사회 개혁에 임했다.'고 부연하였다.

그의 초판본에는 양지에 대해 크게 언급하지 않았는데, 그는 치양지와 양지를 모두 만년설로 보고 관심을 두지 않았다. 이런 점에서 그의 양명학은 사상이라기 보다는 실천에 가까웠는데, 이것은 메이지유신 이후 양명학이 국가서구화의 중심 사상으로 자리매김한 일본양명학의 특징이었다.

박은식 양지론도 두 사상가들과 달리 독특했다. 그는 『왕양명실기』에서 양지의 성격을 몇 가지로 정리하였다. 먼저 양지는 석곽삼년 즉 용장대오의 산물로 양지를 만년설로 본 타카세다케지로의 학설과는 차이가 났다. 다음으로 양지는 간이직절하여 배우는 자가 깨닫기 쉬웠다. 그런데 일부 학자들은 양지에 지나친 도리를 덧붙였고, 그 결과 양지는 공허하고 현원하게 되었다고도 부연하였다. 이 점은 양지를 진아 즉 초월자아로 본 양계초와 다른 점이다. 마지막으로 양지는 내 마음이다. 즉 나의 주체성이 세계를 이해하고 실천하는 근원이다는 선언이다.

박은식은 왕양명이 양지를 알게 된 것은 하늘의 계시라고 보았다.

이 때 천天이 주재신인지 아니면 자연신인지는 분명하지 않지만 양지가 곧 천리이고 이것을 알게 한 것은 천天이라는 점은 분명하다. 즉 인간은 양지를 통해 천과 합일하는 것으로 '양지(천리) → 인간 → 천일합일'의 도식을 띠었다.

박은식은 이를 6가지의 범주로 설명하였는데, ① 양지는 자연스럽게 깨닫게 하고, ② 순수하고 거짓이 없고, ③ 흐르되 멈추지 않고, ④ 두루 대응하되 막히지 않고, ⑤ 성인과 범인의 차이가 없으며, ⑥ 하늘과 사람이 합일한다는 것이다.

이 글에서 박은식은 양지를 통해 인간은 누구나 성현의 자질을 가지고 있음을 알 수 있다. 즉 맹자가 말한대로 양지는 많은 공부를 통해서 얻는 것도 아니고 동시에 성현과 범인의 근원적인 차이가 없는 것이었다.

그런데 박은식 양지론이 기존 유교와는 달리 새롭고도 중요한 것은 순수하고 거짓없음流行不息과 흐르되 멈추지 않음泛應不滯이다. 이것은 양지가 끊임없이 변화한다는 의미이다.

1905년 을사늑약이후 박은식은 대한제국의 자주독립을 목표로 애국계몽운동을 전개하였는데, 이 때 나온 슬로건이 자강불식自强不息이다. 이 말은 『주역』에서 나온 것으로 '자연은 멈추지 않음으로써 강해진다.'는 의미이다. 하지만 애국계몽운동에서 말하는 자강불식이란 '자연이 변화하는 것처럼 조선도 변화해야 한다.', '조선은 스스로 강해져야 한다.'라는 의미이다.

이 자강불식은 동시에 변통變通과도 연결된다. 그래서 박은식은 다음과 같이 말하였다.

상서에서 작신민作新民이라 하고 맹자도 '역이신자지국亦以新子之
國'이라 말하였거늘, 어찌 지금의 유자는 옛 것만 묵수하고 새 것을
거부하며, 역에 '궁즉변窮卽變하며 변즉통變卽通이라' 하고, 중용에
'명즉동明卽動하고 동즉변動卽變이라' 하였거늘 어찌하여 지금의 유
자는 변變을 악惡으로 통通을 금禁으로 하여 겨울에 베를 짜고 여름
에 가죽옷을 지으며 땅에서 배를 타고 물가에서 수레를 끄는가?[6]

박은식은 조선은 변화를 통해 주권을 되찾을 수 있다고 생각하고
이를 양지론에 반영하였다. 즉 그는 양지 속에 시대적 변화가 들어
있다고 보았다.

한편, 이 양지는 기독교의 성령聖靈과도 연결된다. 이미 『고아학
생제군』에서 그는 양지와 기독교의 성령이 동등하다고 밝혔는데,
『왕양명실기』에서는 이 관점이 보다 발전되었다. 박은식은 왕양명
이 42살 되던 1513년(정덕 8년)의 여행과 이를 통한 깨달음을 다음과
같이 적었다.

유람할 때 감화된 동지들을 감화시킨 것은 오직 스승의 감화만이
아니라 실제 천기로써 감화시킨 것도 있었다. (중략) 공자가 냇가에
서 "가는 것이 이와 같구나" 라 하시고, 예수가 사마리아 부인에 대
해 활수活水로써 교화시키고, 양명이 우물의 생의生意를 가리켜 문
인을 깨우치시니, 이는 또 천기天機를 들어 도의 신묘함을 보인 것
이다.[7]

여기서 말하는 사마리아 부인과 활수는 현대 기독교 용어로 사마리

---

6)   박은식, 「구습개량론」, 《서우》, 1907.1.1.

7) 『왕양명실기』, 517쪽.

아 여인과 생명수이다. 박은식은 지속성에 대한 공자의 이 언급을 요한복음 4장에 나오는 사마리아 여인에 대한 예화로 비견한 것인데, 이때 예수의 이 가르침은 생명력과 관련이 있다. 박은식은 이 구절에서 저절로 끊임없이 지속되는 깨달음 즉 양지를 설명한 것이다.

이 일화는 신약성경 요한복음 4장에서 나온다. 요한복음 3장과 4장은 모두 성령에 대한 예수의 예화를 다룬 설교이다. 4장에서 사마리아 여인에게 말한 생명수는 성령의 비유적 표현이다. 이 예화의 전체적인 내용은 다음과 같다.

유대인은 과거 페르시아 포로에서 다시 고향인 팔레스타인지역으로 귀환하면서부터 그곳에 남았던 사마리아인을 혼혈이라 차별하고 상종하지 않았다. 그래서 제자들은 이 사마리아 지역을 통과하는 것을 반대하였지만, 예수는 이 지역으로 들어간다. 어느 마을을 지나던 중에 예수는 우물가에서 물 긷는 여인을 만나는데, 이때는 정오였다. 통상 이 시간은 기온이 높아 사람들이 활동을 하지 않았지만, 사람들은 이 여인을 부정하다고 여겼기에 여인은 사람들이 없는 이 시간에 물을 길러 나왔다. 예수는 이 여인에게 한 번 마시면 다시는 목마르지 않는 물을 주겠다고 말했다. 여인은 사람들을 피해 더 이상 물을 길러 나올 필요가 없기 때문에 예수의 말을 경청하게 된다. 예수가 말한 물이란 바로 성령이다. 성령을 받는 자는 모두 이를 통해 생명의 가르침을 직접 받으므로 종교지도자들의 설교를 듣기 위해 교회로 갈 필요가 없다는 결론으로 이 예화는 끝이 난다. 이처럼 예수가 성령을 생명수로 비유한 것은 대언자를 통한 일시적인 교화가 아닌 신(성령)이 직접 인간에 내재하여 항상 인간을 새롭게 한다는 의미였다.

전장인 요한복음 3장에서 예수는 성령을 바람에 비유하고 있다. 그는 바람과 같은 성령은 출처가 없는 신묘한 것이지만 인간 속에 들어와서 인간을 새롭게 만든다고 말한다. 요한복음 1장에서는 하늘과 인간을 잇는다는 의미에서 성령을 비둘기 즉 새로도 표현하였다.

이를 보면, 그의 양지와 기독교의 성령 사이에는 몇 가지 공통점이 있는데 모두 인간 생명의 근원이고 인간을 주체적 존재로 만든다. 또한 이것을 얻거나 깨닫는 데는 크게 어렵지 않다. 이들은 인간을 선하게 할 수 있으며, 동시에 과거의 타락했던 삶을 반성하게 하고 마침내 인간 내면에 작용하여 인간을 천리 또는 신과 연결시킨다.

동시에 차이점도 있는데, 양지는 인간의 심속에 내재하는 반면, 성령은 절대신이 부여한다. 그러므로 양지의 주체는 인간이지만 성령은 주체는 신인 것이다. 또 양지가 작용하면 그 효과는 인간에게 나타나지만, 성령의 효과는 인간과 신 모두 나타난다. 양지는 인간의 의지를 발현시키지만, 성령은 인간으로 하여금 신의 의지 속에 있게 한다. 이 같은 차이점은 결국 박은식의 양지론이 괴력난신怪力亂神에 부정적인 선진 유교의 정신에 따라 신보다는 인간의 주체성과 연결된 것이다.

당시 한국 개신교 확장의 키워드는 성령으로 박은식의 양지론도 이 운동에 일정한 영향을 받았다. 동시에 그는 양지에 생명, 변화, 지속 등의 개념을 새롭게 넣었는데, 이는 주체로서 인간에 대한 믿음을 반영하는 것이다. 우리가 신의 존재 여부를 명백히 증명할 수 없듯이 인간이 선하다거나 도덕적이라는 것 역시 증명하기 어렵다. 그러므로 그가 양지를 통해 '인간을 도덕적으로 선한 존재'라 규정한 것에는 인간 주체성에 대한 선언이며, 『만들어진 신』에서 '인간은 그 자체가 영적 존재'라는 리차드 도킨스의 주장과도 연결되는 부분이다.

『몽배금태조』의 심

박은식은 양지는 인간의 도덕 조건이자 동시에 생의 조건으로 설명하고 있다. 그런데 현실은 한일강제합방이라는 민족적 위기였다. 때문에 1911년 발행한 『몽배금태조』는 『왕양명실기』와는 달리 심이 등장하였다. 그는 이 심에 대해 다음과 같이 설명하고 있다.

> 황제(금태조)가 말하길, "천지 사이에 큰 영물이 있어서 세계를 포함하고 고금을 종합하며 육해를 폈다 접었다고 하고 바람과 구름을 호흡하며 귀신을 움직이고 만물을 만드는 능력이 있는 고로 성인도 이로써 성인이 되고 영웅도 이로써 영웅이 되며 국가도 이로써 성립되고 사회도 이로써 조직되며 만반의 사업이 모두 이로써 성취되나니, 이 영물의 만력과 묘용을 얻으면 천하에서 만들지 못할 것이 없는 것이니, 이를 수련하여 활용하는 자는 적은 지라. 만약 그 수련의 원소가 충족하면 과감성과 자신력이 생겨서 활용의 기관이 성대해져 자연히 막힘이 없으 니 그 이름은 심心이라고 한다."고 했다.[8]

『몽배금태조』는 한일강제합방이후 박은식이 서간도로 망명하여 지은 청소년 교재 중 하나이며 여기서 황제는 금태조인 완안 아골타이다. 그런데 이 책에는 양지와는 구별되는 심이 등장한다. 양지는 인간의 생명과 변화의 주체로서 어떤 목적이 담고 있지 않지만, 심은 국가독립을 염원하며 성인, 영웅 나아가 국가, 사회 등의 구체적인 목적이 있었다. 그는 이 심을 다음과 같이 설명하였다.

---

8) 『몽배금태조』, 117~118쪽.

이것의 본질本質은 허령불매하고 청명하여 티가 없는 것이다. 이 것의 본능本能은 진실하여 거짓이 없고 독립하여 의지하지 않는 것이다. 이것의 진정眞情은 정직하여 구부러지지 않고 강의剛毅하여 굴복하지 않는 것이다. 이것의 본체本體는 공평정대하고 널리 두루 미치는 것이다. 이것의 능력能力은 시비를 감별하고 감응이 신첩한 것이다.9)

이 구절을 『왕양명실기』의 양지론과 비교하면, 유행불식流行不息, 감응불체感應不滯, 성인무간聖人無間, 천인합일天人合一이 빠지고 대신 독립불의獨立不倚, 정직불아正直不阿, 강의불굴剛毅不屈, 공명정대公明正大, 광박주편廣博周遍, 시비감별是非鑑別, 강응신첩感應神捷이 포함되었다. 유행, 감응, 천인합일 등은 영성과 관련이 깊고, 성인무간은 평등관과 관련이 있다. 독립, 정직, 강의, 공명, 시비 등은 인간의 현실과 관련이 있다 그러므로 심은 양지가 현실에서 감응된 양상이었다.

그런데 양지는 근본적으로 왜곡될 수 없으나 심은 현실 속에서 왜곡될 수 있었다. 현실의 심은 때로는 혼미해져 신령하지 못하고, 더럽고 불결하고, 남을 속이는 거짓이 되고, 구차하여 남을 의지하고, 간사하고 그릇되어 아첨하고 의탁하게 되고, 유약하여 천박하게 되며, 사악한 것에 치우치게 되고, 편협해지며, 착란에 빠지고, 공허하고 가로막기도 하였다. 이는 『몽배금태조』의 심이 한일강제병합이라는 부정적 현실을 반영한 개념임을 설명하는 것이었다.

이렇듯 박은식이 두 책에서 양지와 심을 구분하여 설명한 것은 통상 이 둘을 하나로 설명하는 전통 양명학과는 다른 부분이다. 비록

---

9) 『몽배금태조』, 118~119쪽.

박은식은 전통 성리학이 '쉽게 접근할 수 없는 고원한 이상만을 추구하고', '인간의 행동을 수동적으로 인식한다.'고 지적하고 양지를 통해 '사고와 행위의 주체로서의 인간 즉 개인'과 '올바른 행위가 쉽게 발현된다.'는 것을 강조했지만, 여기서 멈추지 않고 심을 통해 현실에서의 올바른 행위 즉 독립을 위한 적극적인 투쟁을 강조하였다.

한편, 이 심은 제 종교 간의 소통점이기도 했다. 그는 유교, 기독교, 불교 등 종교는 각각 양지, 성령, 화두 등의 영성을 가졌다. 이 영성들은 각 종교에서 동일한 역할을 하지만 그 내용이 갖지는 않았다. 그러나 이것이 현실 사회에서는 모두 공통의 지향점을 갖을 수 있다고 보았다. 그래서 박은식은 『한국통사』에서 '한국에서 활동하는 종교들은 고유의 종교성과 더불어 한국의 국혼을 지니고 있음'을 강조하였다.[10)]

박은식은 당시 한국에서 포교 중인 종교들간 영성의 차이를 인정하였다. 하지만 그는 국혼이라는 종교 사상간 공통의 지향도 있다고 보았다. 이것은 심의 영역으로 한일강제합방이라는 민족적 수난을 극복하고자 한 여러 집단간의 공통의 현실인식이었다. 글므로 그의 심은 민족적 공통성에서 출발한 근대 지향의 정신으로 유교나 양명학에 국한된 것이 아니라 한국인을 포교의 대상으로 하는 모든 종교가 동일하게 추구해야 하는 민족적 공통인식이었다.

---

10) 『한국통사』, 423쪽.

양지의 근대적 의미

박은식 양명학의 핵심은 양지를 중심으로 한 종교성 즉 영성이다. 이것은 중국 양계초의 격물치지 인식론, 일본 다카세타케지로의 격물치지 실천론과 비교되는 내용이다. 그가 양지를 강조한 것은 1900년도 중후반 북삼도를 중심으로 일어난 개신교 확장운동과 관련이 깊다. 이 사건은 일명 '성령운동'으로 불리는 당시 전 세계적 개신교 신앙운동의 연장으로, 이를 통해 유학자 박은식은 개인의 신앙이 사회에 미치는 긍정적 양상을 심도있게 목도하였다. 그는 개신교의 신앙이 쉬우면서도 개인의 회개와 자각을 강조하는 특징이 있음을 발견하였다. 그리고 그는 이를 양지라는 유교 개념으로 수렴하였다. 그러므로 그의 양지는 사변성을 거부하고 보통이하의 국민도 수용하기 쉬워야 했다. 그가 초기에 양지를 왕양명의 주장이 아닌 맹자의 논지이라고 말한 것도 일부 사변적 양명학파를 경계한 측면이 있었다.

1910년 『왕양명실기』에서 그는 양지를 영성적 차원으로 확장시켰다. 그는 기존 '양지'에 생명과 변화를 추가하였고 현실에 올바르게 감응하는 인간상을 모색하였다. 즉 양지는 인간의 생명, 삶 및 변화의 근본적 원인으로 이해되었다. 그런데 이 양지론은 기독교의 성령과도 많은 공통점을 가졌다. 양자는 모두 인간 생명의 근원이고 인간을 선악 실현의 현실적 주체로 인정했기 때문이다.

하지만 다른 점도 있다. 양지는 인간 내면 즉 심속에 내재하였지만 성령은 신이 부여하였다. 양지는 인간의 의지를 발현하지만 성령은 근본적으로 신의 의지를 발현한다. 그러므로 박은식의 양지는 신을 배제한 철저히 인간에 의한 독립적 주체성을 강조하였다.

박은식은 종교간 영성에 기반한 교리적 차이는 있어도 같은 현실을 살고 있다고 보았다. 이를 그는 심으로써 설명하고 있다. 그에게서 심은 양지를 통한 올바른 현실 인식이자, 여러 종교들이 서로 소통하고 공유할 수 있게 하였다. 그래서 그는 이 심을 국혼으로도 해석하였다.

　박은식의 양지는 양명학적 지식체계 하에 기독교에 영향을 받아 형성되었다. 하지만 그의 양지론은 기독교의 신 중심의 영성 대신, 리차드 도킨스의 시각처럼, 인간 중심의 영성 즉 양지를 통해 인간은 신에 의지하지 않아도 충분히 영적인 존재라고 말하고 있다. 즉 그는 양지를 통해, 인간은 자기 결정권을 가진 영적이고도 주체적인 존재이자, 한국인이라면 누구나 독립을 염원하는 공통의 현실 인식이 있다는 것을 증명하였던 것이다.

참고문헌

1. 원전 및 근대매체

『논어』
『중용』
『대학』
『맹자』
『예기』
『조선왕조실록』
《한성순보》
《황성신문》
《대한매일신문》
《기호흥학회월보》
《대한자강회월보》
《서우》
《서북학회월보》
《개벽》
《별건곤》
《삼천리》

古筠研究會, 『金玉均傳上卷』, 慶應出版社, 1944.
박은식, 『백암박은식전집』, 동방미디어, 2002.
박제가, 『貞蕤閣文集』
박지원, 『燕巖集』
신채호, 「地動說의 效力」, 『丹齋申采浩全集』下, 단재신채호전집간행위
　　　원회, 형설출판사, 1982.
안정복, 『順菴集』
어윤중, 『魚允中全集(從政年表)』, 아세아문화사, 1978.

여운형, 『몽양여운형전집』, 한울, 1991.

이간, 『巍巖遺稿』

이능화, 『朝鮮佛教通史』下, 新文館, 1918.

이덕무, 『靑莊館全書』

이제현, 『櫟翁稗說』

丁若鏞, 『與猶堂全書』

崔南善, 『故事通』, 삼중당, 1943.

韓元震, 『南塘集』

국사편찬위원회 대한민국임시정부자료집 편찬위원회, 『대한민국임시정부
　　자료집』, 국사편찬위원회, 2011.

高瀨武次郎, 『王陽明詳傳』, 廣文堂書店, 1915.嚴復, 『嚴復集』

梁啓超, 『飮氷室合集』, 중화서국, 1989.

_____, 『梁啓超全集』, 북경출판사, 1999

李澤厚, 『實用理性與樂感文化』, 三聯書店(北京), 2005.

朱熹, 『四書集註』

黃宗羲, 『名儒學案』, 台北:華世出版社, 1987.

2. 학술 사이트

국사편찬위원회 한국사데이터베이스, http://db.history.go.kr

한국언론진흥재단 미디어가온, http://www.bigkinds.or.kr

한국고전번역원 고전종합DB, http://db.itkc.or.kr/

3. 저서

古筠研究會, 『金玉均傳上卷』, 慶應出版社, 1944.

권오영, 『근대이행기의 유림』, 돌베개, 2012.

규장각한국학연구원, 『조선사람의 세계여행』, 글항아리, 2011.

김대중 등, 『여운형을 말한다』, 아름다운책, 2007.

김명호, 『환재박규수연구』, 창비, 2008.

김선호, 『내몽골, 외몽골』, 한국학술정보㈜, 2014.

김용덕, 『일본근대사를 보는 눈』, 지식사업사, 2005.

동의대학교 동아시아연구소, 『근대번역가 동아시아』, 박문사, 2015.

로널드 잉글하트(Ronald Inglehart)·크리스찬 웰젤(Christian Welzel) 著, 지은
    주 譯, 『민주주의는 어떻게 오는가』(Modernization, Cultural Change,
    and Democracy : The Human Development Sequence), 김영사, 2011.

米原謙, 『國體論はなぜ生まれたか』, ミネルヴァ書房, 2015.

미츠다 고이치로, 윤채영 역, 『후쿠자와 유키치 다시보기』, 아포리아, 2017.

박정심, 『한국근대사상사』, 천년의상상, 2016.

박진철, 『저항과 지향 - 한국민족운동의 역사적 전개 -』, 한국학술정보(주),
    2011.

배우성, 『조선과 중화』, 돌베개, 2014.

西谷啓治 등, 『近代の超克』, 富山房, 2017.

신용하, 『한말애국계몽운동의 사회사』, 나남출판, 2004.

유승국, 『한국의 유교』, 세종대왕기념사업회, 1976.

이능화, 『朝鮮佛敎通史』下, 新文館, 1918.

이행훈, 『학문의 고고학』, 소명.

임경석, 『잊을 수 없는 혁명가들에 대한 기록』, 역사비평사, 2008.

_____, 『한국 사회주의의 기원』, 역사비평사, 2003.

임종원, 『후쿠자와 유키치 연구 - 문명사상』, 제이엔씨(서울), 2009.

최영진, 『유교사상의 본질과 현재성』, 성균관대학교 동아시아학술원, 2003.

_____, 『조선조 유교사상의 양상』, 성균관대학교 출판부, 2005.

최재목 등, 『이미지로서의 동아시아 문화공동체』, 인문사, 2013.

한국실학회, 『한국실학연구』, 민음사, 2007.

한국학문헌연구소, 『魚允中全集(從政年表)』, 아세아문화사, 1978.

황준연 등, 『조선유학 3대 논쟁 연구 역주』, 학고방, 2009.

홍대용 저, 이종란 역, 『의산문답』, 한국설득연구소, 2017.

후쿠자와 유키치, 남상영 역, 『학문의 권장』, 도서출판 소화, 2012.

후쿠자와 유키치, 임종원 역, 『문명론의 개략』, 제이앤씨, 2012.

4. 학위논문

오미영, 『20세기초 한몽 교류 연구 – 몽골행 한인들의 활동을 중심으로 –』,
　　　단국대학교 대학원 박사학위청구논문, 2017.

윤대원, 『대한민국임시정부의 조직·운영과 독립방략의 분화(1919~1930)』,
　　　서울대학교 박사학위논문, 1992.

5. 학술지논문

김길락, 「한국양명학과 근대정신」, 『양명학』2, 한국양명학회, 1998.

김경호, 「남당학과 현대 기호유학 – 오래된 미래를 위한 몇 가지 제언 –」,
　　　『유학연구』29, 충남대학교 유학연구소, 2003.

김현우, 「朝鮮 後期 湖洛論爭에서 보이는 近代的 思惟에 관한 硏究」,
　　　『인문학연구』11-2, 부경대학교 인문학연구소, 2010.

＿＿＿, 「1910년대 『매일신보』에 비친 유교의 모습」, 『유교문화연구』20,
　　　성균관대학교 유교문연구소, 2012.

＿＿＿, 「박은식의 기독교 수용과 양지론」, 『양명학』42, 한국양명학회,
　　　2015.

노관범, 「대한제국기 《황성신문》(皇城新聞)의 중국 인식」, 『韓國思想史
　　　學』45, 한국사상사학회, 2013.

노대환, 『동도서기론 형성 과정 연구』, 일지사, 2005.

문석윤, 『호락논쟁 형성과 전개』, 동과사, 2006.

민두기, 「十九世紀後半 朝鮮王朝의 對外危機意識」, 『동방학지』52, 1986.
　　　266~267쪽 참조. ; 河政植, 「燕行情報와 朝鮮王朝의 太平天國 認
　　　識의 政治的 背景」, 『역사학보』.

박정심, 「朴殷植의 사상적 전환에 대한 고찰」, 『한국사상사학』 12, 한국사
　　　상사학회, 1999.

박홍식, 「일제강점기 정인보, 안재홍, 최익한의 다산 연구」, 『다산학』 17,
　　　2010.

반병률, 「러시아(소련)의 대한민국임시정부 인식」, 『역사문화연구』 35, 한국
　　　외국어대학교 역사문화연구소, 2010.

_____, 「원동민족혁명단체대표회와 한국독립운동(1) - 대회개최의 배경
　　　과 준비」, 『역사문화연구』 65, 한국외국어대학교 역사문화연구소,
　　　2018,

신용하, 「김옥균의 개화사상」, 『동방학지』 46-48, 연세대학교 국학연구원,
　　　1985.

_____, 「吳慶錫의 開化思想과 開化活動」, 『역사학보』 107, 역사학회,
　　　1985.

辛炫承, 「日本의 近代 學術思潮와 陽明學」, 『日本思想』 14, 韓國日本思
　　　想史學會, 2008.

안재순, 「실학개념논쟁과 이을호의 실학관」, 『공자학』 19, 한국공자학회,
　　　2010.

양일모, 「중국철학사의 탄생 : 20세기 중국철학사 텍스트 성립을 중심으로」,
　　　『동양철학』 39, 동양철학회, 2013.

오미영, 「여운형의 〈몽골여행기〉에 나타난 한몽 교류사적 의미」, 『몽골학』
　　　46, 한국몽골학회, 2016.

유승국, 「한국근대사상사에 있어서 양명학의 역할」, 『동대논총』 10, 동덕여
　　　자대학교, 1980.

윤대원, 「대한민국임시정부 연구, 이제는 사실과 객관성을」, 『내일을여는
　　　역사』 28, 내일을여는역사, 2007.

윤사순, 「실학사상의 철학적 특성」, 『아세아연구』 56, 고려대학교 아세아문
　　　제연구소, 1975.

이경구, 「개념사와 내재적 발전 '실학' 개념을 중심으로」, 『역사학보』 213,

2012.

_____, 「19세기 말~20세기 초 한중일 삼국의 실학 개념」, 『개념과 소통』 15, 한림대학교 한림과학원, 2015.

이상곤, 『한원진』, 성대출판사, 2009.

이상호, 「韓國 近代 陽明學의 哲學的 特徵」, 『陽明學』20, 韓國陽明學會, 2008

이상미, 「조선후기 성리학과 실학의 관계성 ; 남당·외암 이후 호락논쟁」, 『한국사상사학』24, 한국사상사학회, 2005.

이종우, 「艮齋의 梅山 學術思想에 대한 계승발전」, 『艮齋學論叢』17, 간재 학회, 2014.

_____, 「한원진과 이간의 논쟁에서 超形氣性의 성립문제」, 『철학』93, 한 국철학회, 2007.

李惠京, 「陽明學과 近代日本의 權威主義」, 『哲學思想』30, 서울(首尔)大 哲學思想硏究所, 2008.

林緼圭, 「日本에서의 陽明學」, 『韓日語文論集』1, 韓日日語日文學會, 1997.

조광, 「조선후기 서학서의 수용과 보급」, 『민족문화연구』44, 고대 민족문화 연구소, 2006.

조영애, 「『皇城新聞』과 『大韓每日申報』의 의병 인식 비교」, 『靑藍史學』 22, 청람사학회, 2013.

조철행, 「국민대표회 개최과정과 참가대표」, 『한국민족운동사연구』61, 한 국민족운동사학회, 2009.

최영성, 「南塘學의 근본 문제와 학파의 계승 양상-春秋大義를 중심으로-」, 『유학연구』31, 충남대학교 유학연구소, 2014.

최영진, 「茶山 人性·物性論의 思想史的 位相-湖洛論爭의 人物性同異 論과 관련하여」, 『철학』68, 한국철학회, 2001.

崔在穆, 「타카세武次郎의 『王陽明詳傳』에 대하여」, 『日本語文學』34, 日 本語文學會, 2006.

_____, 「朴殷植의 陽明學과 近代 日本 陽明學과의 關聯性」, 『日本文化

研究』16, 東아시아日本學會, 2005.

澤井啓一, 「近代日本에 있어서 陽明學의 變容」, 『第6回江華陽明學國際 學術大會』, 韓國陽明學會, 2009.

河政植, 「燕行情報와 朝鮮王朝의 太平天國 認識의 政治的 背景」, 『역사 학보』145, 1995.

한선임, 「장서각 소장자료 『談草』를 통해 본 魚允中의 개화사상」, 『藏書 閣』 23, 한국학중앙연구원 장서각, 2010.

홍정근, 「朝鮮時代 湖洛論辨에서의 人間本性 논의에 관한 考察」, 『유교 사상문화연구』38, 2009.

_____, 「韓元震의 性三層說에 대한 任聖周의 批判」, 『유교사상문화연 구』19, 한국유교학회, 2003.

| 지은이 소개 |

김현우金賢優

성균관대학교 동양철학과를 졸업하고, 동 대학원에서 동양철학과 한국철학을 전공
하여 박은식과 양계초의 비교 연구로 박사학위(철학)를 받았다. 중국사회과학원에
서 방문학자로 있었으며, 이후 몽골국립생명과학대학에서도 교환교수로 잠시 연구
하였다. 성균관대학교 유교문화연구소에서 연구원으로 연구하였고, 한남대학교와
조선대학교에 출강하였으며, 조선대학교 학술연구교수를 지냈다. 현재는 한국효문
화진흥원에 연구원으로 있다.
주요 논문으로는 「학규신론에 나타난 박은식의 경학관연구」(2014), 「박은식의 양
계초 수용에 관한 연구」(2013), 「中國의 儒敎觀 研究(1949~1978)」(2010), 「조선후
기 호락논쟁湖洛請爭에서 보이는 근대적 사유에 관한 연구」(2010) 등이, 저술로는
『세계 각국의 효문화』(2019, 공저), 『한국 효문화 뿌리를 찾아서 I』(2020, 공저) 등
이 있다.

한국학
총서

조선대학교 우리철학연구소 우리철학총서 06
근대전환기의 한국철학 〈實〉

현실비판과 근대지향

초판 인쇄   2020년 12월 10일
초판 발행   2020년 12월 20일

지 은 이 | 김현우
펴 낸 이 | 하운근
펴 낸 곳 | 學古房

주   소 | 경기도 고양시 덕양구 통일로 140 삼송테크노밸리 A동 B224
전   화 | (02)353-9908 편집부(02)356-9903
팩   스 | (02)6959-8234
홈페이지 | www.hakgobang.co.kr
전자우편 | hakgobang@naver.com, hakgobang@chol.com
등록번호 | 제311-1994-000001호

ISBN 979-11-6586-123-0 94100
       978-89-6071-865-4(세트)

값 : 17,000원